O TARÔ DOS MAGISTAS

O TARÔ DOS MAGISTAS

O Legado dos Imagineiros Medievais

OSWALD WIRTH

Tradução:
Claudiney Prieto

ARDANE

Publicado originalmente por Le Symbolisme Paris / Émile Nourry
Le Tarot des Imagiers du Moyen Age.
Publicado em 2024 pela Editora Ardane

Tradução autorizada do inglês
Direitos da Edição para a Língua Portuguesa

Editor: Claudiney Prieto
Coordenação Editorial: Luciana Papale
Tradução: Claudiney Prieto
Diagramação e Capa: Andréa Guimarães
Revisão: Papale's Editorial

DADOS INTERNACIONAIS DE CATALOGAÇÃO NA PUBLICAÇÃO (CIP)
CÂMARA BRASILEIRA DO LIVRO, SP, BRASIL

O86 Wirth, Oswald
O Tarô dos Magistas / Oswald Wirth;
tradução de Claudiney Prieto
Editora Ardane | 1ª edição | São Paulo | 2024

ISBN 978-65-85370-29-5
1. Tarô. 2. Divinação. 3. Oráculos. 4 Esoterismo I. Título.

CDD 133.324
CDU 133:794.45

Índice para catálogo sistêmico:
1. 1. Taro: Divinacao 133.324

EDITORA ARDANE
www.ardane.com.br
Tel.: (11) 97774-4013 | E-mail: contato@ardane.com.br
Instagram: @ardanebooks

Para Stanislas de Guaita, in memoriam.

SUMÁRIO

PREFÁCIO DA EDIÇÃO BRASILEIRA

Escrever um prefácio para o livro *O Tarô dos Magistas* de Oswald Wirth é, sem dúvida, um desafio. Isso se deve não apenas à sua importância histórica, mas também à complexidade do assunto abordado. Este livro, publicado pela primeira vez em 1926, é considerado um marco na história da pesquisa sobre o Tarô. Além de oferecer uma visão detalhada e profunda sobre a evolução do Tarô ao longo dos séculos, a obra também apresenta uma análise rigorosa e original da simbologia presente nas cartas, fundamental para entender o significado profundo desse artefato.

A obra foi originalmente publicada à sua época sob o nome de *Le Tarot des Imagiers Du Moyen Age* (*O Tarô dos Imagineiros Medievais*), porque Wirth acreditava que as cartas eram um produto da imaginação e da arte dos *imagiers* (ou artistas) do período medieval. De acordo com sua teoria, o Tarô surgiu como forma de transmitir ensinamentos filosóficos e espirituais através de imagens simbólicas e de uma narrativa enigmática.

Além disso, Wirth acreditava que as cartas eram uma expressão da cultura e da sociedade do período medieval, e que a simbologia presente nelas refletia o olhar do mundo da época. Por essa razão, ele escolheu o *Le Tarot des Imagiers Du Moyen Age* como o título de seu livro, para destacar a importância da arte e da imaginação na história do Tarô.

Não há informação disponível sobre quem ao certo deu o nome de *The Tarot of the Magicians* para as edições do livro *Le Tarot des Imagiers Du Moyen Age*, de Oswald Wirth, em inglês. É possível que tenha sido uma tradução feita por alguém que desejasse tornar a obra acessível a um público mais amplo, ou que tenha sido escolhido como parte de uma estratégia de marketing para chamar a atenção de um público específico. De qualquer forma, *The Tarot of the Magicians* se tornou extensivamente conhecido e reconhecido como o nome desta obra para sua versão em inglês. Para nomear a primeira edição desta obra no Brasil, optamos pela tradução literal do título original para o português: *O Tarô dos Magistas.*

Este livro foi escrito por Wirth com o objetivo de acompanhar as cartas de Tarô que ele próprio havia pintado. A obra é, portanto, uma combinação de arte e teoria, que busca apresentar ao leitor um aspecto minucioso e profundo sobre o Tarô e sua simbologia. Uma obra notável! Ao contrário de muitos outros trabalhos da época, este não se limita a repetir as tradições existentes. Wirth busca explorá-lo de uma maneira mais autêntica e leva em conta uma abordagem inovadora sobre o Tarô.

Oswald Wirth divergia das teorias de Court de Gébelin acerca do Tarô em vários aspectos. Por exemplo, enquanto Gébelin acreditava que o Tarô tinha origem egípcia e que as cartas eram uma forma de transmitir conhecimentos antigos, Wirth argumentava que ele tinha origem europeia e que sua simbologia refletia o mundo da época medieval. Além de quê, Wirth não acreditava que o Tarô fosse uma forma de transmitir conhecimentos antigos ou de revelar o futuro. Em vez disso, ele argumentava que as cartas eram uma forma de transmitir ensinamentos, tanto filosóficos como espirituais, por meio de imagens simbólicas, e que a simbologia presente nas cartas era um reflexo do mundo daqueles tempos.

O esforço de Wirth para compreender a essência do Tarô e sua importância como ferramenta de conhecimento é notório. Sua abordagem exerce influência até os dias atuais. A importância deste livro reside em sua capacidade de fornecer coerência e integração com o Tarô, tornando-o uma referência valiosa para aqueles que procuram compreender sua essência e sua relação com outras tradições esotéricas. Além disso, o livro é importante por destacar a significância do Tarô como ferramenta de autoconhecimento e crescimento pessoal, o que também se reflete de maneira contemporânea.

Mas quem foi Oswald Wirth e qual a história por trás daquele que lançaria o primeiro Tarô esotérico da história, trabalho este que representa uma importante contribuição e avanço para que este artefato oracular fosse compreendido por nós como é na atualidade?

Joseph Paul Oswald Wirth (1860-1943) foi um estudioso apaixonado por ocultismo, maçonaria, arte e escrita. Ele nasceu na Suíça, para onde seus pais, alsacianos, haviam emigrado. Em busca de sucesso como contador, ele viajou para Londres, em 1879, mas infelizmente não obteve sucesso nessa carreira. No início da década de 1880, mudou-se para a França, onde se juntou à comunidade de seguidores de Franz Mesmer, em Paris. Ao conviver com os magnetizadores, Wirth aprendeu sobre outras doutrinas esotéricas e, em 1882, juntou-se a um batalhão de infantaria em Chalons.

Em 1886, Wirth se aposentou e se tornou um mesmerista profissional, continuando a estudar teorias esotéricas. Logo, ele despertou o interesse dos ocultistas de Chalons, incluindo o marquês Stanislas de Guaita, um jovem aristocrata apaixonado por Alta Magia e seguidor dos ensinamentos de Éliphas Lévi. Stanislas de Guaita desempenhou um papel importante na vida e na carreira de Oswald Wirth, sua influência foi crucial para a composição do Tarô de Wirth. Guaita se tornou mentor e parceiro de Wirth e, reconhecendo seu talento artístico, propôs que ele "reconstruísse" os 22 Arcanos do Tarô em sua "pureza hieroglífica", o que aconteceu em 1887. Essa proposta foi o ponto de partida para a obra de Wirth no Tarô e a influência de Guaita foi sentida em cada aspecto da reconstrução. A autoridade de Guaita não se limitou apenas à reconstrução dos Arcanos do Tarô, mas também ao trabalho de Wirth como teórico esotérico. Guaita era um conhecedor apaixonado da Cabala, suas ideias e ensinamentos foram incorporados em muitos dos trabalhos de Wirth.

As cartas de Tarô pintadas por Wirth são uma obra ímpar, que combina elementos da arte medieval com sua própria visão original sobre o Tarô. Cada carta é uma expressão da sua compreensão da simbologia e do significado profundo dessas imagens. Ao escrever *O Tarô dos Magistas*, Wirth buscou complementar o ensinamento acerca da iconografia de suas cartas com uma explicação rica em detalhes sobre a história e a simbologia do Tarô.

Apesar de sua importância atual como um dos mais influentes estudiosos do Tarô, Oswald Wirth não era, de fato, um especialista no assunto quando começou a criar a primeira versão de suas cartas. Na verdade, Oswald não tinha ideia do que era o Tarô quando começou a trabalhar nele. Como o próprio With lembra no decorrer deste livro, Stanislas de Guaita deu a ele tudo o que precisava: "dois baralhos de Tarô, um francês e um italiano, e o livro *Dogma e Ritual de Alta Magia*, o trabalho mais importante de Éliphas Lévi, que aborda os aspectos ocultos do Tarô".

Lévi escreveu extensivamente sobre o Tarô e sua simbologia. Suas ideias foram cruciais para a compreensão de Wirth sobre o assunto. Ele acreditava que o Tarô era uma forma de transmissão de conhecimento esotérico e que suas cartas eram carregadas de simbolismo profundo. Ele ainda argumentava que o Tarô poderia ser usado como uma ferramenta para compreender os mistérios da vida e do Universo, e que sua simbologia estava ligada aos ensinamentos da Cabala. Wirth foi influenciado por essas ideias e as integrou em sua própria reconstrução dos 22 Arcanos do Tarô e ainda incorporou ensinamentos da maçonaria, outra influência importante em sua vida, para criar uma obra única e original, diferente de todas as outras até então.

Wirth levou mais de um ano para trabalhar nas cartas, tendo em conta todas essas influências. Finalmente, em 1889, em Paris, foram publicados 350 exemplares de *Les 22 Arcanes du Tarot Kabbalistique* (Os 22 Arcanos do Tarô Cabalístico), como foi inicialmente intitulado seu conjunto de cartas de Tarô. E seu subtítulo anunciava em alto e bom tom: *"desenhados por Oswald Wirth para uso pelos iniciados de acordo com as instruções de Stanislas de Guaita"*.

O responsável pela edição era G. Poirel Editeur, um editor parisiense que também fazia lombadas de alta qualidade para revistas ocultistas francesas.

Naquele mesmo ano, o ocultista Papus (1865-1916) usou os arcanos do "Tarô Cabalístico" como ilustrações para seu livro fundamental, *Le Tarot des Bohémiens* (*O Tarô dos Boêmios*). Ele incluiu também um pequeno artigo escrito por Wirth, intitulado "Ensaio sobre o Tarô Astronômico", que apresentava suas ideias sobre a estrutura do conjunto dos Arcanos Maiores e sua relação com o simbolismo astronômico.

É incrível o tanto que Wirth estudou sobre o Tarô em apenas um ano para escrever artigos independentes, mas o que é ainda mais impressionante é o fato de que ele superou esse desafio com sua paixão pela pesquisa e sua habilidade para aprender e sintetizar informações de fontes variadas. Ao longo de muitos anos de estudo e pesquisas subsequentes, Wirth foi construindo uma técnica consolidada e original do Tarô. Sua jornada para compreender o simbolismo das cartas é um exemplo inspirador de como a paixão e a dedicação podem levar a grandes descobertas e realizações. E, apesar de ter começado com pouco conhecimento sobre o assunto, ele acabou se tornando um dos mais importantes estudiosos da história do Tarô.

Estimada como uma das obras mais importantes e influentes do esoterismo, seus 22 Arcanos são respeitados por muitos como uma das representações mais precisas e autênticas desse sistema simbólico. A importância do Tarô de Wirth para o esoterismo reside em sua capacidade de transmitir ensinamentos profundos e simbólicos de maneira clara e acessível. Suas ilustrações representam, de um jeito fiel, a essência dos Arcanos, tornando-os uma ferramenta valiosa para aqueles que buscam compreender e aplicar seus ensinamentos. Além disso, o Tarô de Wirth é considerado um dos mais belos e artísticos exemplos já produzidos. Suas ilustrações são notáveis pela riqueza de informações e seus desenhos são obras-primas do gênero.

O Tarô de Wirth teve grande influência na criação de muitos outros conjuntos de cartas. No entanto, de maneira notória, ele teve forte influência na criação do Tarô de Waite, produzido em 1910. Waite foi altamente influenciado pelas teorias esotéricas de Wirth e seguiu sua tradição de combinar a simbologia tradicional do Tarô com teorias esotéricas e conhecimento adquirido ao longo da vida. Waite também seguiu o exemplo de Wirth ao incluir imagens minuciosamente elaboradas em suas cartas, o que permitiu uma interpretação mais profunda e significativa do Tarô. Além disso, ele incorporou elementos da cabala, astrologia e teorias esotéricas em suas próprias cartas, assim como Wirth havia feito. Wirth acreditava que esses elementos eram importantes para compreender plenamente o significado das cartas do Tarô e Waite seguiu seu exemplo. A influência de Wirth sobre Waite pode ser vista claramente em suas cartas, similares em muitos aspectos. Por exemplo, as cartas de Waite foram cuidadosamente projetadas para refletir a simbologia tradicional do Tarô, mas ao mesmo tempo foram atualizadas para incluir elementos de teorias esotéricas mais modernas. São cartas ricas em detalhes e simbolismos, o que permite uma interpretação mais profunda e significativa. Além disso, Wirth e Waite compartilhavam um entendimento comum sobre a importância da autoexploração e do autoconhecimento no estudo do Tarô. Ambos acreditavam que o Tarô era uma ferramenta poderosa para ajudar as pessoas a entender a si mesmas e ao mundo ao seu redor, e que era importante experimentar e praticar com as cartas para compreender seu significado e poder.

Oswald Wirth é amplamente considerado como um dos mais importantes pensadores esotéricos do século 19 e tem uma influência significativa na história do esoterismo ocidental. Sua obra ajudou a moldar a compreensão moderna do Tarô e a definir a direção do esoterismo no século 20. O conceito profundamente constituído por Wirth sobre o Tarô o diferenciava das tradições estabelecidas em sua época. Além disso, ele argumentava que o Tarô não era uma forma de revelar o futuro, mas, sim, uma maneira de ajudar as pessoas a compreender seus próprios pensamentos e emoções.

Ao longo dos tempos, esta obra tem sido estudada e apreciada por aqueles que se interessam pelo Tarô e pelo esoterismo em geral, uma referência importante na história do ocultismo francês. O talento, juntamente aos estudos adquiridos por Oswald Wirth, reflete nas cartas a sabedoria do passado e transmite ensinamentos. Um guia para a jornada no aprendizado do Tarô, uma fonte de conhecimento e inspiração para aqueles que buscam compreendê-lo amplamente.

Devemos então ressaltar a importância desta obra para a história do Tarô e do esoterismo, bem como a profundidade e a riqueza da visão de Wirth sobre as cartas e sua simbologia. É esperado que este livro continue a inspirar e a transformar a geração dos próximos tarólogos, oferecendo um caminho de conhecimento e sabedoria a todos aqueles que o buscam.

O Tarô dos Magistas não é apenas uma obra importante para entender a história e a simbologia do Tarô, mas também uma homenagem à jornada de aprendizado e descoberta de Oswald Wirth. O prefácio deste livro tem agora a oportunidade de celebrar a contribuição única de Wirth para a pesquisa sobre o Tarô e sua capacidade ininterrupta de inspirar outras pessoas a seguir essa jornada que perdura até a atualidade.

Deixe-se conduzir pelos ensinamentos desta obra ímpar e descubra a sabedoria antiga que habita dentro de você. Mergulhe nas profundezas de sua alma e, como o Eremita, permita que o Tarô seja para sempre a luz que ilumina seu caminho e encontra a chave para a evolução e a integração de seu ser. Deixe-se ser conduzido pelas imagens simbólicas dos Arcanos, que guardam todo o conhecimento da Alma do Mundo e permita que a sabedoria antiga lhe guie em sua jornada para a autotransformação e a realização plena de seu potencial.

CLAUDINEY PRIETO

Siga o autor nas redes sociais em @claudineyprieto

PREFÁCIO ORIGINAL

Dedicando-me à prática do ocultismo antes de mergulhar fundo em sua teoria, no início do ano de 1887, emprestei meus cuidados como magnetizador a uma mulher doente que adormeceu sob minha influência. Ela era uma pessoa lúcida, que me informou sobre a condição de seus órgãos e o efeito produzido pelo meu fluido. Sua tendência a falar muitas vezes resultava em revelações espontâneas completamente inesperadas, às quais eu prestava pouca atenção.

Um dia, porém, fui surpreendido pelo tom convincente de clarividência dela, que parecia perceber algo com maior clareza do que de costume, quando me disse: "Você está prestes a receber uma carta timbrada com um selo vermelho e um brasão!". Ela gritou isso como se fosse um detalhe muito importante.

Eu perguntei: "Você pode me dizer quem vai enviar esta carta?"

Sua resposta foi: "Ela foi escrita por um jovem loiro de olhos azuis, você já ouviu falar dele e quer conhecê-lo. Isso será muito útil para ele e vocês se entenderão perfeitamente."

Fiz-lhe mais perguntas, mas obtive respostas confusas; ela, muito envergonhada, acabou me dizendo: "Espere pela carta; e a vejo distintamente, com seu selo vermelho. Chegará dentro de alguns dias, antes do final da próxima semana."

Intrigado, comecei a esperar pelo carteiro. Mas a semana passou e nada veio; então mais duas semanas se passaram e cansei de esperar. Seguramente ela, adormecida, havia sonhado, entregando-se às sugestões de sua fantasia errante, como costumava fazer quando suas visões não diziam respeito diretamente a si mesma e aos estágios de sua recuperação. Em essência, a clareza deriva desse mesmo instinto que leva o animal doente a procurar a erva que vai curá-lo. Em todo caso, é mais fácil ver exatamente em si mesmo do que extrair informações verdadeiras de fora, ou seja, as imagens flutuantes que são coletadas pela imaginação receptiva.

Foram reflexões desse tipo que me levaram a esquecer a carta tão esperada em vão, tanto que nem me lembrei da previsão quando recebi uma carta com o selo vermelho. Sem prestar muita atenção ao envelope, apressei-me a ler o seu conteúdo, o que muito me afastou de qualquer discurso sonâmbulo.

Stanislas de Guaita me convidou para visitá-lo. O que eu sabia sobre o futuro autor da *Serpent de la Genèse* me levou a imaginá-lo como um estudioso, rico no conhecimento acumulado ao longo de longos anos de estudo. Eu esperava ser recebido, se não exatamente pelo Dr. Fausto antes do rejuvenescimento, pelo menos por um escritor experiente que já havia passado "*meia jornada de sua vida*". Você pode imaginar minha surpresa quando me vi saudado com alegria por um jovem encantador de vinte e seis anos, que de forma alguma se pontificava. Imediatamente me senti conquistado. Ele era jovem, loiro, tinha olhos azuis, sua carta trazia um selo vermelho: sem dúvida! Ele era o amigo, o protetor anunciado pela minha paciente adormecida!

O futuro se encarregou de justificar a extraordinária emoção da clarividente quando ela prenunciou a carta com o selo vermelho, que ainda não havia sido escrita[1], porque o encontro com Stanislas de Guaita foi para mim um acontecimento de imensa importância. Tornei-me seu amigo, seu secretário e seu colaborador. Ele colocou sua biblioteca à minha disposição e eu me beneficiei muito de sua conversa: eu tinha nele um professor de Kabbalah, de metafísicas elevadas e de língua francesa, já que

1 No momento da previsão, Guaita não sabia da minha existência. Portanto, não era seu pensamento consciente que ele poderia transmitir ao sonâmbulo. O mecanismo das previsões permanece misterioso. Os descuidados não percebem que, parcialmente, geralmente os mais exatos pecam em relação ao tempo. Esse elemento escapa aos visionários, que consideram como próximo tudo o que os distinguem claramente.

Guaita se preocupava em formar meu estilo e me refinar do ponto de vista literário. Ele me ensinou a apreciar frases bem construídas, apresentando-me a estética da bela prosa francesa: devo a ele se sou capaz de escrever de forma legível.

Mas também estou em dívida com ele quanto à minha formação intelectual. Quando Guaita me admitiu em sua amizade, eu era apenas um manipulador elementar de fluidos que obtinha resultados empíricos, mas não tinha noções racionais. Guaita possuía a luz que me faltava. Enquanto eu só conhecia o espiritismo e tinha uma noção vaga de teosofia, ele havia assimilado a doutrina tradicional dos mestres da ciência oculta, da qual se declarou um humilde discípulo. Começando com Éliphas Lévi, ele voltou aos cabalistas renascentistas e aos filósofos herméticos da Idade Média, lendo e entendendo tudo com prodigiosa facilidade. Os textos mais sombrios se iluminaram enquanto ele projetava a clareza de seu espírito solar sobre eles.

Problemas metafísicos eram brincadeira de criança para ele e eu era incapaz de alcançá-lo; mas quando eu ficava muito para trás, Guaita se apressava em refazer seus passos para me pegar fraternalmente pela mão, indulgente com a lentidão de meu entendimento saturnino.

Enredado entre os espinheiros da floresta terrestre, eu tinha em Guaita o guia que pairava acima. Sem ele, como eu teria me orientado? Ele foi o inspirador dos estudos que nunca abandonei.

Sabendo que eu era desenhista, ele me aconselhou, durante nossa primeira entrevista na primavera de 1887, a restaurar os 22 Arcanos do Tarô à sua pureza hieroglífica, e imediatamente me deu uma documentação, dando-me dois baralhos de cartas de Tarô, um francês e outro italiano, e o *Dogma e Ritual da Alta Magia*, obra fundamental de Éliphas Lévi, em que o Tarô é objeto de copiosos comentários.

Temos o ponto de partida do presente trabalho, cuja autoria espiritual é atribuída a Stanislas de Guaita. Quando lhe apresentei uma primeira série de Tarôs redesenhada seguindo a comparação dos dois baralhos grosseiros, o grande ocultista me fez algumas críticas, que foram levadas em conta na publicação dos Tarôs Cabalístico, lançado em 1889, com 350 exemplares produzidos com o procedimento de heliogravura de G. Poisel.

Esses Tarôs foram apreciados e valorizados pelos ocultistas: eram de fato muito satisfatórios em comparação com os baralhos de cartas disponíveis então no mercado, mas eram passíveis de melhorias. O ideal a ser realizado requer uma perfeita unidade de simbolismo, de modo que tudo esteja contido nas 22 composições, que devem se iluminar mutuamente e que não devem envolver nenhum detalhe arbitrário injustificado. Para completar este desenvolvimento do Tarô, é necessário apreender a ideia geral e iniciar-se nos conceitos que determinaram o seu nascimento.

Com a ajuda de Stanislas de Guaita, comecei a trabalhar para adquirir a ciência do simbolismo que me autorizaria a reconstruir o Tarô em desenho e cores, de acordo com o gênio medieval. Foi um trabalho longo, mas tive paciência de me instruir metodicamente. Onde quer que os tenha encontrado, sempre procurei interpretar os símbolos, a ponto de adquirir a reputação de especialista no assunto. A princípio confiei no simbolismo construtivo dos maçons, depois fui levado a compará-lo com o dos alquimistas, que traduzem em imagens tiradas da metalurgia antiga o esoterismo iniciático, tão judiciosamente adaptado pelos pedreiros medievais[2] à prática de sua arte.

Decifre os hieróglifos da profunda sabedoria silenciosa comum a pensadores de todas as épocas, religiões, mitos e invenções poéticas, e você revelará ideias em harmonia relativas aos problemas que sempre preocuparam a mente humana. Os símbolos revelam poeticamente concepções demasiado etéreas que não se podem prestar à determinação excessivamente restrita das palavras. Nem tudo se reduz à prosa dos advogados e retóricos, há coisas tão sutis que devem ser sentidas e adivinhadas como faziam os adeptos da sagaz filosofia dos simbolistas medievais, que reagiram contra a pedante escravidão das palavras.

É a partir desses mestres sábios e discretos que o Tarô remonta, como monumento único, pio instrutivo para o verdadeiro pensador de todos os tratados sentenciosos, pois suas imagens nos ensinam a descobrir a verdade modesta que se esconde no fundo do poço de nosso intelecto. Não há coleção de símbolos comparável à do Tarô, visto como a revelação de uma sabedoria que não tem nada de arbitrária, pois cada um a discerne livremente, sem sofrer outra sugestão senão a das imagens silenciosas.

Condensadoras de pensamentos inexprimíveis, essas imagens são silenciosas, sem esconder seu propósito, que é o de nos deixar adivinhar uma sabedoria preciosa. Mas a mentalidade do século 20 se presta a essa adivinhação? Qual seria o destino do Tarô hoje se ele permanecesse

---

2 *Le Symbolisme hermétique dans ses rapports avec l'Alchimie et la Franc-Maçonnerie*, obra que apareceu em 1910.

enigmático, como chegou até nós sem ser acompanhado ao menos de um texto interpretativo? Somos pressionados de todos os lados e não temos a piedosa possibilidade de meditar; pensar por si mesmo é um processo muito longo: precisamos de ideias claramente expostas, para poder assimilá-las rapidamente ou rejeitá-las imediatamente.

Fiz todo o possível para me adaptar às necessidades do século. Meus esforços produziram uma série de ensaios que, por sua imperfeição, não tive pressa em serem publicados. Em 1922, no entanto, achei apropriado extrair um manuscrito definitivo da massa de minhas ruminações. A editora da obra *Serpente Verde*[3] me fez propostas que me levaram a completá-lo com um trabalho que se tornou quase obsessivo. Entretanto, o manuscrito que eu confiei ao editor nunca veio à luz, pois foi perdido de uma maneira deveras incompreensível. Depois de muito tempo e em vão esperando, já que meu texto não foi encontrado, tive que me resignar e voltar ao trabalho.

A meditação ininterrupta necessária para este trabalho me foi concedida durante minhas férias de 1924 e 1925. Como estive num local encantador, onde a vista abraça uma das mais belas paisagens da França, espero que esta última edição seja influenciada pelo ambiente inspirador e pela grande luz dos dias mais longos.

Absorvido em uma contemplação favorecida por um panorama gótico, pensei que estava entrando em comunicação meditativa com o passado, vivendo na memória constantemente evocativa de Stanislas de Guaita. Convenci-me de que o professor que levantou o véu do mistério não abandona seu colega de trabalho que luta para discernir a verdade.

Como muitas outras teorias, aquela acerca dos Seres Superiores Desconhecidos é verdadeira, desde que seja entendida corretamente. Nossos verdadeiros iniciadores nem sempre se revelam aos nossos sentidos e permanecem silenciosos como as composições simbólicas do Tarô: mas eles seguem acompanhando nossos esforços de deciframento, e quando encontramos laboriosamente a primeira letra, eles sussurram misteriosamente a segunda, para nos colocar no caminho que nos levará a encontrar a terceira. Guaita certamente me ajudou, pois meu pensamento chamava o dele, tanto que se estabeleceu entre nós uma corrente de telepatia espiritual, de cuja existência não tenho a menor dúvida. As relações entre

---

3 O conto simbólico de Goethe traduzido e comentado em seu esoterismo, que apareceu nas edições do Monde Nouveau, em 1922.

uma mente e outra fazem parte da ordem natural das coisas e nada têm em comum com a necromancia clássica ou a necromancia modernizada na forma de espiritismo.

O ocultismo filosófico não é supersticioso, embora se baseie no estudo das superstições: vincula-se a crenças indestrutíveis para analisar e pesquisar a realidade que as motiva, pois seria ilógico dizer que a humanidade cria ideias falsas do nada. A fumaça que escurece o espaço vem de um incêndio, e é esse fogo que deve ser localizado. Os investigadores do oculto esfumaçado reservam-se a tarefa de traçar a origem de uma credulidade que necessariamente tem uma razão de ser.

Stanislas de Guaita realizou esta investigação com o entusiasmo do neófito excepcionalmente dotado, que rapidamente discerne e concebe à primeira vista a síntese teórica, capaz de explicar o complexo de fatos considerados mágicos. Essa maravilhosa receptividade nos deu livros que são o testemunho luminoso de uma tradição agora estável. Guaita, nunca quis inovar o ocultismo, visava apenas interpretar fielmente uma ortodoxia, a ortodoxia dos professores da escola à qual estava ligado. Esses professores eram sagrados para ele, que não pensava em criticar suas afirmações, pois não podia suspeitar dos ensinamentos daqueles que admirava incondicionalmente.

Neste ponto, é correto ressaltar o aspecto mais significativo do caráter de Guaita. Sua generosidade de espírito o levou a admirar os outros. Eu o ouvi elogiar altamente Joséphin Péladan, Maurice Barrès, Laurent Tailhade, Saint-Yves d'Alveydre e muitos outros contemporâneos, cuja ciência ou talento literário ele apreciava. Ele considerava Éliphas Lévi um semideus e curvou-se diante de Fabre d' Olive com um respeito quase místico.

Jornalistas que apresentaram o autor do *Templo de Satã* como o "tenebroso marquês" que passava as noites em evocações sugeridas pelos grimórios faziam rir com vontade este luminoso escritor, inimigo jurado de toda prática suspeita. Ele nunca tentou realizar a menor operação mágica, pois sabia muito bem que o que pode ser alcançado por esse meio é apenas uma ilusão perigosa, levando ao desequilíbrio e à loucura.

Lendas não menos ridículas também correm em certos ambientes alucinados, onde absolutamente não se quer admitir que o autor de *Key of Black Magic* morreu de morte natural. A insolência chega a falsificar a última frase que Guaita teria pronunciado: "*Estou morrendo vítima do meu trabalho!*" Oponho-me à negação mais contundente a esta fábula imaginada para agradar às doutrinas de um ocultismo charlatão. Guaita morreu no castelo de Alteville, em 1897, sem nunca ter atribuído sua doença aos estudos, que empreendeu depois de ter sido acometido por ela. As pessoas que presenciaram os últimos momentos de sua vida o ouviram murmurar: "*Entendo! Eu vejo!*" enquanto uma expressão de espanto feliz se espalhava por seu rosto.

Fascinadas por um ideal de beleza, as naturezas solares encarnam--se apenas parcialmente e por tempo limitado. Como Rafaele Mozart, Guaita morreu jovem. Estava destinado a mim durar mais, porém o amigo incomparável, o professor inspirador, nunca está morto a meu ver. Seus pensamentos permanecem meus: com ele e graças a ele, aspiro a iniciar--me no segredo das coisas. Colaboramos secretamente, pois aquele que se foi me encoraja a continuar seu trabalho, que considero oportuno retomar com base nas mais recentes conquistas arqueológicas. O ocultismo merece ser levado a sério e não deve ser abandonado ao dogmatismo equivocado de imaginações perturbadas. Tudo deve ser reconsiderado, pesado e controlado de acordo com as necessidades de um positivismo esclarecido.

Sempre fiz o meu melhor, neste sentido, sobretudo estudando o Tarô: tenho a certeza de que nunca deixei de ser o secretário de Stanislas de Guaita, que encontrou em mim um escriba inadequado, mas cheio de boa vontade na busca sincera da verdade, forte no culto da gratidão, para a nobre inteligência, cuja ação continua, porque no campo da "energia nada" nunca se perde.

Espero que o leitor possa agradecer a Stanislas de Guaita pelas ideias que exprimo, e possa conceder sua indulgência ao estudante que as traduz.

OSWALD WIRTH

A Consulta. Gravura em madeira, final do século 16.

INTRODUÇÃO

No ocultismo, atribui-se importância capital aos vinte e dois Arcanos, Chaves ou Trunfos do Tarô, que juntos constituem um tratado de alta filosofia exposto em imagens. Livros desse tipo, em que o texto se reduz, no máximo, à designação dos capítulos, ficam em silêncio para aqueles que não adquiriram a faculdade de fazê-los falar. Pelo contrário, eles falam, e com maravilhosa eloquência, a quem sabe questioná-los com sabedoria. Infelizmente, perdemos o hábito de mergulhar em reflexões fecundas sugeridas pelo mero aspecto das coisas. O livro da natureza permanece, para nós, fechado por sete selos; suas imagens nos desconcertam, pois entendemos apenas as palavras, cuja sonoridade, infelizmente nos atordoa completamente.

Mas nem sempre foi assim. A linguagem humana só recentemente se tornou filosófica e precisa. Originalmente, não se prestava a expressar quaisquer ideias abstratas. Os primeiros pensadores foram, portanto, condenados ao silêncio; por falta de palavras, faziam desenhos aos quais ligavam seus sonhos. Então, para comunicar seus conceitos, eles criaram uma linguagem incompreensível para o vulgo, não inventando novos termos, mas desviando o vocabulário atual de seu significado grosseiro, para dar-lhe um significado misterioso, inteligível aos sábios. Assim nasceu o alegorismo que todos os reveladores usavam.

Entretanto essa linguagem evoluiu, tornando-se gradualmente mais precisa, para melhor responder às necessidades da dialética. Povos falantes se apaixonaram pelo esporte da fala e acabaram criando o império do verbalismo, que atingiu seu apogeu na época da escolástica.

Os excessos de um verbalismo polêmico e estéril tiveram então que provocar, por reação, um retorno à meditação silenciosa, fundada não em palavras e frases, definições e argumentos, mas na mágica única evocadora de símbolos. Cansados de discussões vãs, certos pensadores imaginativos retiraram-se para abandonar-se aos sonhos, cuja sugestiva influência foi dar à luz poetas como trovadores e artistas como construtores de catedrais, sem esquecer os modestos pintores de quadros, que criaram composições enigmáticas, misteriosamente inspiradas.

Entre essas composições, uma obra-prima sobreviveu: o Tarô, cuja figuração, aparentemente ingênua, deriva de uma sabedoria secreta, como se os refinamentos do Hermetismo, da Cabala e de outras tradições difundidas tivessem se formado na série dos 22 Arcanos.

Para apreciar este estranho monumento, é necessário estudá-lo em profundidade. Este trabalho facilitará a tarefa do investigador que não se furtará ao indispensável esforço de um trabalho estritamente pessoal. Quando aplicadas a símbolos, que são janelas abertas ao infinito, as interpretações só podem ter um valor indicativo, e nunca esgotam o argumento. Por isso, as indicações são voltadas para quem sabe aproveitá-la. Repeti-los é inútil, se não houver a menor aplicação. O objetivo é fazer o Tarô falar: mas os Arcanos falam apenas para aqueles que aprenderam a entendê-los. Vamos, portanto, desenvolver nossa compreensão se quisermos interrogar com sucesso um androide que, em vez de ser uma máquina de raciocínio como a de Albertus Magnus, ensina-nos a imaginar corretamente, com a ajuda de um verdadeiro alfabeto da imaginação.

O leitor visa disciplinar suas faculdades imaginativas, adquirindo assim uma arte outrora tida em grande honra, mas não mais considerada, pois o raciocínio afirma ser o único a guiar a humanidade pelos caminhos da sabedoria? Para aquele que é obcecado pelo mistério, para a alma inquieta que deseja sondar as profundezas da noite que nos cerca, é oferecido um guia melhor do que os símbolos do Tarô? Combinados de modo a se revelar para os espíritos que discernem o segredo de sua interpretação, eles levam à descoberta dos mistérios de um mundo alheio a considerações objetivas estreitas. Mas você tem que decifrá-los. Como? Com que método?

Com a intenção de responder a essas perguntas, o autor dedicou a primeira parte deste livro a uma exposição metódica, cuja aridez talvez desencoraje os impacientes, que sentirão a tentação de não se debruçar sobre ela, e de se beneficiar mais rapidamente dos resultados do método, condensados na interpretação do simbolismo de cada um dos 22 Arcanos. Então, sumariamente instruídos no significado dos símbolos, eles se apressarão em tirar oráculos do Tarô.

Infelizmente, aqueles com pressa obtêm adivinhação muito ruim. Não se improvisam adivinhos, mesmo que sejam dotados de faculdades divinatórias inatas, pois só prestam serviços autênticos quando são cultivados. A adivinhação é uma arte que tem suas próprias regras como qualquer outra arte, e se o Tarô deve ser a ferramenta desta arte, é imperativo que esta delicada ferramenta seja manuseada por um artista.

As páginas seguintes tentam ensinar uma maneira criteriosa de lidar com o Tarô. Espero que possam servir de guia para os curiosos que são dignos de se iniciarem nos mistérios do pensamento humano. Ao dar a conhecer esta obra tão característica da Idade Média à sua verdadeira luz, espero que possam também homenagear o gênio incompreendido de uma época erroneamente considerada sombria, que fez brilhar as estrelas do mais sublime idealismo na noite do mundo ocidental.

PARTE I

O TARÔ CONSIDERADO COMO UM TODO E EM SUAS DIVISÕES LÓGICAS

2 A Papis
13
4 O Imperador
14 A Temperança
10 A Roda da Fortuna
5 O Papa
15 O Diabo
16 A Casa de Deus
6 Os Enamorados

1 AS ORIGENS DO TARÔ

As Cartas de Jogar

O baralho de cartas mais antigo que chegou até nós vem de Veneza, onde foi utilizado no século 14. Composto por 78 cartas, equivalente à série de números somados da unidade à dúzia incluída, este total é dividido em duas categorias de cartas essencialmente distintas.

A primeira categoria inclui 22 cartas chamadas "Tarô". São composições simbólicas claramente concebidas para um propósito muito diferente do jogo. Os jogadores não podem fazer nada com elas, exceto pelos trunfos, aos quais se atribuem o valor de acordo com seu número de ordem, sem se preocupar minimamente com o assunto da carta. Também podemos substituí-los por cartões brancos marcados com um número progressivo. Mas é ainda mais lógico retirar do baralho o próprio Tarô, como fizeram os jogadores espanhóis, que ficaram apenas com as outras 56 cartas.

Esta segunda categoria é dividida em quatro séries ou cores ou naipes de 14 cartas. Os emblemas distintivos da série são: Bastos, Copas, Espadas e Moedas, que correspondem respectivamente ao que, nas cartas francesas, são chamados de "Paus, Copas, Espadas e Ouros".

Cada série inclui dez cartas numéricas: Ás, Dois, Três, etc., até dez, mais quatro cartas de figuras: Rei, Rainha, Cavaleiro e Valete.

Todos os baralhos usados nos diferentes países representam modificações mais ou menos profundas do baralho original, que se conserva em sua totalidade na Itália, na Suíça Francesa, na Provença e no leste da França, até a Alsácia. O nome "Tarô" é atribuído a essas cartas por extensão, pois, para ser exato, pertenceria apenas às vinte e duas cartas assim designadas:

1. O Mago
2. A Papisa (Juno)[1]
3. A Imperatriz
4. O Imperador
5. O Papa (Júpiter)
6. Os Enamorados
7. O Carro
8. A Justiça
9. O Eremita
10. A Roda da Fortuna
11. A Força
12. O Dependurado
13. A Morte
14. A Temperança
15. O Diabo
16. A Torre
17. A Estrela
18. A Lua
19. O Sol
20. O Julgamento
21. O Mundo

O Louco (ou O Tolo)

O Suposto Livro de Thoth

Até o século 18, o Tarô era considerado exclusivamente como resquício de uma era bárbara e, como tal, sem interesse. Ninguém lhe deu atenção antes de 1781, data da publicação de *Primitive World*, de Court de Gébelin, obra em que, no volume VIII, na página 365, aparece esta passagem:

1 Por respeito à religião, a Papisa e o Papa foram substituídos no Tarô de Besançon por Juno e Júpiter.

Se fosse anunciado que uma obra dos antigos egípcios ainda existe hoje, um de seus livros que escapou das chamas que devoraram suas soberbas bibliotecas e que contém sua doutrina mais pura sobre assuntos muito interessantes, todos certamente ficariam ansiosos. Tão precioso, tão extraordinário. Se acrescentarmos que este livro está difundido em grande parte da Europa, que por muitos séculos ainda está nas mãos de todos, a surpresa certamente seria ainda maior: e não chegaria ao limite, se fosse assegurado que ninguém jamais suspeitou que esta obra fosse egípcia, que a possuísse como se não a possuísse, que ninguém jamais tentou decifrar uma página: que o fruto de uma sabedoria refinada é considerado como uma massa de figuras insignificantes em si mesmas? Não se pensaria então que se quer zombar da credulidade dos ouvintes?

No entanto, é muito verdadeiro: este livro egípcio, o único que resta de suas soberbas bibliotecas, ainda existe hoje: e é tão comum que nenhum cientista se dignou a lidar com ele; ninguém jamais suspeitara de sua ilustre origem. Este livro é o *JOGO DO TAROT*...

Court de Gébelin afirma muito livremente que a origem do Tarô é egípcia. Basta-lhe discernir o caráter simbólico das figuras, até então consideradas puramente fantásticas, para reconhecer nelas, à primeira vista, hieróglifos a serem atribuídos aos sábios da antiguidade. Isso significa ir muito rápido.

Mas quando se formula uma hipótese que lisonjeia a imaginação, pode-se ter a certeza de que ela é imediatamente captada e expandida. Um fabricante de perucas, chamado Alliette, que sob o nome de Etteilla tornou-se o grande sacerdote da cartomancia, proclamou que o Tarô era o livro mais antigo do mundo, uma obra de Hermes-Thoth. E não ficou satisfeita com isso: considerou-se autorizada a revisar um documento tão importante. Mas este "homem, mais fantástico do que judicioso[2], conseguiu apenas falsificar um simbolismo que não tinha sido estudado suficientemente profundamente.

Christian também se pronuncia a favor do Egito em sua *História da Magia*. Este autor nos faz assistir a uma iniciação nos mistérios de Osíris. Graças a ele, entramos nas criptas da Grande Pirâmide de Mênfis, onde o iniciado passa por terríveis provas que o levam à entrada de uma

2 Éliphas Lévi, *Dogma e Ritual de Alta Magia*, pág. 68.

galeria, cujas paredes são divididas por vinte e quatro pilares, doze de cada lado, em vinte e dois painéis decorados com pinturas e hieróglifos. Eles são os protótipos do Tarô. O iniciado passa diante desses painéis, que resumem a doutrina secreta dos hierofantes. Um pastor, guardião dos símbolos sagrados, fornece as explicações que constituem a educação iniciática do neófito.

É uma pena que essa galeria seja desconhecida da egiptologia, que não revelou o menor vestígio deste "livro mural" de Hermes que os últimos iniciados teriam copiado quando, perseguidos pelos cristãos, preparavam--se para fugir abandonando o santuário.

De acordo com a tese que nos interessa, os hieróglifos secretos, reproduzidos em tabletes portáteis, seriam então repassados aos gnósticos e depois aos alquimistas, que os teriam transmitido a nós.

Tudo o que podemos conceder aos defensores dessa hipótese é que as ideias que inspiram o Tarô são de extrema antiguidade. As ideias não têm idade: são tão antigas quanto o pensamento humano. Mas elas foram expressas de forma diferente, de acordo com as épocas. Os sistemas filosóficos. Os alexandrinos deram-lhes uma expressão verbal, enquanto o Tarô mais tarde teve que traduzi-los em símbolos. Se não como substância, pelo menos como forma, o Tarô se reafirma como um original indiscutível que não reproduz de forma alguma modelos pré-existentes. A arqueologia não descobriu o menor vestígio que possa representar as reminiscências do Tarô egípcio, gnóstico ou pelo menos alquimistas greco-árabes.

O Terafim

O que imediatamente chama a atenção no Tarô é o número 22, que é exatamente o número das letras do alfabeto hebraico. Pode-se, portanto, perguntar se não é por acaso que devemos nossas vinte e duas figuras cabalísticas aos judeus.

Sabemos que os grandes Sacerdotes de Jerusalém interrogaram o oráculo do Urim e do Tumim com a ajuda dos Terafins. Isto é, símbolos ideográficos ou hieróglifos. Éliphas Lévi explica que as consultas aconteciam no templo, sobre a mesa de ouro da Arca Sagrada, e acrescenta:

Quando o alto Sacerdócio deixou de existir em Israel, quando todos os oráculos do mundo se calaram diante da Palavra, fez o homem que falou pela boca do mais popular e mais doce dos sábios, quando a Arca se perdeu, quando o Santuário foi profanado e o Templo destruído, os mistérios do Éfode e dos Terafins, que não foram mais traçados em ouro e pedras preciosas, foram escritos ou retratados com mais precisão por sábios cabalistas em marfim, pergaminho, prata ou couro dourado, e, finalmente, em cartas simples, sempre suspeitas aos olhos da Igreja oficial, como se contivessem uma perigosa chave para seus mistérios. Dessas cartas saiu o Tarô, cuja antiguidade, revelada ao cientista Court de Gébelin pela mesma ciência dos hieróglifos e Deuses. Números, mais tarde despertou a visão dúbia de Etteilla e a investigação tenaz[3].

A informação que temos sobre o Terafim é tão vaga que é impossível tirar qualquer conclusão. A Cabala era certamente bem conhecida dos autores do Tarô: mas esses artistas-filósofos não poderiam pertencer à linhagem semítica que, longe de encorajar um simbolismo artístico, sempre preferiu vincular suas especulações abstratas à secura das letras, números e de figuras geométricas. O gênio ariano, por outro lado, deleita-se com a riqueza de cores e formas: ama imagens e é idólatra por natureza. Deste ponto de vista, a pátria do Tarô poderia ter sido a Grécia, se a Itália da Idade Média não fosse a única a possuir os títulos indiscutíveis que a atribuem à invenção das cartas de jogar.

Dados Positivos

No período anterior à invenção da xilogravura, um ofício muito particular, o dos "imaginadores", ou pintores de imagens, proporcionava multiplicar à mão, em pergaminho ou papelão, os temas religiosos ou profanos que seduziam a clientela popular. Como estes últimos apreciavam composições não mais isoladas, mas agrupadas em séries, conjuntos cada vez mais elaborados foram colocados à venda. Do trio das virtudes teologais e dos quatro evangelistas, dos quatro elementos e das quatro virtudes cardinais, passamos aos sete planetas, aos sete sacramentos e aos sete pecados capitais, sem deixar de lado as alegorias relativas aos cinco sentidos, às nove musas, etc.

---

3 Éliphas Lévi, Ritual, pág. 337.

Os italianos tiveram a ideia de reunir todas essas imagens em um jogo destinado a entreter e a educar as crianças. Assim nasceram os *naibi*, papéis inocentes, recomendados por moralistas como Morelli, em 1393.

No final do século 14, as primeiras cartas instrutivas levaram à invenção das cartas de baralho atribuídas a Francesco Fibbia, que morreu em 1419. Os reformadores da cidade de Bolonha realmente concederam a esse nobre, inventor do *tarocchino*, o direito de colocar seu brasão na Rainha de Paus e o brasão de sua esposa, uma Bentivoglio, na Rainha de Moedas[4].

A ideia das cartas numéricas (Ás, Dois, Três, etc.) parece ter sido dado aos jogadores pelos dados, enquanto o xadrez poderia lhes dar as figuras: Rei, Rainha e Cavaleiro, sem falar no Louco e na Torre (Casa de Deus) do Tarô. Mas esta explicação, avançada pelos estudiosos que trataram da origem das cartas, não esclarece o mistério da gênese do Tarô Lombardo-Veneziano.

Esses ancestrais de todos os baralhos de cartas conhecidos na Europa são evidentemente marcados pela ciência cabalística. Como Papus observou corretamente em seu livro *Tarô dos Boêmios*[5], os símbolos que caracterizam os quatro naipes das quatorze das 56 cartas não relacionadas às 22 cartas do Tarô verdadeiro, referem-se às artes ocultas e correspondem às letras do divino *Tetragrammaton*.

י PAUS: vara dos desejos ou varinha mágica, sinal de comando, cetro de dominação viril, emblema do poder gerador masculino: o Pai.

ה COPAS: taça divinatória, receptividade feminina, tanto intelectual quanto física: a Mãe.

ו ESPADAS: a espada do invocador, uma arma que desenha uma cruz e, portanto, lembra a união frutífera dos dois princípios, masculino e feminino; fusão, cooperação dos opostos. A espada também simboliza uma ação penetrante como a do Verbo ou do Filho.

ה OUROS: disco Pentáculo, sinal de sustentação da vontade, material condensador da ação espiritual; síntese que traz a trindade de volta à unidade, Trindade ou Tri-unidade.

---

4 Resumo histórico e explicativo sobre cartas de baralho, editado pela Société de Bibliophiles Français, Paris, Crapelet 1846, pág. 11.

5 Paris, Georges Carré, 1889.

Nesta escolha há muito mais que um caso fortuito, e ninguém pode duvidar de que o inventor do Tarô aplicado ao jogo não foi um iniciado nas misteriosas ciências de seu tempo. Mas o que pensar dos vinte e dois trunfos, que são anteriores às outras cartas?

Essas estranhas composições foram reproduzidas em 1392, por Jacquemin Gringonneur "para diversão do nosso desafortunado rei Carlos VI"; mas parecem já ter sido conhecidos por Raimondo Llull, cientista, monge e alquimista, que floresceu entre 1235 e 1315.

Alegou-se que derivam dos chamados "papéis de Baldini", atribuídos a Mantegna. É verdade que as duas edições existentes hoje datam apenas de 1470 e 1485, mas supõe-se, não sem razão, que o criador do baralho foi inspirado em um modelo mais antigo. Ora, esse modelo desconhecido só pode ser procurado no Tarô, do qual as cartas de Baldini são apenas uma ampliação sistemática. O artista, muito hábil em sua especialização, mas não iniciado, queria corrigir o Tarô, dobrando-o às necessidades de sua lógica e filosofia. Ele tentou classificar racionalmente as figuras que o impressionaram por sua aparente inconsistência: e isso explica por que esse baralho tão artístico é composto por 50 assuntos divididos em séries de dez. A primeira década apresenta a hierarquia das condições sociais: mendigo, servo, artesão, comerciante, cavaleiro, duque, rei, imperador e papa. As Nove Musas e Apollo compõem a segunda década. A terceira é dedicada às ciências, que beiram a quarta década, que está incompletamente reservada às virtudes. Finalmente, a última década inclui os sete planetas, a oitava esfera, o primeiro móvel e a primeira causa.

Este baralho contém todas as figuras do Tarô ligeiramente modificadas ou adaptadas às ideias do artista que, consequentemente, deve ter feito sua obra inspirada no Tarô tradicional. Se tivesse acontecido o contrário, não ficaria claro por que apenas 22 sujeitos deveriam ter sido extraídos de um suntuoso complexo de 50. Por outro lado, a ingenuidade do estilo seria suficiente para garantir a anterioridade do Tarô.

Os vinte e dois Tarôs primitivos devem, portanto, estar ligados aos *naibi*, cartas instrutivas ainda não usadas para jogar. Um adepto do século 13 terá querido criar um livro cabalístico com a ajuda das imagens ricamente iluminadas que gozavam de favor universal naqueles dias. A variedade deles permitiu-lhe escolher aquelas que podiam ser comparadas primeiro às dez *Sephiroth* da Cabala, depois, por extensão, às vinte e duas letras do alfabeto sagrado.

Assim nasceu, em lugar e data que não conhecemos, o esboço original do nosso Tarô. Mas é realmente certo que estamos lidando com uma criação individual? Um homem de gênio concebeu cartas de Tarô que já estão completas? Isso é muito duvidoso se julgarmos pelas modificações que o Tarô sofreu ao longo do tempo. Os espécimes mais antigos não são os mais perfeitos do ponto de vista simbólico: seu simbolismo ainda é hesitante, em busca de si mesmo. Foram os copistas de épocas posteriores que nos deram o Tarô no qual cada detalhe tem seu significado de acordo com o todo. Deve-se admitir que entre os pintores de imagens havia alguns, dotados de uma espécie de sentido divinatório dos símbolos, que introduziram variantes muito felizes em suas reproduções, que mais tarde prevaleceram; enquanto outros, arrastados por uma fantasia rebelde às misteriosas diretrizes da tradição, só conseguiram desfigurar o original. Embora incessantes, os desvios não fizeram escola, pois um instinto vago, mas seguro, levou os pintores mais hábeis de volta ao caminho certo do simbolismo. Recolhemos assim no Tarô uma herança anônima, uma obra brilhante devido à colaboração de artistas humildes, que se copiaram, com um ardor inspirado, gerador sem o seu conhecimento de pura maravilha[6].

O Valor Iniciático do Tarô

As discussões sobre a antiguidade do Tarô podem ser consideradas ociosas quando o valor intrínseco desse estranho documento é posto em questão. Relativamente moderna na forma, mas sem dúvida muito antiga na substância, essa coleção de símbolos emocionou a todos os que vieram para decifrá-la.

Ouçamos o abade Constant que, sob o pseudônimo de Éliphas Lévi, publicou as obras das quais o ocultismo contemporâneo em grande parte deriva[7]:

6 Entre os produtos análogos de um gênio coletivo, devemos lembrar a liturgia católica e os rituais dos três graus fundamentais da Maçonaria.

7 Mais tarde, ele publicou pela Germa Baillière (Germer Baillière ou German Baillière?): *Dogma e Ritual da Alta Magia*, a 1ª edição em 1856, a 2ª edição de 1861. *Histoire de la Magie* com uma exposição clara e precisa de seus procedimentos, seus ritos e seus mistérios, de 1860; *La Clef des Grands Mystères de acordo com Enoque, Abraão, Hermes Trismegisto e Salomão*, em 1861; *La Science des Esprits*, 1865. Chamel também publicou duas obras póstumas de Éliphas Lévi: *Le Livre des Splendeurs*, 1894 e *Le Grand Arcane* ou *l'Occultisme Dévoilé*, publicado por Chacornac, em 1921. Além disso, Emile Nourry publicou, em 1920, *Les Mystères de la Kabbale* ou *l'Harmanie Occulte des Deux Testaments*.

É uma obra, diz este adepto falando do Tarô, monumental e singular, simples e forte como a arquitetura das pirâmides e, consequentemente, tão duradoura como as próprias pirâmides; um livro que resume todas as ciências e cujas infinitas combinações podem resolver todos os problemas; um livro que fala e faz pensar; inspirador e regulador de todas as concepções possíveis; talvez a obra-prima do espírito humano e, sem dúvida, uma das coisas mais belas que a antiguidade nos deixou; chave universal, cujo nome foi entendido e explicado apenas pelo cientista iluminado Guillaume Postel[8]; um texto único, cujos primeiros caracteres foram suficientes para levar o espírito religioso de Saint-Martin ao êxtase[9], e deram razão ao sublime e infeliz Swedenborg.

A esta passagem, retirada do *Dogma e Ritual da Alta Magia*, página 68, convém acrescentar o seguinte, retirado do Ritual, página 355, onde se diz, novamente em relação ao Tarô:

É uma autêntica máquina filosófica que impede que o espírito se perca, deixando-lhe a iniciativa e a liberdade; é matemática aplicada ao absoluto, é a aliança do positivo com o ideal, é uma loteria de pensamentos todos rigorosamente exatos como números; é talvez, enfim, o que o gênio humano jamais concebeu de mais simples e ao mesmo tempo maior.

Mas cabe ao leitor julgar o Tarô por si mesmo, aprendendo a discernir as maravilhas prometidas. Vamos proceder metodicamente e demonstrar como um livro silencioso pode ser falado.

8 Guillaume Postel (1510-1581) fez duas viagens ao Oriente, trazendo de volta uma espécie de ciência universal. Em sua *Clef des Choses Cachées* (*clavis absonditorum*, 1546), justapõe TARO, ROTA ou ATOR ao *Tetragrammaton*

9 O Marquês Claude de Saint-Martin, conhecido como "o Filósofo Desconhecido" (1743-1803), autor de inúmeras obras conectadas, por um lado, aos ensinamentos de Martinez Pasqualis, seu iniciador, e por outro, aos princípios desenvolvidos por Jacob Boehme (1575-1625).

11 A Forç
17 A Estrel
12 O Dependurado
18 A Lua
3 A Imperatriz
8 A Justiça
7 O Carro
14 A Temperança
21 O Mundo

2 OS SINAIS REVELADORES DOS SEGREDOS DO TARÔ

A Roda

Entre o Tarô propriamente dito, há um Arcano que não carrega um número. Ele é o Louco: e essa peculiaridade dele parecia privá-lo de posição. Portanto, há uma hesitação quando se trata de atribuir um lugar a esta carta no jogo. Ele deve preceder o Mago (Arcano I) ou seguir o Mundo (Arcano XX)? Este problema surge quando o Tarô está disposto em círculo, como sugere a palavra ROTA, que Guillaume Postel extraiu do TARÔ, pois o Louco está assim colocado entre o princípio e o fim, onde representa o Infinito irracional e incompreensível do qual todos viemos e para onde estamos destinados a retornar.

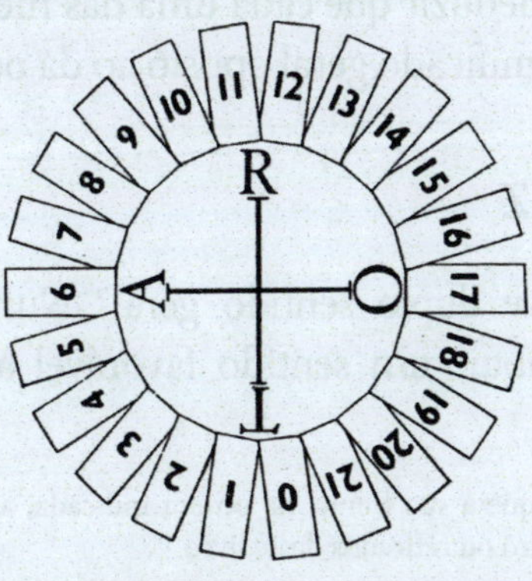

A disposição das rodas é muito importante, pois o círculo assim formado se divide naturalmente em duas metades, cada uma das quais inclui onze figuras que, para estabelecer as combinações, é útil alinhar em duas filas, conforme indicado a seguir.

1	2	3	4	5	6	7	8	9	10	11
0	21	20	19	18	17	16	15	14	13	12

A Analogia dos Opostos

Comparando os números que correspondem de linha em linha, é impossível negar a existência de um certo contraste, em particular entre os Arcanos 1 e 0, 7 e 16, 10 e 13, 11 e 12[10].

É de fato evidente que o Mago (1) só pode ser um homem inteligente e habilidoso, que sabe exatamente o que está fazendo, enquanto o Louco (0) retrata um tolo, que procede ao acaso, às cegas, sem saber para onde está indo.

O Carro (7), carregando um triunfo, ergue-se acima da Torre (16), do alto da qual caem dois personagens: assim a exaltação do sucesso, no Tarô, aproxima-se da queda catastrófica, como lembrar o Rupe Tarpea, próximo ao Capitólio.

A Roda da Fortuna (10) parece prometer sorte inesperada, ao contrário da Morte (13) que implica a ameaça de fatalidade inevitável.

A Força (11) contrasta o poder realizador com a impotência do Dependurado (12), que tem os braços amarrados.

Embora menos claro, o contraste também existe entre os outros Arcanos: e é legítimo deduzir que cada uma das metades do Tarô deve ter, como um todo, um significado geral oposto ao da outra metade.

Jachin e Boaz

Como determinar esse duplo sentido geral? Num primeiro momento, somos tentados a atribuir um sentido favorável à primeira linha e um

10 Pede-se ao leitor que coloque à sua frente, na ordem indicada, a série de vinte e dois Arcanos extraídos de um baralho de Tarô ou retirados deste livro.

sentido desfavorável à segunda; mas se olharmos mais de perto percebemos a realidade. Com efeito, não se trata de bem e mal, mas de atividade e passividade.

Os 11 primeiros Arcanos marcam a trajetória de um agente extremamente ativo, consciente e autônomo; os outros onze, por outro lado, apresentam um sujeito passivo, inconsciente, sensível ou impulsivo, sem iniciativa. Mas mesmo aqui não devemos atribuir um aspecto exclusivamente negativo à passividade. A iniciação distingue duas maneiras, que são chamadas:

- Seco, masculino, racional ou dórico, (Fogo e Ar)
- Úmido, feminino, místico ou jônico. (Água e Terra)

A primeira dessas vias baseia-se na exaltação do princípio da iniciativa individual, na razão e na vontade. É adequado ao sábio, que está sempre no controle total de si mesmo e que confia exclusivamente nos recursos de sua própria personalidade, sem esperar ajuda de influências externas. O segundo é exatamente o oposto do primeiro. Em vez de desenvolver tudo aquilo que se tem em si e dar de acordo com o crescimento completo e total das energias internas, o místico está preocupado em se colocar no estado de receber, cultivar propositalmente, um estado de espírito que ofereça receptividade completa.

Essa distinção fundamental se reflete no Tarô: as duas metades correspondem às colunas do Binário, ao Homem e a Mulher; ao Espírito, fogo interno ativo, e à Alma, vapor externo e receptivo; ao Enxofre dos Alquimistas e Mercúrio dos alquimistas.

O Eixo do Tarô

Cada uma das linhas do Tarô é dividida em duas partes iguais pelos Arcanos 6 e 17, que são precedidos e seguidos por grupos de cinco Arcanos. É necessário, portanto, buscar por um lado o significado dos dois Arcanos médios (6 e 17) e, por outro, o significado dos quatro grupos de cinco Arcanos.

Agora, em ambos os caminhos iniciáticos há duas fases: a primeira é a fase de preparação e estudo, enquanto a segunda é a fase de aplicação e realização. Veja a imagem a seguir:

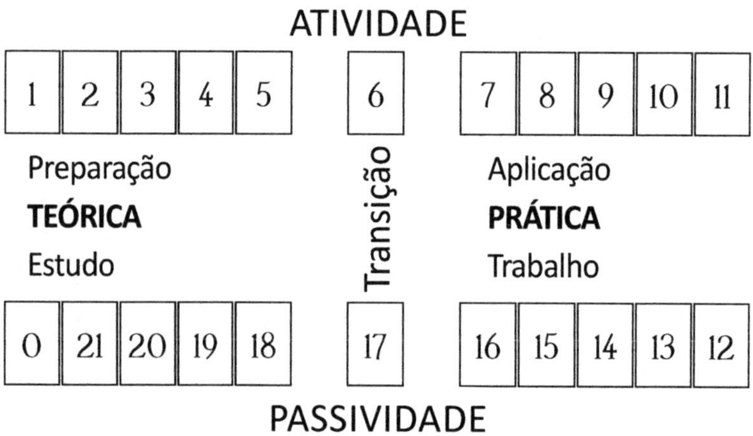

Observamos que, na iniciação masculina ou dórica, a teoria precede a prática, enquanto na feminina ou jônica ocorre o inverso, pois o sujeito passivo é impelido a realizar atos antes de poder compreender.

Para realizar uma atividade consciente (dorismo) é necessário começar por adquirir o conhecimento referente aos Arcanos 1, 2, 3, 4 e 5. Quando a instrução é completada, uma prova moral representada pelos Arcanos 6 permite, se superados com sucesso, passar às realizações práticas indicadas pelos Arcanos 7, 8, 9, 10 e 11.

No campo da passividade (ionismo), o abandono místico se traduz imediatamente nas obras representadas pelos Arcanos 12, 13, 14, 15 e 16; então, graças às influências externas a que alude o Arcano 17, é determinada uma iluminação progressiva, cujas fases se refletem nos Arcanos 18, 19, 20, 21 e 0.

Cada um à sua maneira, os Arcanos 6 e 17 estabelecem um vínculo, por um lado, entre o aprendizado teórico e o trabalho aplicado do dorismo e, por outro, entre a prática espontânea e o discernimento a posteriori do ionismo.

Não insistiremos aqui nas características dos dois grandes caminhos da Iniciação, pois a atenção do leitor não poderia se concentrar nos quatro grupos de cinco Arcanos que fornecem a chave para a decifração do complexo do Tarô. Esses grupos são extremamente importantes, devido à sua coordenação, graças à qual eles comandam uns aos outros sobre o significado de seus homólogos Arcanos. Segue-se que, quando o primeiro grupo é decifrado, todos os outros são racionalmente explicados por analogia e por transposição, como demonstraremos a seguir.

O Primeiro Grupo de Arcanos

A Papisa (2) e a Imperatriz (3) correspondem ao Imperador (4) e ao Papa (5). Este conjunto de quatro Arcanos se destaca do Mago (1), o que nos leva a considerá-lo em antagonismo com os Arcanos seguintes. Na fase preparatória ou teórica da iniciação dórica, eles contrastam a quadruplicidade com a unidade. Agora, no estudo e preparação intelectual, a unidade pertence ao sujeito pensante. Podemos, portanto, ver no Mago (1) a personificação do ego, o princípio consciente, o ponto de partida de toda iniciativa. E o simples sujeito do conhecimento, cujo objeto múltiplo é representado pelos quatro Arcanos simétricos.

Esses Arcanos incluem dois homens e duas mulheres investidos de funções seculares e religiosas. Os sexos podem se referir apenas ao conhecimento indutivo ou dedutivo: a indução conforma-se à inteligência feminina, enquanto a intelectualidade masculina se destaca sobretudo na dedução. As funções, por outro lado, evocam a antiga distinção das ciências em sacerdotal, metafísica ou abstrata, e real, física e concreta; e isso nos leva às seguintes interpretações:

- Papisa (2). Conhecimento sacerdotal indutivo. Metafísica intuitiva. Fé racional ou Gnose.
- Imperatriz (3). Ciência real indutiva. Física. Observação da natureza concreta.
- Imperador (4). Ciência Dedutiva Real. Matemática e ciências exatas aplicadas a tudo o que é concreto.
- Papa (5). Conhecimento sacerdotal dedutivo. Filosofia religiosa. Ontologia, Cabala, Esoterismo.

As Transposições Reveladoras

O Arcano 6 (Enamorados) marca a transição da teoria para a prática, do estudo preparatório para a aplicação. Conecta 5 a 7, enquanto Carro (7) alude à aplicação dos conhecimentos e qualidades morais do iniciado plenamente educado, retratado pelo Papa (5). Existe uma relação análoga entre os Arcanos 8 e 4, 9 e 3, 10 e 2, 11 e 1. A cada vez, o Arcano do segundo grupo aplica praticamente o que os Arcanos correspondentes do primeiro grupo alcançam apenas em poder ou em teoria. A fileira passiva do Tarô oferece, por assim dizer, uma imagem invertida da fileira ativa; portanto, podemos indicar com o seguinte esquema as relações a serem estabelecidas no conjunto dos 22 Arcanos:

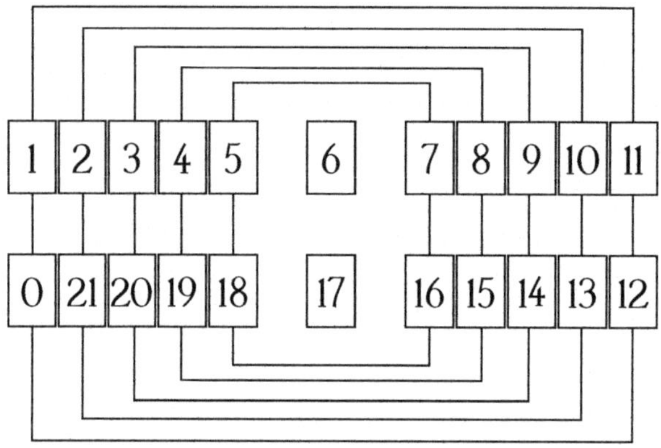

O Segundo Grupo de Arcanos

A doutrina transcendente e abstrata, proclamada pelo Papa (5) do alto de sua cadeira imóvel, é aplicada pelo cavaleiro triunfante do Carro (7), que viaja pelo mundo em um trono móvel. Em todos os lugares, esse ministro inteligente adapta o ideal às necessidades práticas: enfrenta a realidade brutal e a transforma pela reconciliação dos opostos: espírito e matéria, egoísmo e altruísmo, arbítrio, pacificador, sábio que reina graças ao seu conhecimento e sua autoridade moral.

O Imperador (4), a exatidão matemática, traduz-se, no campo moral em Justiça (8), pois "a justiça nada mais é do que a matemática em ação, na aplicação 10, como Berthault-Gras, seguidor da filosofia de Fourier, citado por Lacuria[11]. A verdadeira ciência dedutiva ensina a realizar a ordem; coloca tudo no seu devido lugar, garantindo, assim, estabilidade, equilíbrio e bom funcionamento. O Arcano 8, portanto, pode ser comparado à sabedoria conservadora, administrativa e governamental.

Já a ciência real indutiva (Imperatriz, 3) é cultivada pelo Eremita (9), a personificação do sábio, que progressivamente e com extrema prudência descobre os mistérios da natureza.

11 *Les Harmonies de l'Etre Révélées par les Nombres*, pág. 223.

A Roda da Fortuna (10) promete sucesso na vida prática a quem souber aplicar as faculdades intuitivas (Papa, 2). Você tem que ser um adivinho para se beneficiar da alternância do destino.

E a Força (11) é a prerrogativa do Mago (1) que implementou plenamente seu programa.

Terceiro Grupo

Os primeiros cinco Arcanos, invertidos em seu significado, explicam os Arcanos 0, 21, 20, 19 e 18.

Ao contrário do Mago (1), Louco (0) é um ser vazio, cujo ego, sem iniciativa própria, sofre todas as influências externas sem controle.

O Mundo (21) representa o Grande Todo, que age sobre o psíquico e o sequestra em êxtase. As faculdades extáticas são, na condição passiva, o que a intuição (Papa, 2) é na ativa. O Julgamento ou Anjo (20) opõe a espontaneidade da inspiração aos laboriosos e pacientes estudos comandados pela Imperatriz (3), personificação das verdadeiras ciências indutivas.

Já o Sol (20) é a fonte daquela luz espiritual que ilumina o artista e o poeta. A iluminação engenhosa está em antagonismo com a precisão matemática (Imperador, 4), mas a arte obedece a regras estritas que, conscientemente ou não, submeter-se à lei dos números.

Na ordem ativa, a síntese intelectual é puramente racional (Papa, 5); na ordem passiva é imaginativo. A Lua (18) difunde uma luz incerta e muitas vezes enganosa, como as miragens da imaginação.

Quarto Grupo

As Estrelas (17) são as do destino: determinam o destino do ser passivo que não soube escolher seu próprio caminho, como deve fazer o iniciado dórico, representado pelo Enamorados (6), chamado, como Hércules na encruzilhada, a se pronunciar pelo Vício ou Virtude.

Uma imaginação exaltada (Lua, 18) concebe projetos extravagantes, cuja realização só pode levar ao fracasso, retratada pela Torre (16) que alude a todo empreendimento quimérico destinado a terminar de maneira contrária ao triunfo (Carro, 7).

Aquele que tem os dons do artista (Sol, 19) está apto a praticar as artes ocultas. Com seus feitiços, ele atua na alma do mundo, um agente mágico simbolizado pelo Diabo (15). Este Arcano contrasta a perturbação, o desencadeamento de instintos irracionais com a calma normal e lógica da Justiça (8).

O inspirado (Julgamento, 20) não é receptivo apenas do ponto de vista intelectual; se for aplicado às obras, atrai para si o fluido vital universal e pode transmiti-lo aos outros. Precisamente, é esse fluido que a Temperança (14) verte de uma urna para outra. Banhar-se nas ondas de um oceano fluídico é, por outro lado, o contrário do que faz o Eremita (9), que se encerra no mais estrito isolamento.

Já o êxtase (Mundo, 21) está ligado ao poder de evocação que dá uma nova vida ao que a Morte (13) ceifou.

O antagonismo dos Arcanos 10 e 13 salta imediatamente aos olhos: eles figuram o destino afortunado e a fatalidade do infortúnio.

A figura do homem Dependurado (12) representa o ser que se sacrifica renunciando a si mesmo em benefício dos outros. A passividade do Louco (0) aqui assume um caráter sublime: ele realiza a Grande Obra, cuja conclusão marca o fim do caminho místico, enquanto vimos que o caminho natural ou positivo leva à Força (11).

Os Onze Pares

Estamos agora na posse de dados fundamentais, mas, sim, sumários, que devem ser progressivamente completados. Para isso, comparamos os Arcanos que correspondem entre si de uma linha do Tarô à outra e desenvolvemos por contraste as indicações já fornecidas.

1 Assunto, ponto de partida

1. Mago א
Ativo, positivo.
Iniciativa, no controle de si mesmo.
Sabedoria, razão.

0. O Louco ש
Passivo, negativo.
Submissão a influências externas.
Impulsividade, loucura.

2 Percepção do desconhecido

2. A Sacerdotisa ב
Intuição, adivinhação.
O espírito de penetrar no desconhecido. Ciências hipnóticas de coisas escondidas.

21. O Mundo ת
Êxtase, clarividência.
O desconhecido revelando-se à alma. Ciências Integrais do absoluto.

3 Percepção do que está do lado de fora do ser

3. A Imperatriz ג
Observação, compreensão, concepção, estudo.
Sabedoria, razão por trás da geração de ideias.

20. Julgamento ר
Inspiração, exaltação.
Entusiasmo, profecia.
Ideias que se impõem sem gerar controle de ideias.

4 Iluminação espiritual

4. O Imperador ד
Luz interior.
A palavra se fez carne.
Concentração de pensamento e vontade. Energia, cálculo, dedução, positivismo.

19. O Sol ק
Luz universal.
A Palavra Eterna.
Expansão, iluminação que dá engenhosidade. Serenidade, belas artes, poesia, idealismo.

5 Elaboração da síntese

5. O Papa ה
Resumo.
Realidade especulativa, metafísica,
Religião.
Espiritualidade.
Conhecimento Transcendental
Dever, lei moral.

18. A Lua צ
Concreto.
Aparência sensível.
Ilusão dos sentidos.
Superstição. Materialismo.
Erros, preconceitos vulgares.
Caprichos, fantasias.

6 Determinação dos atos

6. Os Amantes ז
Liberdade, escolha, teste. Dúvida.
Batalha ansiosa contra as dificuldades da vida. Sentimento, afetos.

17. A Estrela פ
Predestinação, esperança.
Entregar-se à fé da imortalidade.
Idealismo, estética, amor pela beleza.

7 A Mente sobre a matéria

7. O Carro ח
Dominação, triunfo.
Talento, habilidade.
O mestre que comanda a obediência.
Progresso, harmonia.

16. A Torre ע
Presunção, queda.
Paixão, incapacidade.
Vítima de forças em revolta.
Explosão, catástrofe.

8 Organização e controle das forças

8. A Justiça ח
Lei, ordem, equilíbrio.
Estabilidade. Lógica.
Placidez, calma, regularidade.
Discernimento.

15. O Diabo ס
Aleatoriedade, confusão, desequilíbrio, instinto. Raiva, fúria, desordem selvagem.

9 A relação do indivíduo com seu meio circundante

9. O Eremita ט
Abstenção, isolamento.
Prudência, discrição.
Reserva, avareza.
Metódico e meticuloso
Erudito, um médico.

14. A Temperança נ
Participação, comunhão.
Despreocupação, franqueza.
Circulação, prodigalidade.
Operador de milagres; adepto da medicina oculta.

10 Intervenção do destino

10. A Roda da Fortuna י
Sorte, ambição, invenções, descobertas.
Semente que dá vida. Manutenção da existência física individual.

13. A Morte מ
Fatalidade, desilusão. Renúncia.
Decomposição, putrefação.
O fim, o renascimento, transformação.

11 Objetivo, resultado final

11. A Força כ
Força, poder, ideias viáveis.
Espírito prático, inteligência em matéria de decisão.
Energia, coragem, uma pessoa de ação que sabe como superar as dificuldades.

12. O Dependurado ל
Impotência, utopia.
Sonhador, espírito que se desprende da matéria e não tem controle sobre ela.
Um apóstolo, um mártir com falta de compreensão de seus contemporâneos.

Tétrades Comparativas

Os pares que examinamos dão origem a combinações muito interessantes. Confrontados dois a dois, a cada vez colocam quatro Arcanos em oposição conjugada. As seguintes tétrades merecem toda a nossa atenção.

1 MAGO	11 FORÇA
0 LOUCO	12 DEPENDURADO

2 PAPISA	10 RODA DA FORTUNA
21 MUNDO	13 MORTE

3 IMPERATRIZ	9 EREMITA
20 JULGAMENTO	14 TEMPERANÇA

4 IMPERADOR	8 JUSTIÇA
19 SOL	15 DIABO

5 PAPA	7 CARRO
18 LUZ	16 TORRE

2 PAPISA	5 PAPA
21 MUNDO	18 LUA

3 IMPERATRIZ	4 IMPERADOR
20 JULGAMENTO	19 SOL

7 CARRO	10 RODA DA FORTUNA
16 TORRE	13 MORTE

8 JUSTIÇA	9 EREMITA
15 DIABO	14 TEMPERANÇA

Em cada tétrade, o primeiro Arcano está para o segundo como o terceiro está para o quarto; além disso, o primeiro está para o terceiro como o segundo está para o quarto; e o primeiro está para o quarto como o segundo está para o terceiro. Para realizar um estudo aprofundado do Tarô, é necessário resolver uma série de problemas e equações que são colocadas pelas tétrades. É um exercício intelectual do qual especialmente aqueles que desejam aplicar o Tarô à adivinhação se beneficiarão[12].

12 Prepara para apreender as relações entre as imagens que se encontram. É impossível fazer o Tarô falar até que o adivinho tenha assimilado a linguagem dos símbolos, que não falam sozinhos, sem serem solicitados: é necessário interrogá-los metodicamente. Para isso, nada é mais útil na disciplina das tétrades, aqui preditas.

As indicações a seguir mostrarão como se pode desenvolver, por um lado, a ideia sintética que une os quatro Arcanos e então discernir os diferentes aspectos dessa mesma ideia, oferecidos por cada um dos Arcanos em particular.

Princípio da Inteligência Individual

EM POTENCIAL		EM AÇÃO
	Princípio individual da inteligência	
Dando a alguém a capacidade de instruir-se em todos os assuntos.		Totalmente instruído e praticado em todos os trabalhos práticos.
1 - O Mago א 0 - O Louco ש	X	11 - A Força כ 12 - O Dependurado ל
Inativo, inerte, incapacidade intelectual. Estupidez. Incompreensão.		Impedido, tornado improdutivo. Gênio incompreendido. Pensamentos sublimes demais para se tornarem inteligíveis.

EM POTENCIAL		EM AÇÃO
	O Espírito na presença do Mistério	
Esforço para penetrá-lo. Adivinhação, intuição, gnose, fé.		Discernimento, descoberta. Parando na conjuntura geral.
2 - A Papisa ב 21 - O Mundo ת	X	10 - A Roda da Fortuna י 13 - Morte מ
A percepção plena. Visão extática. Ciências integrais.		Repulsa, negação. Desilusão. Ceticismo absoluto.

EM POTENCIAL		EM AÇÃO
O Princípio Espiritual, fonte do pensamento e vida		
É atraído para a inteligência e sustentado pelo crescimento das ideias. Compreensão, concepção.	X	Fruto da inteligência constituindo a esfera mental. Armazenamento de memória.
3 A Imperatriz ג 20 - O Julgamento ר		9 - O Eremita ט 14 - A Temperança נ
Subjuga a inteligência que ela fertiliza. Inspiração, entusiasmo.		Circula e anima uma multiplicidade de seres. Vida universal.

EM POTENCIAL		EM AÇÃO
A Luz criativa		
Fixado ao centro da personalidade, princípio de energia voluntária, de expansão e crescimento.	X	Tonalizado, harmoniosamente distribuído para garantir o funcionamento normal do organismo e sua conservação.
4 - O Imperador ד 19 - O Sol ק		8 - Justiça ח 15 - O Diabo ס
Brilhando com sua fonte universal. Abrindo-se de si mesmo, expansão do ser. Altruísmo.		Excessivamente condensado. Congestionamento, rotina, ardor cego, instinto brutal. Egoísmo.

EM POTENCIAL		EM AÇÃO
A fonte da convicção humana		
A Tradição filosófica ou religiosa. Crédulos iluminados.		Pesquisa independentemente de verdade. Livres pensadores.
5 - O Papa ה 18 - A Lua צ	X	7 - O Carro ז 16 - A Torre ע
Opiniões convencionais, preconceitos dominantes. Supersticiosos, escravos da palavra escrita.		Contradição de doutrinas opostas. Antirreligiosos, sectários, livres pensadores falsos.

EM POTENCIAL		EM AÇÃO
Vários aspectos da verdade		
Mistério que requer intuição e pede para ser penetrado.		Dogma, cujo esoterismo precisa ser entendido, pensamento interior ou espírito animador.
2 - A Papisa ב 21 - O Mundo ת	X	5 - O Papa ה 18 - A Lua צ
Absoluto, que só se revela em êxtase pleno.		Sinais materiais, formulários, envelopes, concha de pensamentos, letra morta.

EM POTENCIAL		EM AÇÃO
A ideia em relação à compreensão		
A ideia é atraída pela compreensão, penetra e se enraíza nela.	X	Ela desenvolve todas as suas consequências logicamente.
3 - A Imperatriz ג 20 - O Julgamento ר		4 - O Imperador ד 19 - O Sol ק
Apodera-se dela espontaneamente, produzindo o arrebatamento do entusiasmo.		Torna-se refinada e assume um caráter poético ou sublime.

EM POTENCIAL		EM AÇÃO
Resultados das atividades humanas		
Triunfo, sucesso conquistado por mérito.	X	Sucesso obtido por favor ou por sorte.
7 - O Carro ז 16 - A Torre ע		10 - A Roda da Fortuna י 13 - Morte ם
Falha provocada por ilusões ou por erros.		Catástrofe inevitável e fatal, pela qual a vítima não é responsável.

EM POTENCIAL		EM AÇÃO
Aplicações da energia		
Equilíbrio entre receitas e despesas. Funcionamento normal.	X	Redução de despesas. Retenção, continência.
8 - Justiça ח 15 - O Diabo ס		9 - O Eremita ט 14 - A Temperança נ
Acumulação levada ao extremo, seguida de gastos súbitos. Impetuosidade, explosão.		Indolência, langor, indiferença, apatia, frieza.

Pede-se ao leitor que não desanime pela aridez esquemática das indicações aqui expostas. O programa delineado oferece à sua iniciativa pessoal um campo frutífero a ser explorado em profundidade. Não podemos substituí-lo no esforço que deve ser feito.

Para aprender a decifrar o Tarô, é essencial praticar a comparação dos Arcanos e extrair tudo o que as múltiplas combinações e contrastes podem sugerir. Um espírito meditativo poderá extrair o material de cada tétrade para uma copiosa dissertação; mas cada um deve pensar por si mesmo, e seria um erro esconder essa necessidade dos iniciantes, ansiosos por levar a sério o estudo do Tarô.

19
O Sol
20
O Julgamento
O Louco

3 O TARÔ CABALÍSTICO

O Número 21

Na parte anterior, o Tarô é considerado apenas em um de seus múltiplos aspectos. Queríamos considerá-lo antes de tudo como uma totalidade composta por 22 partes, número que, segundo seus fatores constitutivos, pode ser dividido por 2 e 11.

No entanto, podemos ser autorizados a descartar o Louco, que se distingue dos outros Arcanos por não ser numerado. O Tarô é assim dividido em duas categorias: a primeira inclui um único Arcano, o Louco, que por si só parece constituir o contrapeso aos 21 Arcanos do segundo grupo.

Abandonamos o Louco, que reencontraremos mais tarde, e focamos nossas investigações na série de Arcanos numerados.

Agora, 21 tem 3 e 7 como fatores: portanto, estudaremos os Arcanos posteriormente distribuídos em sete ternários e em três setenários.

A Lei do Ternário

Tudo procede necessariamente de três que formam um. Em todo ato, que por si só é um, distinguem-se:

1) O princípio que atua, causa ou sujeito da ação.
2) A ação do sujeito, seu verbo.
3) O objeto da ação, ou efeito ou resultado.

Esses três termos são inseparáveis e mutuamente necessários. Disto deriva aquela Tri-unidade que encontramos em todas as coisas.

Um exemplo mostrará a importância desses dados. A ideia de criação envolve: 1° o criador; 2° a ação de criação; 3° a criatura. Quando um desses termos é excluído, os outros dois também desaparecem; de fato, sem criador, nem a ação de criar nem a criatura são concebidas. Por outro lado, o criador só é assim porque criou; além da ação de criar, nem mesmo a criatura existe. Sem a criatura, enfim, o criador não criou nada, tanto que não há criador nem ação de criar sem criatura.

Em geral, nos termos do ternário, o primeiro é ativo por excelência, o segundo é intermediário, ativo em relação ao seguinte, mas passivo em relação ao anterior, enquanto o terceiro é estritamente passivo. A primeira corresponde ao espírito, a segunda à alma e a terceira ao corpo.

As mesmas correspondências são encontradas no Tarô, cujos Arcanos podem ser agrupados da seguinte forma:

OS SETE TERNÁRIOS

Ativo	1	4	7	10	13	16	19	Espírito
Intermediário	2	5	8	11	14	17	20	Alma
Passivo	3	6	9	12	15	18	21	Corpo

OS TRÊS SEPTENÁRIOS

Ativo	1	2	3	4	5	6	7	Espírito
Intermediário	8	9	10	11	12	12	14	Alma
Passivo	15	16	17	18	19	20	21	Corpo

A comparação entre esses dois esquemas nos ensina que os Arcanos 1, 4 e 7 são todos particularmente ativos ou espirituais, enquanto 8, 11 e 14 são intermediários ou alma, e 15, 18 e 21 são passivos ou corpóreos, pois seu caráter é confirmado tanto no arranjo em ternários quanto no arranjo em setenários.

As Operações Teosóficas

No ocultismo, os números têm seu próprio significado, especialmente os menos complexos. Para determinar sua natureza, são realizadas duas operações, chamadas "adição" e "redução teosófica".

O primeiro adiciona ao número em questão todos os que o precedem na série de numeração comum:

4 = 1 + 2 + 3 + 4 = 10
6 = 1 + 2 + 3 + 4 + 5 + 6 = 21

O segundo traz cada número composto de vários dígitos de volta à simplicidade dos primeiros nove números.

Este resultado é obtido somando os dígitos de um número complexo e procedendo com este sistema de adição também na soma obtida, até que seja representado por um único dígito.

1899 = 1 + 8 + 9 + 9 = 27 = 2 + 7 = 9

Quando a série dos números é submetida ao teste do cálculo teosófico, observa-se que os números se agrupam por três, e o primeiro dos três é sempre redutível à unidade.

A tabela a seguir mostra que todos os números são redutíveis a 1, 3, 6 ou 9; revela também a importância da antiga Enéade, uma vez que a série de números é dividida em grupos de 9, indicados pelo retorno constante dos números reduzidos 1, 3, 6 – 1, 6, 3 – 1, 9, 9.

Números de unidade: 4, 7, 10, 13, 16, etc., cada vez que eles trazem o ternário que os precede de volta à unidade, tanto que a série de números pode ser escrita assim:

NÚMERO	SOMA TEOSÓFICA	REDUÇÃO
1 2 3	1 3 6	1 3 6
4 5 6	10 15 21	1 6 3
7 8 9	28 36 45	1 9 9
10 11 12	55 66 78	1 3 6
13 14 15	91 105 120	1 6 3
16 17 18	136 153 171	1 9 9
19 20 21	190 210 231	1 3 6
22	253	1

1 — 2 — 3

4 — 5 — 6

7 — 8 — 9

10— 11 — 12

13— 14 — 15

16— 17 — 18

19— 20 — 21 etc

Esses princípios são de considerável importância no que diz respeito ao Tarô, cuja construção se baseia essencialmente na antiga ciência dos números.

As Sephiroth

Segundo a Cabala, os números, em hebraico *Sephiroth* (plural de *Sephirah*), revelam os mistérios da criação, pois explicam como a multiplicidade vem da unidade.

A unidade, causa e ponto de partida de todas as coisas, o centro principal de onde tudo emana e que engloba tudo em poder, em germe ou em semente, recebeu o nome de *Kether*, que significa "Coroa" ou "Diadema". Como o Mago (1), que é a fonte de toda atividade, e acima de tudo de todos os pensamentos, o Pai, o Deus vivo que diz: "*Ei! Eu sou!*"

A segunda *Sephirah* chama-se *Chokmah*, "Sabedoria", e corresponde ao pensamento criador, emanação imediata do Pai, seu "primogênito", Filho, Verbo, Palavra, Logos ou Razão Suprema, simbolizado também pela misteriosa Papisa (2) do Tarô.

A terceira *Sephirah*, *Binah*, "Inteligência", "Compreensão", conecta--se, como a Imperatriz (3) à concepção e geração de ideias, à Virgem-Mãe que dá origem às imagens originais de todas as coisas.

Este primeiro tema é de ordem intelectual e corresponde ao pensamento ou espírito puro.

O ternário seguinte, de ordem moral, diz respeito ao sentimento e ao exercício da vontade, portanto à alma.

A quarta *Sephirah: Chesed*, "Misericórdia", "Graça", "Bondade", ou *Gedulah*, "Grandeza", "Magnificência". Bondade criativa que chama os seres à existência. Poder que dá e espalha a vida: o Imperador (4).

Quinta *Sephirah: Geburah*, "Rigor", "Severidade", *Pechad*, "Punição", ou *Din*, "Julgamento". Vontade que retém ou rege a vida dada. Dever, lei moral. O Papa (5).

Sexta *Sephirah: Tiphareth*, "Beleza". Coração, sensibilidade, afetos que determinam à vontade. Os Enamorados (6).

O terceiro ternário é de ordem dinâmica; está ligado à ação realizadora e, consequentemente, ao corpo.

Sétima *Sephirah: Netzach*, "Triunfo", "Vitória". Firmeza. Princípio coordenador que rege o mundo, dirige o movimento e preside o progresso: Grande Arquiteto do Universo. O Carro (7).

Oitava *Sephirah: Hod*, "Esplendor", "Glória". A ordem que a Natureza traz ao seu trabalho: a lei imutável das coisas. Justiça (8).

Nona *Sephirah: Yesod*, "Base", "Fundação". O plano divino. Energias latentes coordenadas do que está por vir. O corpo astral. O Eremita (9).

O triplo ternário das *Sephiroth* é trazido de volta à unidade pela décima *Sephirah: Malkuth*, "Reinado", "Reino", "Realeza", que sintetiza o pensar, o querer e o agir, para realizar o ser. Completo no poder de se tornar. Este ser é chamado de "Homem Celestial" ou *Adam Kadmon*. Não tem existência material, mas reúne os princípios divinos do criador que entram em jogo para dar à luz o homem, que não toma forma no plano físico a não ser pela diferenciação individual, cujo turbilhão involutivo é representado pela Roda da Fortuna. (10).

A décima *Sephirah* também é chamada de "Rainha": neste caso, a sexta é o Rei. Quanto ao Adão superior, ele é o Mediador por excelência e une o Infinito ao Finito. Ele é representado com a Coroa tocando o Absoluto Concebível (*Ensoph* ou "Sem Fim"), enquanto seus pés tocam o mundo material.

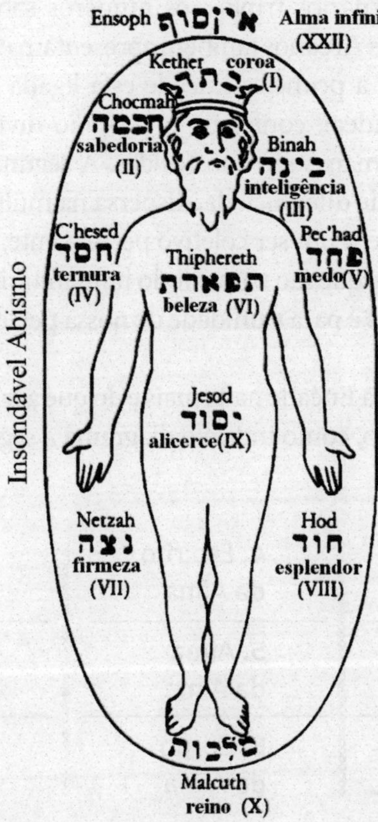

Os Ternários Triplos

As *Sephiroth* fornecem a chave para os três primeiros ternários do Tarô. Esses nove Arcanos constituem um todo que corresponde a um segundo conjunto, constituído pelos nove Arcanos sucessivos.

2	4	7
2	5	8
3	6	9

10	13	16
11	14	17
12	15	18

Nestes dois ternários triplos, os números são equivalentes como uma soma teosófica. Os Arcanos também apresentam uma analogia perfeita de significado. Mas se a primeira Enéade está ligada a Adam Kadmon e, portanto, ao homem ideal, conforme o desígnio divino, segundo o qual as individualidades humanas são construídas. A segunda se refere ao Adão terrestre, à Humanidade diferenciada, dispersa na multiplicidade de indivíduos, mas constituído em um ser coletivo permanente, animador de nossos organismos transitórios que são para o todo humanitário como cada uma de nossas células orgânicas é para a unidade de nossa personalidade individual.

Por outro lado, a Enéade nada mais é do que a triplicação do ternário ESPÍRITO, ALMA, CORPO, como indica o diagrama a seguir:

1. Espírito do Espírito	**4.** Espírito da Alma	**7.** Espírito do Corpo
2. Alma do Espírito	**5.** Alma da Alma	**8.** Alma do Corpo
3. Corpo do Espírito	**6.** Corpo da Alma	**9.** Corpo do Corpo

Aqui, então, é como devemos interpretar paralelamente os Arcanos de cada um dos ternários triplos:

1 Causa espiritual doadora da vida: Espírito do Espírito

1. O Mago א
O princípio da consciência, o ego, o núcleo imaterial do qual procede o pensamento. Ideia pura, antecedente de toda expressão.

10. A Roda da Fortuna י
Matéria ígnea, princípio do nascimento individual o núcleo espiritual que estimula a ação perpétua.

2 Emanação Espiritual ativa: Alma do Espírito

2. A Papisa ב
A Palavra criadora, Pensamento-ato do qual nasce a ideia. Imagem a ser criada.

11. Força כ
O pleno desenvolvimento do indivíduo. Sua própria ação.

3 O Produto Espiritual Criado: Corpo do Espírito

3. A Imperatriz ג
Conceito subjetivo. Objeto-pensamento ou ideia, não expressa, encerrada no espírito.

12. O Dependurado ל
A esfera espiritual do indivíduo. Ambiente mental. Ideias tornadas em objetivos, sonhos, concepções magnetizadas e revitalizadas.

4 A Causa Psíquica Doadora de Vida: Espírito da Alma

4. O Imperador ד
O Princípio da vida, o centro que vida à força de vontade, experimentar sentimentos e engendrar a vida psíquica.

13. A Morte מ
O princípio renovador da vida individual. Causa da transformação e mudanças que estimulam o movimento vital.

5 Ação Psíquica: Alma da Alma

5. O Papa ה
A vida psíquica, o ato de sentir e desejar.

14. A Temperança נ
Vida universal que passa de um indivíduo para outro.

6 Resultado Psíquico: Corpo da Alma

6. Os Enamorados ו
Sentimento. Demonstração da Força de Vontade. A esfera da vontade. Um desejo formulado. Pedido.

15. O Diabo ס
Vitalidade física. Fluido vital. O instinto de tentar. O impulso do ego.

7 Causa Ativa: Espírito do Corpo

7. O Carro ז
O princípio generativo e diretivo do movimento universal.

16. A Torre ע
O princípio da rebelião individual. Materializando e encarnando as causas.

8 Movimento, Atividade Psíquica: Alma do Corpo

8. A Justiça ח
Lei orgânica do funcionamento geral. Ato de criação contínua.

17. A Estrela פ
Nascimento das formas concretas por meio do qual um ideal de beleza é refletido.

9 Consequência Psíquica: Corpo do Corpo

9. O Eremita ט
União das forças ativas. A rede imaterial do organismo. Corpo astral.

18. A Lua צ
Criação psíquica. Organismo. Matéria. Os sentidos e suas ilusões.

O Ternário Sintético

O Adão terrestre, criado à imagem do Adão celeste, está destinado a ressurgir da queda que o sujeitou à escravidão material. Esta redenção aparece-nos no último ternário do Tarô.

19. O Sol ר – Espírito. Redenção. Razão divina que ilumina a criatura para regenerá-la e divinizá-la.

20. O Julgamento ד – Alma. Ação redentora. Espírito Santo ou sopro divino que fecunda as inteligências. Vida eterna.

21. O Mundo ת – Corpo. Redenção realizada. Reintegração na unidade divina. Matéria espiritualizada, glorificada, divinizada. Reino de Deus: Jerusalém Celestial. Perfeição alcançada.

Neste ponto é útil incorporar o complexo dos sete ternários em uma unidade suprema representada pelo Louco, símbolo de *Ensoph*, Infinito, Sem fim, Desconhecido dos Desconhecidos, Mistério dos Mistérios. Esta Noite original, Vazia, Nada, Abismo de onde tudo vem e para onde tudo volta, parece ser nada, embora possua apenas a existência eterna e imutável. É o Ser-não-Ser que confunde a razão com seu aspecto absurdo e contraditório, mas se impõe a ela como inevitável e necessária. É atribuído como um hieróglifo, um olho fechado, um disco preto ou o zero, 0 da nossa numeração. Em relação ao nosso conhecimento, temos aqui a Unidade indiferenciada, o que é, embora nos pareça como se não existisse. A uniformidade absoluta não oferece, de fato, a menor aderência às nossas percepções, subordinada às leis dos contrastes. Perceber é, portanto, sinônimo de distinguir. Mas o que distinguimos é infinitesimal comparado ao que permanece confuso na indiscernível UNIDADE. Toda a nossa ciência estará sempre perdida como um átomo na imensidão de nossa ignorância; assim, o domínio do Louco deve envolver e quase sobrepujar o de todos os outros Arcanos[13].

13 Este exercício torna a imaginação mais elástica e a prepara para apreender as relações entre as imagens que se encontram. É impossível fazer o Tarô falar até que o adivinho tenha assimilado a linguagem dos símbolos. Estes não falam sozinhos, sem serem solicitados: é necessário interrogá-los metodicamente. Para isso, nada é mais útil que a disciplina das tétrades, aqui preditas.

Os Três Setenários

Nos sete ternários, formados pelos primeiros 21 Arcanos, os três primeiros se opõem aos três seguintes, e o último traz o todo de volta à unidade. A lei do setenário nos é assim revelada, que também é destacada pelo selo de Salomão, como demonstra a figura a seguir, em que as somas dos números opostos são sempre iguais a 7 (1 + 6 = 7; 2 + 5 = 7; 3 + 4 = 7).

Os dois triângulos cruzados representam a união frutífera dos dois fatores de cada geração: Masculino e Feminino, Ativo e Passivo, Fogo e Água, Espírito e Matéria, etc. A este duplo fator, que gera e concebe, estão ligados os seis primeiros termos de cada uma das cartas do Tarô de sete anos, em que o sétimo termo é sintético e indica o retorno à Unidade, e não apenas o resultado produzido.

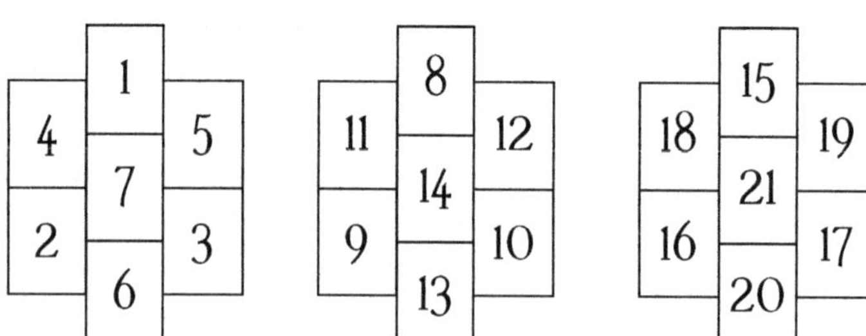

Depois do que foi dito sobre o ternário, não se deve hesitar em atribuir estes três setenários, que correspondem às seguintes trilogias:

Espírito	**Alma**	**Corpo**
Pensamento	Vida	Ação
Sujeito	Verbo	Objeto
Causa	Ação	Efeito

O primeiro setenário une os dois primeiros ternários do Tarô, cuja síntese, representada pelo Arcano 7, representa o espírito-alma que comanda os órgãos. Nenhuma dificuldade, deste ponto de vista, se nos referirmos às explicações anteriores.

O segundo setenário resulta na vida universal (14) dos seguintes fatores:

Ativo:
8. Justiça. Lei primordial de qualquer atividade.
9. Eremita. Energias latentes acumuladas em vista do trabalho construtivo dos seres.
10. Roda da Fortuna. Princípio gerador que dá seu primeiro impulso à existência individual.

Passivo:
11. Força. Expansão do indivíduo.
12. Dependurado. Verbo individual convertível em vitalidade.
13. Morte. Renovação incessante dos seres. O terceiro setenário nos inicia de maneira semelhante aos mistérios da substância eterna (21), que é posteriormente condensada e depois eterizada.

Princípios ativos condensados:
15. Diabo. Instinto tentador, fonte de egoísmo restritivo e tornando-se corporal.
16. Torre. Queda, revolta, isolamento, encarnação.
17. Estrela. Produção de formas concretas.

Princípios de eterização experienciados passivamente:
18. Lua. Elaboração da Matéria pelo Espírito caído. Sentença para trabalhar.
19. Sol. União do Espírito com a Matéria purificada.
20. Julgamento. Espiritualização definitiva.

4 O TARÔ ASTRONÔMICO

O Zodíaco

É impossível não conectar o simbolismo de certos Arcanos do Tarô à astronomia. O 18º Arcano, deste ponto de vista, é particularmente notável. Lá você pode ver um caranguejo que corresponde a Câncer, um signo do Zodíaco que os astrólogos atribuem como Casa à Lua. Os dois cães lembram duas constelações vizinhas, Cão Maior e Cão Menor, que marcam a onda de calor e cujas estrelas principais são Sirius e Procyon. Ao ladrar, estes dois cães pretendem obrigar a lua a permanecer na zona da eclíptica, cujos limites são marcados por duas torres que se erguem nos pontos dos solstícios.

Na sequência, o Arcano 19, apresenta dois personagens que se abraçam com ternura: são os Gêmeos, como apareceram no século 12 em uma figura do tratado de astronomia do Rei Afonso X.[14] Nosso terceiro signo do Zodíaco correspondia, para os babilônios, ao mês dos tijolos. Agora, pelo menos por uma estranha coincidência, os dois filhos do Arcano 19 estão protegidos por uma parede de tijolos multicoloridos.

---

14 Ver reprodução em Camille Flammarion, *Les Étoiles*, pág. 310.

Deve-se notar que a astronomia coloca a Casa do Sol em Leão e não em Gêmeos. O Tarô leva em consideração o fato de que Gêmeos leva aos dias mais longos, portanto ao triunfo da luz. Por outro lado, o Sol de Gêmeos é essencialmente vivificante, ao contrário do de Leão, que seca e mata. O Arcano 11 mostra-nos o Leão do Zodíaco domado pela Virgem das Colheitas, que põe fim ao calor excessivo.

Esta Virgem, por outro lado, é retratada isoladamente no Arcano 3, onde aparece alada, o que não é adequado para uma Imperatriz. Esse detalhe é muito importante, pois sugere a ideia de Tarôs primitivos que reproduziam o simbolismo astronômico com mais fidelidade do que o nosso. Também é necessário levar em conta a arbitrariedade das denominações manifestamente atribuídas aos Arcanos em um momento em que seu verdadeiro significado se perdeu de vista.

É sempre a mesma Virgem celeste que segura Libra no Arcano 8. A constelação zodiacal que na época romana recebia o nome de "Libra", havia sido atribuída pelos gregos a Escorpião, do qual constituía as garras. Mas a nova designação parece ter derivado da Caldeia, onde as ideias de direito e justiça já estavam ligadas a essa área do céu em tempos muito antigos.[15]

Aos cinco signos consecutivos já identificados, acrescenta-se Aquário, que nos aparece sob o aspecto do gênio da Temperança (14).

Os outros sinais são muito menos fáceis de identificar. O monstro tifoniano da Roda da Fortuna (10), no entanto, evoca a imagem do Capricórnio, *Suhûru-inzu* ou o Peixinho dos Babilônios. Simboliza a escuridão e o frio constritivo do Solstício de Inverno e, por extensão, o egoísmo, a ferocidade, a traição. É o princípio que desce, enquanto à sua frente Hermanúbis sobe, lembrando a onda de calor, o calor dilatador do Solstício de Verão, a devoção, a bondade, a fidelidade. A esfinge empunhando a espada corresponde ao Equinócio de Outono (signo de Libra, Arcano 8, equilíbrio):

Escorpião, um signo nefasto responsável por inúmeras catástrofes mitológicas, concorda perfeitamente com o Arcano 16 (Torre). Por outro lado, é legítimo reconhecer um escorpião na letra *Ain* ע, que reproduz a figura do personagem principal atingido pelo fogo celestial.

---

15 Jensen, *Kosmologie der Babylonier*, pág. 310-320.

Sagitário é caracterizado sobretudo pelo arco e flecha, armas que no Tarô aparecem apenas no Arcano 6 (Enamorados). Os babilônios fizeram dele um centauro alado, com duas cabeças e duas caudas, uma das quais de Escorpião, como mostra o desenho aqui, inspirado em um relevo do século 12 AEC preservado no Museu Britânico.

Os três últimos sinais apresentam maiores dificuldades. Como podemos hesitar, no entanto, em conectar Áries ao 5º Arcano do Tarô? O número 5 corresponde à Quintessência, cujo mistério traz de volta à unidade os quatro Elementos. Ora, este quinto princípio tem como símbolo o apocalíptico Cordeiro deitado na cruz, ou o zodiacal Áries consagrado a Júpiter-Amon (o Deus oculto ligado à essência íntima das coisas). Para os caldeus, o animal celeste, o primeiro dos doze signos, chamava-se *Lu-lim*, carneiro-guia, porque aparecia como o líder do grupo de estrelas. Ele era o favorito de Inmishara, Deus da agricultura, porque a ele era creditado o calor fértil do sol da primavera que revive a natureza mortificada pelo frio do inverno. As ideias de renascimento, renovação da vida e redenção estão assim associadas desde a antiguidade com o símbolo judaico-cristão da Páscoa.

Agnis e *Ignis* (Cordeiro e Fogo) têm, além disso, sido comparados com o famoso *Agni* dos Vedas (livro sagrado dos hindus), a chama sagrada que os mais antigos ritos sacerdotais faziam saltar do centro de uma cruz de madeira. Há uma alusão a este instrumento ariano na cruz gama 卐, chamado suástica, um emblema pré-histórico que se tornou familiar aos cristãos das catacumbas.

O S*epher Jezirah* atribui o signo de Áries a *Hel* ה, a quinta letra do alfabeto hebraico. Concordamos, neste ponto, com o tratado cabalístico, do qual partimos para todas as outras atribuições.[16] Se o Tarô tivesse sido inspirado no *Sepher Jezirah*, a 2ª chave deveria representar o Sol e a 11º a Lua, agora esses dois astros corresponderiam aos Arcanos 19 e 18.

16 As vinte e duas letras são divididas em: 3 mães (três dos quatro Elementos), 7 duplas (os sete planetas) e 12 simples (os signos do Zodíaco).

MÃES	א Ar (Mercúrio dos Alquimistas ☿) מ Água (Sal ⊖) ש Fogo (Enxofre 🜍)	INDIVIDUAIS	ה Áries ♈ ל Libra ♎ ו Touro ♉ נ Escorpião ♏ ז Gêmeos ♊ ס Sagitário ➸	ח Câncer ♋ ע Capricórnio ♑ ט Leão ♌ צ Aquário ♒ י Virgem ♍ ק Peixes ♓
DUPLAS	ב Sol ⊙ פ Saturno ♄ ג Vênus ♀ ר Júpiter ♃	ד Mercúrio ☿ ת Marte ♂ כ Lua ☾		

Originalmente, o signo de Touro pode ter sido o primeiro do Zodíaco. No mínimo, *alpu* ou *alap* significa "boi" em assírio, assim como *Aleph*, o nome da primeira letra do alfabeto semítico. Agora, uma vez que esta carta corresponde ao Mago (1), acreditamos que podemos abordar este Arcano tanto para Touro quanto para a constelação de Órion: isso, de fato, traça a figura quadrada do *Aleph* no céu א.

Peixes, unido a Andrômeda, só pode se conectar ao Arcano 17, mesmo que isso nos mostre apenas uma bela mulher nua curvada sobre um riacho.

Constelações Externas ao Zodíaco

Ao observar o Arcano 7, é difícil não pensar no Carro de Davi, o nome vulgar da Ursa Maior, cujas sete estrelas principais, outrora chamadas "Sete Bois", *Septem Triones*, deram ao Norte a designação de *Septentrion*, em português "Polo Norte".

O 21º Arcano, o Mundo, representa uma jovem nua correndo dentro de uma coroa de folhas. É o princípio da fixidez, que está em movimento apenas para permanecer imóvel no centro do turbilhão da vida universal. Astronomicamente, é a Estrela Polar, o pivô das revoluções siderais. A guirlanda giratória torna-se então o Zodíaco, a roda de Ezequiel, cujos pontos cardeais são marcados pelo quaternário cabalístico correspondente aos Evangelistas, as estações, os Elementos, etc.

ANJO	LEÃO	TOURO	ÁGUIA
São Matheus	São Marcos	São Lucas	São João
Inverno	Verão	Primavera	Outono
Água	Fogo	Terra	Ar

No polo, brilham as constelações da Ursa Menor e Cepheus. O rei da Etiópia usa um turbante com uma coroa, que não deixa de ter analogias com o toucado do Louco. Além disso, ele avança em direção a Ursa, que pode ser comparado ao lince mordendo a perna do Louco. Este último é perfeitamente adequado para a cor preta dos etíopes.

O preto também combina com a Papisa (2), que corresponde a Cassiopeia, representada velada e sentada em um trono com dossel. Basicamente ela é a Ísis negra, bela como a Noiva do Cântico dos Cânticos, e como a Mulher vestida de Sol descrita pelo Apocalipse.

Cepheus e Cassiopeia têm Andrômeda como filha, ameaçada por um dos Peixes (17), que se tornou um monstro marinho. Mas a princesa africana é salva por Perseu, que pode ser encontrado na figura do Dependurado (12). Encontramos aqui uma alusão ao poder do pensamento. Momentaneamente impotente no Dependurado, o pensamento age e triunfa sobre a mentira (Medusa) na pessoa de Perseu. Não esqueçamos que este astuto herói recebeu de Plutão o capacete da invisibilidade, que aliás se esconde atrás do escudo de Minerva, adornado com a terrível cabeça de Medusa; e, graças às sandálias de Mercúrio, tem asas nos pés. O que pode simbolizar, senão o misterioso triunfo do pensamento telepático, tanto mais poderoso quanto mais os braços estão condenados à inação, como os do Dependurado?

Na esfera celeste, Auriga não é outro senão o Deus Pan, condutor de toda animalidade. Ele carrega a cabra Amalteia nas costas, seguida pelos dois cabritos. Esse ternário corresponde ao Diabo do Arcano 15, ladeado por dois diabos, macho e fêmea. A correspondência, neste caso, é rigorosa do ponto de vista esotérico.

Cygnus, o Cisne das constelações, é de Leda. Júpiter, o fogo do céu, assumiu sua forma para se acasalar com uma mulher mortal, da qual teve Castor e Pólux, os Gêmeos do Zodíaco (19). O pássaro fértil nos faz pensar aqui na Pomba do Espírito Santo, o símbolo ao qual o arcano 20 substituiu pelo Anjo do Julgamento, que impregna a terra com seu grande sopro, a fim de fazer com que as sementes que estão encerradas dentro da terra germinem.

Draco, o Dragão, do Pólo, corresponde ao Crocodilo que espreita a presa. Formidável destruidor, ele merece ser comparado ao Arcano 13 (Morte).

O Dragão é o que os ocultistas chamam de "Guardião do Limiar". O iniciado deve superá-lo para entrar no Jardim das Hespérides e conquistar as famosas maçãs de ouro. Assim fez Hércules, o que torna legítimo identificá-lo com o Imperador (4) do Tarô. A águia do Arcano 4 deve, evidentemente, ser comparada à constelação do Abutre.

Todos os Arcanos encontraram assim um lugar no céu, exceto o Eremita (9), que no máximo pode ser aproximado de Boieiro. Esse nome nos lembra os Sete Bois (*Septem Triones*), cujo maestro é imaginado como ceifeiro, marido ou pai da Virgem Erígone (3, Imperatriz); do ponto de vista cristão, o Eremita-Boieiro seria, portanto, confundido com São José.

Simbolismo Geral do Planisfério Grego

Os antigos dividiram o céu em quatro regiões, cada uma consagrada a um dos quatro elementos.

Os signos da primavera no Zodíaco pertencem à TERRA: Áries (5), Touro (1) e Gêmeos (19), além de Órion (1) e a Lebre ao sul, a Auriga, a cabra (15), a Ursa Maior (7) e a Ursa Menor (21) ao norte.

Os signos do verão estão relacionados ao FOGO: Câncer[17](18), Leão (11) e Virgem (3), mais o Cão Maior e o Cão Menor (18) que também desempenham seu papel na natureza, da mesma forma que o Boieiro--Ceifeiro (9), cujo Leão de Ceres amadureceu a colheita.

Os signos do outono no Zodíaco, Libra (8), Escorpião (16) e Sagitário (6) são atribuídos ao elemento AR, que é representado pela Águia, o Abutre, o Cisne (20), que também é aquático ao mesmo tempo, e pelo Pégaso o cavalo alado que também pertence à TERRA.

A ÁGUA começa em Capricórnio (10), seguida de Aquário (14) e Peixes (17), completando os signos do inverno. Além disso, adiciona-se também o golfinho, a baleia e o Rio Erídano, que leva de volta à TERRA.

No centro, participando de todos os elementos, mas acima de tudo da ÁGUA e do FOGO, está o Dragão Polar (13), uma serpente com espirais tortuosas. Ao lado dele Hércules (4), Ophiuchus, Cepheus (0), Cassiopeia (2) e Perseu (12) participam de naturezas complexas.

Esses dados e os anteriores estão resumidos em duas tabelas. O primeiro simplesmente indica as constelações correspondentes para cada Arcano, o outro é o esquema de um mapa do céu, composto com a ajuda dos 22 Arcanos.

17 O Caranguejo da chave 18 é vermelho, justamente para indicar um caráter ígneo.

Arcanos do Tarô		Constelações ou Signos do Zodíaco
1. מ	Mago	Órion, Touro ♉
2. ב	Papisa	Cassiopeia, Rainha da Etiópia, Esposa de Cepheus (Louco)
3. ג	Imperatriz	Virgem, filha do Pastor
4. ד	Imperador	Hércules, Lira, Corona Borealis ♍
5. ה	Papa	Áries ♈
6. ו	Enamorados	Áquila, Antinous, Sagitário ♐
7. ז	Carro	Ursa Maior
8. ח	Justiça	Libra ♎
9. ט	Eremita	Pastor ou Boieiro
10. י	Roda da Fortuna	Capricórnio ♑
11. כ	Força	Leão ♌
12. ל	Dependurado	Perseu
13. ם	Morte	Draco
14. נ	Temperança	Aquário ♒
15. ס	Diabo	Auriga, Cocheiro
16. ע	Torre	Ophiuchus, Escorpião ♏
17. ף	Estrela	Andrômeda, Peixes ♓
18. צ	Lua	Cão Maior e Menor, Câncer ♋
19. ק	Sol	Gêmeos ♊
20. ר	Julgamento	Cisne
21. ת	Mundo	Estrela Polar, toda a Esfera
0. ש	Louco	Cepheus, Ursa Menor

Começando de Capricórnio, virando à direita: Capricórnio, Sagitário, Escorpião, Libra, Virgem, Leão, Câncer, Gêmeos, Touro, Áries, Peixes, Aquário; Cisne, Hércules, Boieiro, Ursa Maior, Auriga, Perseu, Cassiopeia, Cepheus; Dragão, Ursa Menor.

13
14 A Temperança
5 O Papa
10 A Roda da Fortuna
15 O Diabo
COAGULA
6 Os Enamorados

5 NOÇÕES DE SIMBOLISMO, FORMAS E CORES

A Tétrade Ideográfica

Como o leitor teve a oportunidade de observar, as cartas do Tarô são construídas sobre os Números: agora, os Números estão intimamente ligados àquela Geometria cara a Platão, que havia escrito na porta de sua escola: "*Ninguém entra aqui que não seja um geômetra!*"

O filósofo certamente não desdenhava da ciência de Euclides: mas não preferia os procedimentos pitagóricos que ensinavam a raciocinar sobre figuras geométricas? O ideografismo extremamente complexo dos hermetistas da Idade Média está sempre ligado aos quatro símbolos geradores:

○ + △ □

Três dessas figuras são fechadas, o que as faz corresponder a certas entidades, a substâncias[18]. A Cruz, por outro lado, é aberta e não representa nada delimitado ou avaliável: indica uma mudança de estado, uma elaboração que deve ser sofrida por um ser ou uma substância. Portanto, a cruz nunca é encontrada isolada nos ideogramas alquímicos, mas sempre unida a um dos três símbolos fechados.[19]

---

18 A Geometria dos papéis, de Baldini, traça as três figuras fundamentais da ideografia hermética, como mostra nosso exemplar, reproduzido no original da Bibliothèque Nationale.

19 Nas tabelas de sinais alquímicos, porém, encontra-se como símbolo de vinagre; não há nada que justifique esse afastamento da lógica da ideografia.

O Círculo

O ponto geométrico sem dimensões é um nada que gera o círculo estendendo-se em todas as direções, assim como gera a linha quando se move em uma direção. Mas o que corresponde ao círculo assim concebido, senão o vácuo espacial? É o Zero em nossa numeração, que no Tarô é o número do Louco. A alquimia tornou o símbolo do Alúmen, "o principal sal de outros sais, minerais e metais"[20]. Essa definição evoca a ideia da substância universal, rarefeita ao ponto da imperceptibilidade para constituir a essência íntima das coisas, o fundamento etéreo, imaterial de toda materialidade.

Diluída no vazio infinito do espaço cósmico, essa substância, idêntica a si mesma em toda parte, é personificada no poema caldeu da criação[21] de Tiamat, a noiva de Apsu, o abismo sem fundo, pai de todas as coisas. Os gregos o retratavam como uma cobra mordendo a própria cauda, chamada "Ouroboros", cujo lema é "Um Todo".

---

20 Dom Antoine Joseph Pernéty, religioso beneditino da congregação de Saint-Maur, Dictionnaire Mytho-Hermétique,

21 Paul Dhorme, *Choix de textes religieux assyro-babyloniens,* Paris, J. Galbalda, 1917.

É o Caos de onde tudo sai e para onde tudo volta e depois sai novamente. O Nada que é Tudo, a Noite anterior ao *Fiat Lux* do Gênesis.

A iniciativa criativa é alcançada graficamente com um simples ponto marcado no centro do círculo ⊙. De repente, o Caos ○ não é mais "sem forma e vazio", pois um foco central de vibração agora o inunda de luz. O sol coordenador ○, fixo e imutável no centro do que é móvel ou mutável, torna-se o fulcro de toda a criação, que atrai continuamente do nada. O mesmo sinal é atribuído ao Ouro, em consideração à inalterável fixidez do metal.

Em contraste, a Prata, um metal nobre, brilhante, mas alterável, é comparada à Lua ☾, mutável na aparência e caprichosa em seu avanço através das constelações. Mas numerosas ideias estão ligadas aos símbols dos dois grandes luminares celestes. Aqui vai uma dica:

⊙ SOL	☾ LUA
Masculino	Feminino
Atividade	Passividade
Agente	Paciente
Raios de luz	Refração da luz
Razão	Imaginação
Osíris	Ísis
Jachin	Boaz
Ouro	Prata
Estabilidade	Mobilidade
Fixação	Mutabilidade

O símbolo do Sol ⊙ é sempre idêntico a si mesmo, enquanto a lua crescente pode ter as pontas apontando para a direita, para a esquerda, para cima ou para baixo. Nestes dois últimos aspectos, o significado é radicalmente diferente. Com as pontas para cima: ◡ o triunfo sobre o que está abaixo; as pontas para baixo: ◠ escravização ao que domina.

Para isso, o sal alcalino ♉ representa a substância primordial ○ sujeita à lua ◡, também chamado "infinitamente transmutável", como a matéria-prima da Grande Obra, sujeita a todas as metamorfoses da natureza e da arte. É o ideograma alquímico, lembre-se do símbolo astrológico do signo de Touro ♉, que está ligado à terra fertilizante, capaz de produzir todas as variedades do reino vegetal. Agora, a Terra, como veremos mais adiante, é representada por 🜃, um sinal de que é fácil comparar com ♉ por meio de ▽.

O sinal invertido ♉ corresponde à sal-gema, uma substância refinada, que se tornou imutável, pois nele se realizou toda elaboração possível: por isso tem a Lua ◠ como base.

A Cruz

Não há sinal mais espontâneo do que o arcaico *Tau* ou *Thav* dos fenícios +. Seu nome em hebraico significa "marca", "entalhe", "caractere de escrita" ou a letra "por excelência", sem dúvida, porque a mão daqueles que não sabem escrever automaticamente faz esta assinatura.

Este símbolo universal é composto por dois traços, um horizontal, relaxado, passivo, feminino, o outro vertical, ereto, ativo, como se representasse a ação da energia masculina que penetra e fecunda. Em vez de se conectar com a morte, a Cruz + é, portanto, essencialmente um sinal de vida, de conjunção fecundante e de poder realizador.

Colocada acima de um sinal ♁ 🜔 🜁, a Cruz indica um cumprimento, uma perfeição alcançada. Na posição inversa ♀ 🜕 🜂 indica, em vez disso, um trabalho a ser feito, virtualidades latentes a serem exploradas.

Inscrita dentro do Círculo ⊕, a Cruz anima a substância que é vitalizada ○, transformada em fluido vital. É uma condensação da vida, como se observa nas plantas, principalmente na folhagem e nos vegetais: aqui há assimilação com o verdigris ⊕ dos Alquimistas. A vitalidade é polarizada em ativa e passiva, para gerar Nitro ⦶ por um lado, sal interno, explosivo, fonte de explosões, mas também de energia ativa, e por outro lado o sal marinho ⊖, plácido, estável, sempre tendendo ao descanso e ao equilíbrio restauradores. (Nível oposto à perpendicularidade no simbolismo maçônico).

Em tudo o que é vivo, o ativo e o passivo se combinam em proporções variadas, de acordo com os reinos. A plenitude da vida ⊕ é prerrogativa dos vegetais, graças à equivalência neles, de atividade e passividade. Sua vida plácida é menos ativa que a dos animais, retratada por Vitriol ⦶. Em contraste, os minerais vivem passivamente, como se suas almas fossem apenas parcialmente ativas ⊖. É tentador dizer que eles não vivem, mas estão vívidos, à própria maneira.

O sinal da vitalidade mineral ⊖ é transformado no ideograma do Mundo quando é sobreposto pela Cruz ♁. Os Hermetistas viam na Cruz o emblema do poder supremo (o globo imperial), pois os prodígios são realizados com a ajuda do grande agente mágico, uma força misteriosa ligada à Alma do Mundo.

Se colocarmos o símbolo da mineralidade sublimada ⊖, obtemos o vitríol-azul (sulfato de cobre) ⦶+, que se conecta ao fluido passivo da fêmea animal, ao qual se opõe o magnetismo masculino ativo, representado pelo vitríol-verde ⦶. A seta indica uma projeção fora de si mesmo, uma ação exercida sobre os outros. A cruz lateral, por outro lado, alude a uma conjunção fecundante.

Comparando os sinais ♁ ⊕ e ♀, chegamos às seguintes distinções:

♁ **Antimônio** ↑

- Alma intelectual
- Influência ascendente ou espiritualizante
- Espírito se libertando da matéria
- Evolução - Redenção

⊕ **Verdigris** +

- Alma vegetal
- Vitalidade física
- Espírito encarnado, unidade com a matéria
- Saúde - Equilíbrio Vital

♀ **Cobre** ↓

- Alma Instintiva
- Atração materializante
- Queda do espírito na matéria
- Involução

Os Signos Planetários

Pregadas no firmamento, as estrelas fixas sempre mantêm suas distâncias, enquanto outras estrelas vagam entre elas. São os planetas, que os antigos assimilaram ao Sol e à Lua, a ponto de atribuir imenso prestígio ao seguinte setenário, consagrado até hoje pela designação dos dias da semana:

☉	Sol	Ouro	Domingo
☾	Lua	Prata	Segunda-feira
♂	Marte	Ferro	Terça-feira
☿	Mercúrio	Azougue	Quarta-feira
♃	Júpiter	Estanho	Quinta-feira
♀	Vênus	Bronze	Sexta-feira
♄	Saturno	Chumbo	Sábado

O leitor já está familiarizado com três desses sinais: ☉ ☾ e ♁. Marte ♂ não representará uma dificuldade, uma vez que o vitríol-verde ⊕ corresponde à vitalidade marcial ou agressiva, que estimula a necessidade de ação ou o instinto de luta personificado pelo Deus da guerra.

Em contraste, o vitríol-azul ⊕ é inspirado em Vênus ♀ personificação da ternura e langor repousante, reparadores da destruição de Marte.

A esta oposição, acrescenta-se a do Sol ☉ e da Lua ☾, do qual já falamos, e de Júpiter ♃ e Saturno ♄, planetas com os ideogramas compostos da Cruz e da lua crescente.

Mas o símbolo da mudança ☽ em ♃ se liga ao braço horizontal da Cruz e tende a dominá-lo; em contraste, é fixado abaixo da seção vertical da Cruz em ♄. Podemos deduzir que Júpiter ♃ e Vênus ♀ se relacionam com uma elaboração ainda a ser realizada, enquanto Saturno ♄ como ♁ (Antimônio) alude a uma obra acabada. Mas como a Crescente entra nos dois sinais, trata-se, em ambos os casos, de um trabalho transformador. Por outro lado, essas divergências resultam claramente na seguinte forma:

♃ JÚPITER - ESTANHO

A Cruz sob a crescente lunar
O potencial transformado na semente
Crescimento
Juventude
Fixado horizontalmente
Materialização
Construção do organismo
Princípio gerador da vida material

♄ SATURNO - CHUMBO

Cruz sobre a crescente lunar
Formação completa
Decrepitude
Velhice
Fixado Verticalmente
Espiritualização
Dissolução do organismo.
Princípio transformador que conduz à morte

Quanto a Mercúrio ☿, que ocupa o lugar central do setenário dos planetas, seu sinal é composto por ♁ (Vênus) encimado pela Foice ◡ ou a partir de ♉ (*Sale Alcali*) sobreposto pela Cruz. Assim como é para a vitalidade ♀, que sofreu mudanças involuntárias, bem como a substância primordial ♉ tornada ativa e fértil. O Mercúrio dos Alquimistas é, de fato, o substrato universal da vida, sujeito a todas as modificações.

Quando a Crescente é substituída pelo signo de Áries ♈, o ideograma obtido é o do Mercúrio dos Sábios ☿. Esta substância estimulante penetra no centro dos germes para fazê-los eclodir; é graças à sua mediação que todos os seres são animados pela mesma vida universal.

Invertendo o símbolo de Mercúrio ☿, obtemos um ideograma que é encontrado apenas como um esquema da Rainha dos Céus ⛢. Antimônio ♁ (O Poder do Intelecto) domina a crescente ◡ de tudo o que é corruptível e mutável, mesmo que se trate do sal-gema ☊ coroado pela Cruz, isto é, tendo alcançado a purificação suprema.

O estudo do setenário dos planetas é facilitado pelo seguinte diagrama que descreve suas relações recíprocas.

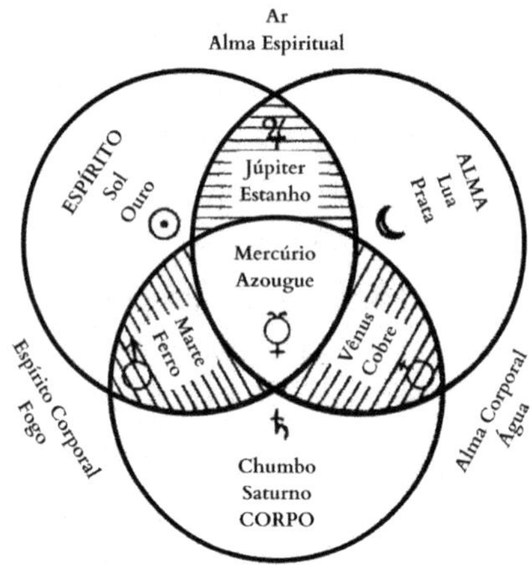

O Triângulo

Os Elementos dos hermetistas nada têm a ver com os corpos simples da química moderna, pois apenas as coisas elementais caem sob nossos sentidos: os Elementos só podem ser concebidos. Seu quaternário determina toda matéria sem que sejam materiais: são os poderes materializadores que diferenciam o caos, imprimindo nele suas qualidades, manifestadas pelo SECO e pelo ÚMIDO, pelo FRIO e pelo CALOR.

Por que eles são representados por triângulos? Sem dúvida para lembrar a chama que sobe a um ponto: o FOGO 🜂, ou a taça pronta para receber a ÁGUA🜄. O AR 🜁 pode mais tarde ter sido assimilado ao FOGO 🜂 tornado passivo por um golpe horizontal, e a TERRA 🜃 considerada como ÁGUA 🜄 igualmente espessada, pesada, solidificada.

Ideogramas	🜃	🜂	🜁	🜄
Elementos	Terra	Fogo	Ar	Água
Estações	Primavera	Verão	Outono	Inverno
Quaternário Cabalístico	Touro	Leão	Águia	Anjo
Signo do Zodíaco	Touro	Leão	Escorpião	Aquário
Evangelista	Lucas	Marcos	João	Mateus
Planetas	Saturno	Marte	Júpiter	Vênus
Metais	Chumbo	Ferro	Estanho	Bronze
Símbolo dos planetas	♄	♂	♃	♀
Cores	Preto	Vermelho	Azul	Verde
Qualidades elementais	Frio e seco	Seco e quente	Quente e úmido	Úmido e frio

Essa sutil teoria dos Elementos não deve ter preocupado excessivamente os autores do Tarô: porém, eles não ignoraram as correspondências resultantes da tabela anterior.

A Cruz combina com o Triângulo para formar o símbolo do Enxofre 🜍 e da Grande Obra realizada 🜏.

O Enxofre 🜍 é o Fogo realizador aprisionado no âmago de cada ser chamado à vida. Enquanto o Mercúrio dos Sábios não tiver soprado neste Fogo, a vida permanece latente; é o sopro de Mercúrio que sustenta a combustão vital até que todo combustível seja exaurido (Óleo ou Enxofre, Umidade).

A Grande Obra 🜏 é realizada quando a Água ▽ vivificante passou por toda a série de destilações purificadoras, quando a alma, emergindo vitoriosa de seu ciclo de testes, mostra seus poderes transcendentais.

Deve-se notar que a Água ▽ corresponde de forma misteriosa à essência vivificante, que todas as almas possuem, enquanto, visto do mesmo ponto de vista, o Sal ⊖ rrepresenta a esfera total da personalidade, constantemente ampliada pela ação expansiva das energias sulfurosas ou internas 🜍 e ao mesmo tempo comprimida pela pressão do elemento mercurial circundante. ☿.

Esta é a interpretação resumida do ternário de Enxofre 🜍, Sal ⊖ e Mercúrio ☿, sobre o qual se funda todo o Hermetismo.

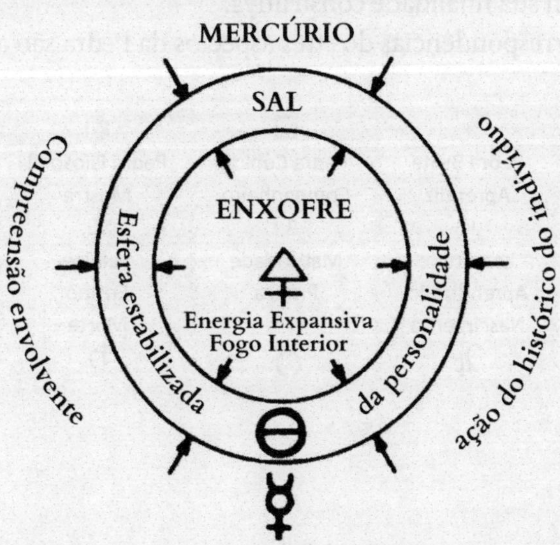

O Quadrado

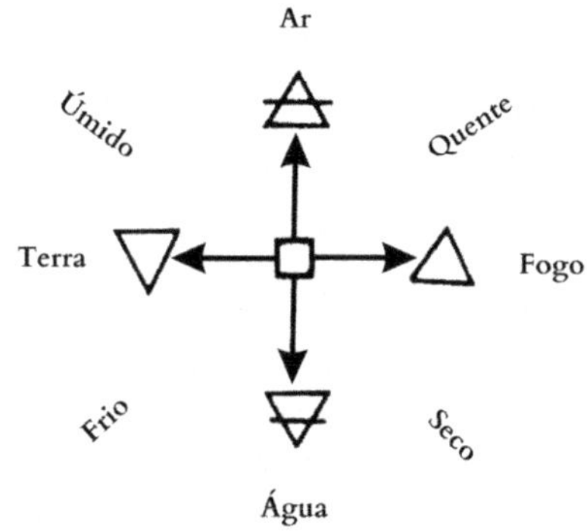

Quando submetido à ação coordenadora dos quatro Elementos, a substância caótica indefinida ○ é transformada em matéria, que então tem probabilidade de entrar na esfera dos nossos sentidos □. Os pares opostos de atrações elementares dão forma ao que é informe e mantêm um equilíbrio, o qual é uma condição indispensável de toda manifestação.

O quadrado □ perfeito implica um equilíbrio ideal que se traduz simultaneamente em saúde e santidade, criado pelo adepto que se formou em pedra cúbica impecável □, ou, melhor ainda, pelo Sábio que encontrou a Pedra Filosofal ⊥□. Aqui, como nos ideogramas de Saturno ♄, de Antimônio ♁ e da realização da Grande Obra 🜄, a cruz marca uma conquista, a do indivíduo vitorioso sobre a materialidade, tanto que para ele a matéria não é mais do que o suporte indispensável para a manifestação do espírito, o lastro que mantém uma alma já celeste no campo da ação corporal.

Para a Pedra Filosofal ⊥□ Tártaro se opõe □⊤. Mesmo o retângulo mais largo do que alto indica um pouco de material espiritualizado, o que, no entanto, não pode ser covarde, pois os ângulos são retos, e porque a Cruz está presente, índice de uso fecundo. Isso equivale à pedra bruta grosseiramente esquadrada que os Aprendizes têm a tarefa de esquadrejar de acordo com sua finalidade construtiva.

As correspondências dos três aspectos da Pedra são as seguintes:

□⊤	□	⊥□
Pedra Bruta	Pedra Cúbica	Pedra Filosofal
Aprendiz	Companheiro	Mestre
J.:	B.:	M.:
Juventude	Maturidade	Velhice
Aprendizado	Prática	Ensino
Nascimento	Vida	Morte
♃	♂	♄

Cores

O prisma divide a luz branca em três cores primárias: VERMELHO, AZUL E AMARELO, que, deste ponto de vista, correspondem aos ternários Espírito, Alma, Corpo ou Enxofre 🜍, Mercúrio ☿, Sal ⊖. Nesta ordem de ideias, as cores secundárias, ROXO, VERDE, LARANJA, têm afinidade com a Alma espiritual, a Alma ou Vitalidade corpórea e o Espírito corpóreo.

Porém geralmente, o simbolismo das cores pode ser definido da seguinte forma:

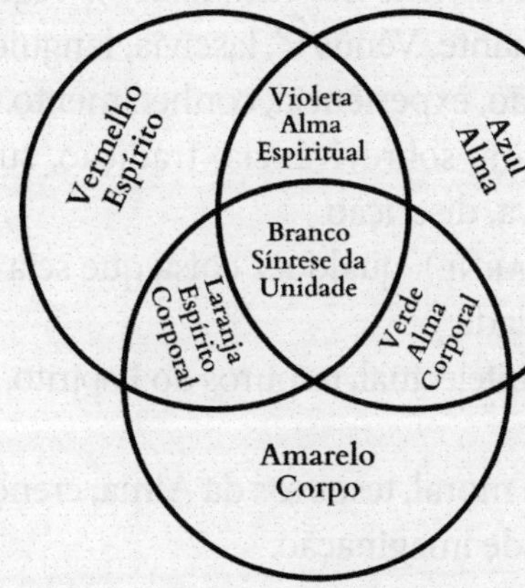

Branco sintético: lembra a neve imaculada, torna-se símbolo de pureza, inocência, franqueza, lealdade, harmonia, conciliação e paz. O vestido branco de comungantes e noivas, as flores de laranjeira, a bandeira branca dos parlamentares. É a cor da integridade, honestidade, consciência, mas acima de tudo do Ser e da Luz em oposição ao preto.

Preto escuro: o Nada se reflete, de fato, no preto, a cor da morte, da fatalidade, do desespero, da desilusão, mas também da profundidade, da seriedade, da severidade, da aplicação taciturna, da conspiração, do mistério. A Terra nutridora é negra. Cada gestação acontece no escuro, em segredo, longe de qualquer indiscrição.

Cinza: cinzas, resíduo indestrutível do vivido; inércia, indiferença, desapego, indeterminação, humildade, pobreza, tristeza, cancelamento.

Vermelho: o sangue, o princípio animador, o Espírito, atividade, fogo espiritual, ardor, amor, coragem, energia.

Roxo: espiritualidade, razão, vontade, dominação.

Azul: a abóboda celestial, contemplação, piedade, fidelidade, fé. Ar. 🜁

Violeta (interferência de vermelho e azul): intelectualidade, discernimento, misticismo, ensino, conciliação de razão e sentimento.

Amarelo (complementar ao violeta): irradiação luminosa, manifestação objetiva, corpo, fixação, estabilidade, colheita, mel, riqueza adquirida pelo trabalho.

Laranja ou escarlate (complementar ao azul): chama, fogo material, veemência, paixão, ferocidade, instinto de crueldade, egoísmo, necessidade de ação, Marte. ♂

Verde (complementar ao vermelho): vegetação, fluido vital, água nutritiva do fogo atuante, Vênus ♀, lascívia, languidez, preguiça.

Índigo: meditação, experiência, conhecimento.

Marrom: madeira, sobrevivência, tradição, superstição, concentração, isolamento, reserva, discrição.

Rosa (cor da carne): qualquer coisa que seja humana ou que se relacione com a humanidade.

Ouro: perfeição intelectual, tesouros do Espírito, verdades indiscutíveis, bens indestrutíveis.

Prata: perfeição moral, tesouros da Alma, crenças justificadas, nobreza de coração, pureza de imaginação.

2 A Papis
4 O Imperador
19 O Sol
16 A Casa de Deus

6 O TARÔ E O ALFABETO HEBRAICO

O número 22 vincula inquestionavelmente os Arcanos do Tarô às letras do alfabeto semítico, pois esse número não corresponde a nenhuma outra série. Será esta razãov suficiente para considerar o Tarô inspirado na forma das letras do alfabeto sagrado dos cabalistas? Com base em algumas coincidências, é muito difícil argumentar que existe uma intenção sistematicamente aplicada.

No entanto, deve-se notar que o torso inclinado do Mago (Arcano) traça um *Aleph* א com os braços do personagem.

O rei que cai do alto da Torre (Arcano XVI) também lembra a forma do *Ayn* ע. Queríamos ver um *Heth* ח na balança da Justiça (Arcano VIII).

Entretanto, é preciso muita boa vontade para ver a cabeça, o braço direito e lanterna do Eremita (Arcano IX) no *Teth* ט.

A garganta aberta do leão domado pela Força (Arcano XI) desenha bem um *Caph* כ, mas capotou. Parece exagero insistir nessa coincidência.

Quanto às pernas do Dependurado (Arcano XII), que, se desejado, reproduzem o movimento do *Lamed* ל; é realmente o caso de aceitar a semelhança como válida?

Curvando-se sobre a foice, a Morte (Arcano XIII) traça mais claramente o contorno do Mem מ. Mas as armas da Temperança (XIV) representam verdadeiramente uma freira נ?

A este respeito, a jovem das Estrelas (Arcano XVII) pode ser refletida no *Phe* פ.

E por que o caranguejo da Lua (Arcano XVIII) não conseguiu encontrar uma correspondência em *Tsade* צ?

Se essas combinações se justificam, elas ajudam a reafirmar a origem medieval do Tarô, pois estão ligadas às formas caligráficas do hebraico quadrado e não às dos alfabetos palestinos mais antigos. Ora, as formas primitivas são essencialmente diferentes daquelas que foram definitivamente fixadas pela invenção da tipografia.

Para dar ao leitor uma ideia das transformações sofridas pelo alfabeto hebraico, apresentamos uma tabela que indica as formas assumidas pelas letras a partir do século 9 AEC. A inscrição alfabética mais antiga de que se conhece a data remonta a Mesa, rei de Moabe, que por volta de 895 AEC mandou esculpir sua famosa estela, preservada no museu do Louvre.

Acrescentamos à tabela os nomes das letras e o significado que é atribuído a cada designação, sem esquecer a transcrição em caracteres latinos.

1	א	Aleph	Boi	A	12	ל	Lamed	Agulha	L
2	ב	Beth	Casa	B	13	מ	Mem	Água	M
3	ג	Gimel	Camelo	C	14	נ	Nun	Peixe	N
4	ד	Daleth	Porta	D	15	ס	Samek	Viga	S
5	ה	Hé	Janela	E	16	ע	Ayn	Olho	O
6	ו	Vau	Gancho	V	17	פ	Phé	Boca	P
7	ז	Zain	Braço	Z	18	צ	Tsadé	Dardo	TS
8	ח	Heth	Cercado	H	19	ק	Quof	Macaco	Q
9	ט	Teth	Lama	Th	20	ר	Resch	Cabeça	R
10	י	Jod	Mão	J	21	ש	Schin	Dente	Sch
11	כ	Caph	Palma	K	22	ת	Tau	Cruz	T

PARTE 2

O SIMBOLISMO DAS VINTE E DUAS CHAVES DA SABEDORIA SECRETA DA IDADE MÉDIA

À luz das explicações que lhe foram fornecidas sobre a complexidade do Tarô, o leitor pode agora enfrentar o estudo analítico de cada Arcano tomado separadamente: de fato, o simbolismo dos detalhes das vinte e duas composições que propõem seus enigmas e sua sagacidade deve ser explicado. Diante de imagens silenciosas destinadas a nos fazer pensar, o leitor tem a tarefa de descobrir o que está escondido em si mesmo.

Mas um espelho mágico não revela nada para aqueles que são cegos de espírito. Sem visão filosófica, não há percepção espiritual: neste campo só podemos distinguir se empregarmos nossa atividade de pensamento evocativo. Nada pode tornar acessível para nós o que não vemos por nós mesmos, pois é impossível pensar, meditar e sobretudo nos aprofundar em nome dos outros. Não há nada mais fácil do que dissertar indefinidamente sobre uma coleção de símbolos como o conjunto do Tarô: mas essa loquacidade é contrária às intenções dos autores de um livro silencioso.

Portanto, proibimo-nos de entrar nessas dissertações. Em vez de dar muita água aos sedentos, preferimos conduzi-los à fonte, onde podem saciar a sede à vontade.

Nossas indicações – não o escondemos – são fatalmente incompletas e arbitrárias: incompletas, porque o Tarô alude a tudo o que se possa imaginar; arbitrária, porque não poderíamos examiná-las senão do nosso ponto de vista pessoal. O estudioso do Tarô não deve, portanto, ficar satisfeito com o que encontramos. O resultado de nossa exploração é simplesmente a abertura de uma trilha, à direita e à esquerda da qual se estende uma imensidão que fascina o espírito ávido por sondar os mistérios. Todos se comprometerão de acordo com suas inclinações e preferências, enquanto se beneficiam dos pontos de referência que fornecemos.

Estabelecemos esses pontos de referência da melhor maneira possível, tentando nunca nos perder, mas sem pretender dar a conhecer o território imensurável em que nos comprometemos seguindo uma linha reta. Nosso itinerário tem a vantagem da segurança, pois o encontramos em nós mesmos, ajudando-nos com todos os meios de controle que poderíamos ter à nossa disposição. Mas não basta seguir passivamente. Escrevemos para iniciados eficazes, cuja ambição é iniciar-se nos mistérios, dedicando-se ao trabalho do espírito indispensável para este fim.

Pode-se instruir nas coisas profanas ouvindo os professores: mas na iniciação é diferente. O verdadeiro segredo permanece sempre incomunicável: não pode ser sussurrado de boca em ouvido. Para possuí-lo, é preciso chegar a assimilá-lo espiritualmente, descobri-lo dentro de nós mesmos.

A descoberta se dá pela mediação de símbolos, que se tornam eloquentes para o pensador autônomo, cujo pensamento desperta na visão muda das coisas, sem esperar o estímulo da palavra humana. Como o conhecimento é incutido nas escolas com um grande desperdício de palavras, agora não estamos acostumados a pensar. As coisas não nos dizem mais nada, e ficamos atordoados diante delas. Só sabemos ler o que está escrito em caracteres alfabéticos e já não conseguimos discernir o sentido de uma imagem: é o triunfo da letra morta, vitoriosa sobre o espírito. Para aprender a pensar, fechamos nossos manuais e escapamos do barulho da palavra.

O silêncio instrui o discípulo dos antigos sábios que se dedicaram a decifrar os hieróglifos da ideografia natural. Para eles, todas as formas se tornavam expressivas e o desenho mais simples sugeria visões profundas. Foi assim que eles conceberam a geometria filosófica tão cara a Platão. As provas e teoremas foram aplicados a noções abstratas relacionadas a linhas e figuras. O ponto, a cruz, o círculo, o triângulo serviram de tema para meditações que desenvolveram o poder do pensamento muito mais do que a leitura fácil de que nosso espírito se alimenta sob o regime da imprensa.

Sem renunciar ao benefício de nossas preciosas enciclopédias, voltamos às imagens, para nos elevar à dignidade do verdadeiro gênio humano, repudiado por papagaios treinados para recitar sua lição com a inconstância de uma máquina falante ou de um androide sábio. O Tarô nos impele ao esforço que, libertando o nosso espírito do poder do pensamento imposto, vai lhe permitir adquirir ideias que terá só para si.

Exigimos esse esforço por parte do leitor que nos quer como guia. O comentário que oferecemos a ele deve ser verificado e corrigido, para ser adaptado à perspectiva mental do estudioso. A característica do simbolismo é a de permanecer sugestivo, indefinidamente: cada um vê o que seu poder visual lhe permite perceber. Se você não for dotado de penetração, não poderá perceber nada profundo.

Comparadas aos conceitos superficiais, as noções que têm seu habitat nas profundezas do pensamento parecem confusas e mal definidas. Devemos tomar uma posição, já que o uso não conseguiu precisar senão o necessário para a banalidade das trocas intelectuais habituais. Como modo de expressão, o simbolismo repugna ao positivismo dos negócios e do ensino profano: dirige-se apenas a pensadores capazes de meditar e aprofundar. Além disso, exige que o pensador possua imaginação e esteja aberto à poesia das coisas. Os símbolos permanecem incompreendidos enquanto se insiste em pensar apenas em prosa.

Uma vez que você lê menos, você pensa mais, falando silenciosamente consigo mesmo. O espírito dos antigos teve o prazer de montar o Pégaso do sonho filosófico para subir junto aos poetas no céu das ideias. Devemos retornar a esse voo mental tão contrário aos nossos hábitos de locomoção terra-terra. O positivismo contemporâneo, rigoroso em suas deduções, deve se unir em nós ao poeta sutil (*vates* em latim), capaz de profetizar logicamente, para que o pensador completo se revele como um adivinho: o adivinho do que permanece misterioso e ininteligível para as pessoas comuns.

Hoje em dia, em vez de desdenhar a adivinhação, é necessário reabilitar a sua prática. Mesmo quando se limita à gagueira infantil, abre portas para a inteligência que normalmente estão fechadas. Teremos, portanto, o cuidado de não desencorajar aqueles que estudam o Tarô especialmente do ponto de vista da adivinhação, pois a adivinhação é a mãe de todas as nossas ciências, nossas filosofias e nossas religiões. A advinhação é respeitável em princípio e merece ser levada a sério.

Esta é a razão que nos impediu de negligenciar as interpretações divinatórias que os vinte e dois Arcanos do Tarô sugerem aos adivinhos.

O poder evocativo desse complexo de imagens é tão vasto, que não há noção que escape da classificação adotada pelo adivinho de acordo com o instrumento a que está acostumado. Se é uma questão de fazer o Tarô falar, tudo o que é concebível deve, portanto, se encaixar nas vinte e duas categorias, assim como para o geomante, as coisas se encaixam em dezesseis grupos, e o astrólogo liga todas as suas ideias aos sete planetas e aos 12 signos do Zodíaco.

Essa conexão necessária não está livre de empecilhos e justaposições desconcertantes. Dependendo do ponto de vista escolhido, o mesmo símbolo pode iluminar de forma contraditória. Tomado positivamente, oferece um significado muito diferente do que impõe quando o presságio deve ser interpretado desfavoravelmente. Pedimos ao leitor não familiarizado com a prática da adivinhação que não pare diante de contradições mais aparentes do que reais.

Para desembaraçar da melhor maneira possível o caos das interpretações indefinidamente extensíveis, primeiro apontamos, para cada Arcano as noções da ordem mais transcendente. Da metafísica, passamos então ao campo moral ou psíquico, onde se encontram as virtudes, qualidades e atitudes. Descemos então aos significados mais materiais, para concluir com os vícios, infortúnios e defeitos. Começando do céu, chegamos ao inferno.

Considerada como um exercício que serve para tornar o espírito mais elástico, a adivinhação tem o imenso mérito de obrigar o adivinho a pensar por si mesmo, obrigando-o a adivinhar, depois sondar a escuridão para distinguir o que ali está escondido. Nem todas as tentativas são afortunadas, mas todo esforço sincero é digno de louvor e desejamos satisfazê-lo no interesse do progresso do espírito humano.

ARCANO I
O MAGO

Como um ilusionista pôde ser colocado à frente do Tarô marcado pelo número UM, que é aquele da Causa Primeira? No tomo VIII de seu *Monde Primitif*, Court de Gébelin estima a escolha desse personagem como essencialmente filosófica. O Universo visível não sendo senão Magia e encantamento, seu Criador não seria ele o ilusionista por excelência, o Grande Prestidigitador que nos deslumbraria a todos com passes de mágica? O turbilhonamento universal das coisas nos impede de ver a realidade: nós somos a vítima das aparências produzidas pelo jogo de forças que nos são desconhecidas.

A Causa Primeira é, pois, um MAGO; mas como ela repercute em tudo aquilo que é ativo, o personagem inicial do Tarô corresponde, de maneira geral, a todo princípio de atividade. No Universo, é Deus, visto como o grande instigador de tudo aquilo que acontece no Cosmos; no homem, é o foco da iniciativa individual, centro de percepção, de consciência e de vontade; é o Eu chamado a criar nossa personalidade, porque o indivíduo tem a missão de fazer-se a si mesmo.

O princípio de autocriação nos é mostrado sob os traços de um jovem esbelto, flexível e de uma extrema agilidade. Sente-se que o Mago não pode permanecer em repouso. Ele brinca com sua baqueta, monopoliza a atenção dos espectadores e atordoa-os com seus malabarismos incessantes e suas contorções, tanto quanto pela mobilidade da expressão de seu rosto. Seus olhos cintilam, aliás, de inteligência, e são contornados por longos cílios que acentuam essa irradiação. O chapéu que os sombreia com suas abas largas desenha um 8 deitado ∞.

Esse sinal, – do qual os matemáticos fizeram o símbolo do infinito –, encontra-se no penteado da FORÇA (Arcano XI) e naquele da esfinge de Astarteia, tal como nos mostra o Príncipe d'Avennes.[22]

Pode-se comparar esse halo horizontal com a esfera viva criada pelos pensamentos vivos emanados da inteligência. Nós carregamos ao nosso redor nosso céu mental, o domínio que o sol da Razão traça, a eclíptica ∞, contida dentro dos estreitos limites do que nos é acessível.

Cabelos louros e cacheados como os de Apollo enquadram o rosto sorridente, mas pouco acolhedor do Mago, personagem cheio de refinamento, muito pouco disposto a mostrar o fundo de seu pensamento.

Discreto em sua exuberância, esse adolescente se agita por trás de uma mesa retangular da qual apenas três pernas são visíveis. Elas poderiam marcar sinais 🜍 🜔 ☿ (Enxofre, Sal e Mercúrio) do mundo objetivo, suportes da substância elementar que cai sob nossos sentidos.

Sobre esse plano da fenomenalidade estão colocados três objetos: uma taça de prata, um punhal de aço e um siclo de ouro, dito denário.

É sobre esse disco onde aparecem pentáculos que o Mago comanda (indicador da mão direita), como que para aí concentrar sua emanação pessoal ativa. Mas o denário-amuleto não possuiria toda sua virtude se a baqueta mágica não dirigisse sobre esse acumulador eflúvios retirados do ambiente. Assim se explica o gesto da mão esquerda do Mago, que mantém a baqueta na direção exata do denário, a fim de que o fogo do céu captado pela esfera azul do misterioso condensador seja projetado pela esfera vermelha sobre o objeto a imantar de maneira oculta.

A baqueta completa o quaternário dos instrumentos do Mago, que correspondem aos quatro verbos: SABER (Taça), OUSAR (Espada), QUERER (Baqueta ou Bastão), CALAR (Moeda). A mesa, embaixo, faz surgir as

22 *Histoire de arte egyptien*, pág. 99, reproduzido por Maspero, *Histoire ancienne des peuples de l'Orient classique II*, pág. 157.

relações analógicas da Tétrade que governa, sobretudo, os Arcanos menores do Tarô, ou seja, o jogo de 56 cartas relacionado às composições simbólicas com as quais nos ocupamos.

Pentáculo	Espada	Taça	Bastos
Ouros	Espadas	Copas	Paus
Terra	Ar	Água	Fogo
ה	ו	ה	י
Touro	Águia	Anjo	Leão

Para entrar na posse desses instrumentos místicos, é preciso haver sofrido a Prova dos Elementos.

A vitória alcançada sobre a Terra confere o Denário, ou seja, o ponto de apoio concreto necessário a toda ação.

Afrontando o Ar com audácia, o Cavaleiro da Verdade consegue se armar com a Espada (Punhal), símbolo do verbo que coloca em fuga os fantasmas do erro.

Triunfar com a Água é conquistar o Santo Graal, a Taça onde se bebe toda a Sabedoria.

Experimentado pelo Fogo, o Iniciado obtém, enfim, sua insígnia do supremo comando, a Baqueta (Bastão), cetro do rei que reina pela Vontade unida ao soberano Querer.

Como se houvesse sofrido semelhantes provas em uma Loja de Franco-Maçons, o Mago alinha os pés em ângulo reto um em relação ao outro. Sua direção desenha um esquadro com a tulipa ainda não desabrochada que parece surgir do solo sob os passos do hábil ilusionista. Esta flor dá a entender que a iniciação está ainda no começo, porque nós a encontraremos desabrochada diante do Imperador (Arcano IV), inclinada junto à Temperança (Arcano XIV), mas vivaz diante do Louco (Arcano XXII).

A roupa do Mago é multicor, mas o vermelho domina como sinal da atividade. Cinco botões fecham o corpete para fazer alusão, sem dúvida, à quintessência da qual o corpo é a vestimenta.

Pelo movimento dos braços e pela curvatura do corpo, o personagem do Arcano I delineia o antigo *Aleph* א da escrita hebraica. Deve-se notar que ele teria que ser comparado com o *Aleph* primitivo (Símbolos) se o Tarô fosse contemporâneo do alfabeto semítico.

Além disso, nada reproduz a silhueta do Aleph tão exatamente quanto aquela de Órion. O gigante, que persegue as Plêiades às margens do Touro celeste, é, dentre as constelações, aquela que mais se relaciona com o Mago. Este último se torna um sarrafaçal no Tarô italiano.

Interpretações Divinatórias

Éter, a Coroa da Árvore dos *Sephiroth*. O princípio de todas as coisas. Causa Primeira. Unidade de origem. Espírito Puro. Sujeito pensante único e universal refletido no Eu de toda criatura inteligente.

Iniciativa. Centro de ação. Espontaneidade da inteligência, acuidade de discernimento e de compreensão, presença de espírito, posse de si, autonomia, rejeição de toda sugestão estranha, emancipação de todo preconceito.

Destreza, habilidade, fineza diplomática. Blasonador persuasivo, advogado astuto. Manhã, agitação. Ausência de escrúpulos. Arrivista, intrigante, mentiroso, patife, escroque, charlatão, explorador da candura humana. Influência de Mercúrio, tanto para o bem como para o mal.

ARCANO II
A PAPISA

Personificação da causa inicial de toda ação, o Mago (Arcano I) agita-se e não pode permanecer em repouso. Ele é também representado de pé, ao contrário da Papisa (Arcano II) que está sentada, em uma imobilidade calma, silenciosa, impenetrável e hierática. Ela é a Sacerdotisa do mistério, Ísis, a Deusa da noite profunda que o espírito humano não saberia penetrar sem sua ajuda.

Sua mão direita entreabre o livro dos segredos, o qual ninguém pode surpreender se a Papisa não lhe confiar as chaves que mantém em sua mão esquerda. Dessas chaves – que abrem o interior das coisas (Esoterismo) –, uma é de ouro e relaciona-se ao Sol ☉ (Razão), e a outra é de prata, logo, em afinidade com a Lua ☾ (Imaginação, lucidez intuitiva). Isso significa que é preciso aliar uma severa lógica a uma delicada impressionabilidade, se aspiramos a adivinhar coisas escondidas, aquelas das quais a Natureza frustra o conhecimento ao grande número.

A divinação que inspira a Papisa, aplica-se ao discernimento da realidade que se dissimula por detrás da cortina das aparências sensíveis. Para o intuitivo, favorito de Ísis, os fenômenos são uma fachada reveladora que, fixando a visão fisiológica, provoca a visão do espírito.

Ao sair da Unidade onde tudo se confunde (Arcano I), chegamos ao domínio do Binário ou da distinção; é o átrio do Templo de Salomão, onde se erguem as duas colunas Jachin e Boaz, entre as quais a Papisa tem seu trono diante de um véu com nuanças cintilantes que mascara a entrada do Santuário.

Das duas colunas, uma é VERMELHA e a outra, AZUL. A primeira corresponde ao Fogo (ardor vital devorador, atividade masculina, Enxofre 🜍 dos Alquimistas); a segunda relaciona-se ao Ar (sopro que alimenta a vida, sensibilidade feminina, Mercúrio dos Sábios ☿). Toda a criação decorre desta dualidade fundamental: Pai, Mãe – Sujeito, Objeto – Criador, Criação – Deus, Natureza – Osíris, Ísis –, etc.

A fachada orgulhosa do Templo simboliza em seu conjunto toda a revelação fenomenal, a objetividade em suas infinitas variações de aspecto, aquilo que cada um é admitido a contemplar. Quanto à cortina que é preciso erguer para penetrar no recinto sagrado, é a tela sobre a qual se projetam as imagens vivas do pensamento. Nós as percebemos na cintilação de um tecido de mil nuanças, cujas dobras ondulam ao sabor da brisa, de tal forma, que nem conseguimos agarrar seus contornos bordados sempre em movimento. Essas imagens fascinam o visionário que teima em ler, na Luz Astral[23], ao modo das Pitonisas. O verdadeiro Iniciado não se detém perante essas pequenas distrações que não são, para ele, senão as "frivolidades da porta". Se ele se mostrar digno, a grande Sacerdotisa afastará, em seu favor, um segundo véu, possibilitando-lhe ler em seu semblante e, sobretudo, em seus olhos. O confidente da Deusa não será enganado por uma miragem, porque ele possuirá o segredo das coisas pelo fato de exercitar-se em Imaginar com Justiça.

O ensinamento da Papisa fundamenta-se, com efeito, na imaginação, como nos ensina o crescente que encima sua tiara de prata. Esta última é cercada por dois diademas enriquecidos com pedras preciosas. Aquele que lhe toca a fronte faz alusão à Filosofia Oculta e às doutrinas sutis do Hermetismo; o outro – mais estreito e colocado mais acima –, é o emblema da Gnose, fé sábia, fruto das mais sublimes especulações.

A Sacerdotisa do mistério está vestida de azul-escuro, mas uma luminosa estola branca se cruza obliquamente sobre seu peito. Daí resulta uma cruz, onde cada braço está marcado por uma pequena cruz secundária. Este emblema evoca as Interferências Reveladoras que tornam o oculto manifesto graças à luz que resulta do conflito de dois elementos opostos.[24]

---

23 Essa luz, pela qual os ocultistas juram, é comparável à névoa fosforescente que envolveria o Planeta e iluminaria a imaginação de assuntos brilhantes. Foi simbolizado na cobra Python que Apollo (Razão) perfura com suas flechas.

24 A cruz oblíqua ✕ (espadas cruzadas) simboliza um choque, uma colisão da qual faíscas podem voar, em oposição à cruz reta, indicativa de conjunção, casamento ou combinação frutífera.

Eternamente à espreita daquilo que pode ajudar a perscrutar o enigma das coisas, o espírito humano beneficia-se de todos os clarões que sulcam a noite do mistério. Chega-se a ver, assim, a Papisa envolta num amplo manto púrpura largamente bordado em ouro, e verde em seu avesso. Esta última cor é aquela da vitalidade que possuem interiormente as ideias que traduzem, para nosso uso, as verdades transcendentes. São as ideias vivas que martelam a imaginação dos mortais, sem conseguir tomar forma. Elas nutrem nossas aspirações mais elevadas (púrpura) e engendram as religiões (orla dourada) que, muito rapidamente, dobram-se à grosseria de nossas concepções. A Papisa não é responsável pela materialização abusiva de seu ensinamento, que se endereça não aos crentes cegos, mas aos pensadores, artistas de uma constante regeneração religiosa. Ela está apoiada sobre a Esfinge que coloca eternamente três perguntas: De onde viemos? Quem somos? Para onde vamos? Em torno dela, um pavimento de mosaicos alternativamente brancos e pretos dá a entender que todas as nossas percepções sofrem a lei dos contrastes. A luz não se concebe senão em oposição às trevas; o bem não nos seria conhecido sem o mal; nós não saberíamos apreciar a felicidade sem haver sofrido, etc.

O pé direito da Papisa repousa sobre uma almofada que representa a ínfima bagagem das noções positivas que podemos adquirir no domínio do misterioso. Este acessório, que é às vezes negligenciado, aparece num Tarô publicado em Paris, em 1500[25]. Ele tem sua importância porque parece tomado por empréstimo à Cassiopeia, a rainha da Etiópia da esfera celeste, soberana negra, mas bela como bem-amada do *Cântico dos Cânticos*, e que corresponde ao Arcano II do Tarô Astronômico.

Os ilustradores medievais não tinham, de fato, nenhum escrúpulo em representar uma Papisa, a despeito da ortodoxia. Em Besançon, foi julgado oportuno substituir, mais tarde, Júpiter e Juno ao Papa e à Papisa do Tarô. Isso nos valeu duas composições mitológicas de interesse medíocre.

Juno tem, todavia, o mérito de apontar uma mão para o céu e a outra para a terra, como que para dizer, com a Tábua de Esmeralda de Hermes Trismegisto: *Como acima, é abaixo*. Ora, o visível erigido em símbolo do invisível é o ponto de partida do método analógico sobre o qual se funda toda a ciência da Papisa. Dois pavões, pássaros de Maia, Deusa da Ilusão,

25 Veja as coleções da Bibliothèque Nationale. O mesmo baralho coloca a esfinge ao lado do Papa (arc. V).

acompanham Juno, que personifica, na realidade, o espaço etéreo, *Anou* em Caldeu, de onde vem Ana, nossa Santa Ana, mãe da Virgem. Essa aproximação contribui para precisar o sentido dos Arcanos II e III.

Interpretações Divinatórias

Chokmah, é uma referência à sabedoria, ao pensamento criativo, à palavra, à segunda pessoa da Trindade, Ísis, à natureza, à esposa de Deus e mãe de todas as coisas. É a substância que preenche o espaço ilimitado; o campo de ação da causa ativa e inteligente; as forças opostas e frutíferas das quais tudo nasce. É a diferenciação que nos permite perceber, portanto, conhecer e ser capaz.

A Ciência Sagrada cujo objeto está além do poder de nossos sentidos. Divinação, filosofia intuitiva, conhecimento (gnosis), discernimento do mistério, fé contemplativa.

Silêncio, discrição, reserva, meditação, modéstia, paciência, resignação, piedade, respeito pelas coisas sagradas. Engano, intenções ocultas, rancor, inércia, preguiça, intolerância, fanatismo. Influência passiva de Saturno.

ARCANO III
A IMPERATRIZ

A Unidade necessária e fundamental das coisas (Arcano I) impõe-se ao nosso espírito sem se tornar inteligível. Nós não podemos nos representar naquilo que é ilimitado, infinito, indeterminado, a não ser evocando a imagem de uma noite de insondável profundeza, domínio de Ísis, a Deusa do Mistério, da qual a Papisa (Arcano II) é a grande Sacerdotisa. Mas nosso pensamento se esforça em vão por mergulhar no Abismo sem fundo das cosmogonias (*Apsou* dos caldeus); ele não percebe senão um caos mental, diante do qual ficamos perturbados, tomados de terror religioso e condenados ao mutismo. Para tirar nosso espírito da confusão é necessária a ajuda da Imperatriz.

Esta soberana de esplendorosa claridade figura a Inteligência Criadora, mãe das formas, das imagens e das ideias. É a Virgem imaculada dos cristãos, na qual os gregos teriam reconhecido sua Vênus-Urânia, nascida radiosa das ondas sombrias do oceano caótico.

Rainha dos Céus, ela plaina nas mais sublimes alturas da idealidade, acima de toda contingência objetiva, como indica o pé que ela coloca sobre um crescente de pontas voltadas para baixo. Assim é afirmado o domínio sobre o mundo sublunar, onde tudo não é senão mobilidade, perpétua mudança e transformação incessante. Em contraste ao domínio inferior sobre o qual a Lua (Arcano XVIII) não difunde senão uma claridade indecisa e falaciosa, a esfera da Imperatriz corresponde às Águas superiores, oceano luminoso onde reside a Suprema Sabedoria[26]. Tudo aí é fixo e imutável, pois

26 Segundo os caldeus, esse oceano etéreo envolvia o Universo, e os fiéis de Ea, Deus das águas animadoras, inspiraram-se nele, como Utnapisthim, o herói do Dilúvio, o babilônico Noé.

que necessariamente perfeito: é a região do arquétipo, ou seja, das formas ideais ou das ideias puras, segundo as quais tudo se cria.

Para expressar a imutabilidade das coisas subtraídas a toda alteração, a Imperatriz se mostra exatamente de frente, numa atitude cheia de uma certa rigidez hierática. Uma serenidade sorridente não anima menos seu semblante graciosamente emoldurado por uma maleável cabeleira loura; uma leve coroa mal pesa sobre sua cabeça, em torno da qual gravitam doze estrelas, dentre as quais nove são visíveis. Esses números lembram o Zodíaco, quadrante celeste sobre o qual se regem as produções naturais aqui embaixo e o período de gestação imposto à geração.

Do mesmo modo que a Virgem Zodiacal, a Imperatriz é alada, mas seus atributos não são nem a espiga de trigo das colheitas terrestres, nem o ramo de oliveira a exortar os homens à paz. A Rainha do Céu detém o cetro de uma irresistível e universal dominação, porque o ideal se impõe, a ideia comanda e os tipos determinam toda produção. Como brasão, ela traz sobre a púrpura uma águia de prata, emblema da alma sublime no seio da espiritualidade. Quanto ao lírio que desabrocha à esquerda da Imperatriz, ele simboliza o encanto exercido pela pureza, a doçura e a beleza.

Imperatriz e Papisa vestem-se uma e outra de azul e púrpura; mas o azul do vestido sacerdotal da grande Sacerdotisa é escuro, para recordar as profundezas onde o pensamento se perde, enquanto o manto da Imperatriz é de um azul luminoso. Sua túnica, ao contrário, é vermelha, para exprimir a atividade interior de onde nasce a inteligência ou a compreensão, em oposição à veste exterior azul, alusão à placidez receptiva que recolhe fielmente as impressões recebidas de fora. De seu interior azul-escuro, a Papisa retira a substância da ideia que ela exterioriza numa agitação espiritual mística e difusa figurada por seu manto púrpura enriquecido de ouro. A Imperatriz envolve-se de azul-céu para captar o pensamento vivo, do qual ela detém a irradiação, a fim de torná-lo perceptível. Ela manifesta o Oculto que a Papisa põe em vibração, sem dar-lhe corpo, mesmo espiritualmente. Com UM, Tudo está em Tudo, confundido e sem possibilidade de distinção; com DOIS, Agente e Paciente se concebem, mas a ação se exerce no infinito, e nada se percebe do Oculto que não se revela senão misticamente (Papisa). É preciso chegar a TRÊS para que a luz se faça no espírito, espelho batido pela vibração imperceptível que aí se reflete, condensando-se para, assim, tornar-se manifesto.

Em seu conjunto, o Arcano III se relaciona com o símbolo de Mercúrio invertido ☿, que faz alusão a uma substância soberanamente espiritualizada e espiritualizante[27].

Os artistas cristãos se inspiraram na Alquimia ao colocarem um crescente sob o pé da Virgem Celeste, mas eles, frequentemente, cometeram o erro de traçar este crescente com as pontas voltadas para cima. Outros permaneceram em boa tradição, como testemunha o escultor espanhol do século 17, a quem devemos a Madona muito simbólica esboçada a seguir, de acordo com o original existente em Paris na sacristia da Igreja de São Tomás de Aquino.

Interpretações Divinatórias

Binah, inteligência, compreensão, a concepção abstrata geradora das ideias e das formas, idealidade suprema, pensamento percebido, mas não expresso.

Domínio daquilo que é cognoscível e inteligível. Discernimento, reflexão, estudo, observação, ciência indutiva. Instrução, saber, erudição.

Afabilidade, graça, encanto, potência de alma, império exercido pela doçura, influência civilizadora. Polidez, generosidade. Abundância, riqueza, fecundidade.

Aparato, vaidade, frivolidade, luxo, prodigalidade, coquetismo, sedução, ostentação de noções superficiais, pose, afetação.

27 Veja anteriormente, a interpretação dos sinais alquímicos Sal-gema ☊ e Antimônio ♁.

ARCANO IV
O IMPERADOR

Seguindo a luz, depois de a Imperatriz alcançar alturas tão belas no Tarô, surge o sombrio soberano do inferno, pois o Imperador é um Plutão aprisionado no cerne das coisas. Ele personifica o Fogo vivificador que queima à custa do Enxofre dos Alquimistas, cujo sinal é um triângulo colocado sobre a cruz. 🜍

Ora, as pernas do Imperador se cruzam abaixo de um triângulo desenhado por sua cabeça e braços. Seu trono é um cubo de ouro[28] sobre o qual destaca-se uma águia negra, contrastando singularmente com aquela do brasão da Imperatriz. Não se trata mais, aqui, da alma chegada ao termo de sua assunção, mas da essência anímica, obscurecida por sua encarnação e retenção cativa no seio da matéria que ela deve elaborar para reconquistar sua liberdade. Esse pássaro rapace se relaciona também ao egoísmo radical, gerador de toda individualidade.

O Imperador é, com efeito, o Príncipe deste Mundo; ele reina sobre o concreto, sobre aquilo que está corporificado, de onde o contraste entre seu império inferior, logo, Infernal, no sentido etimológico da palavra, e o domínio celeste da Imperatriz, exercendo-se diretamente sobre as almas e os puros espíritos. Em oposição, os corpos permanecem submissos ao Imperador, que os anima e os governa, após tê-los construído. Ele corresponde ao Demiurgo dos platônicos e ao Grande Arquiteto dos Franco-Maçons. Os seres se organizam e se desenvolvem sob seu impulso:

---

28 Os *Annunaki*, espíritos infernais que julgam os mortos e decidem o destino dos vivos, sentam-se alternadamente em cubos dourados no centro do inferno caldeu.

ele é seu Deus interior, princípio de fixidez, de crescimento e de ação. É o espírito individual, manifestação objetiva do Espírito Universal, UM em sua essência criadora, mas repartido entre a multiplicidade das criaturas.

A soberania do Imperador se reparte entre todos os seres vivos; ele se dá a eles por Misericórdia (*Chesed*, 4ª *Sepher*). Seu trono cúbico é o único que não pode ser derrubado, sua estabilidade resultando em sua forma geométrica, atribuída pelos alquimistas à Pedra Filosofal. Esta pedra misteriosa, que é o objetivo da procura dos Sábios, relaciona-se à perfeição realizável pelos indivíduos que tendem a se conformar ao Tipo da espécie figurado pela Pedra Cúbica dos Franco-Maçons, um bloco retangularmente talhado sob o controle do Esquadro (*norma*, em latim), ainda que o ideal entrevisto não seja outro, senão aquele do homem estritamente "Normal".

Se o Imperador corresponde ao mesmo tempo no Macrocosmo e no Microcosmo àquilo que é imutável, é porque ele está sentado sobre um cubo perfeito, ponto de partida determinante de toda cristalização construtiva. Ele representa, em todo ser, o princípio de fixidez (*Archeus* $\underset{+}{\triangle}$) que entra em atividade no gérmen para construir o organismo. Esta construção procede por aglomeração de elementos atraídos pela primeira pedra corretamente talhada do edifício vivo, pedra que é o trono do soberano da vida repartida entre as criaturas.

O globo do mundo que o Imperador mantém em sua mão esquerda é uma insígnia de domínio universal. Esse globo é, aliás, o símbolo não do universo físico, mas da Alma do Mundo, entidade graças à qual se operam todos os milagres da Natureza e da Arte. Com sua mão direita, o Imperador segura um cetro maciço que não é sem analogia com a clava de Hércules. Não se deve ver aí, todavia, uma arma brutal, mas a insígnia do soberano poder iniciático ou mágico. O crescente lunar inserido junto à empunhadura promete uma irresistível dominação sobre tudo que é instável, móvel, caprichoso ou lunático, segundo o termo consagrado na Astrologia e no Hermetismo. Aquilo que é fixo e imutável exerce uma ação determinante sobre toda substância desorganizada, cujo estado permanece vago ou flutuante (lunar).

Notemos também que o cetro imperial termina como flor-de-lis. Este emblema tem por base um triângulo invertido ∇, que representa a Água ou a Alma. Uma simples cruz encimando esse triângulo faria dele o símbolo da realização da Grande Obra $\overset{+}{\nabla}$ (Glorificação suprema da

Alma), mas na flor-de-lis, esta cruz se embaraça em dois ornamentos que se enxertam sobre seu braço horizontal, enquanto o braço vertical se lança ao céu como um impulso vegetal.

O conjunto faz alusão a uma força que emana da alma para se elevar, ao mesmo tempo em que se difunde, como indicam os ornamentos. Trata-se das mais nobres aspirações que faz florescer a idealidade, para assegurar-lhe um irresistível império nas altas esferas do pensamento humano.

Ele não é um déspota que impõe arbitrariamente sua vontade; seu reino nada tem de brutal, porque ele se inspira num ideal sublime de bondade, simbolizada pelo ideograma hermético do qual os heraldistas tiraram a flor-de-lis. É lamentável que este emblema não tenha permanecido aquele da nação francesa, que aspira a difundir a civilização e a dar o exemplo de sentimentos fraternos à vista de todos os povos. Nenhum símbolo exprime melhor a nobreza da alma, a generosidade profunda que reflete nosso caráter nacional. Longe de todo imperialismo grosseiro, pertence-nos reinar pela inteligência e pelo coração. Sejamos os primeiros a tudo compreender e os mais sinceros na afeição à vista de outrem; assim faremos jus a ostentar a flor-de-lis.

Esse hierograma, onde o ouro se destaca sobre o azul celeste, é aparentado de sentido com o lírio, emblema da pureza, que é a flor da Imperatriz. Mas à virtude, passiva e feminina, ele opõe a ação expansiva masculina. Cabe à energia masculina realizar o ideal feminino, purificando o ardor infernal do foco do egoísmo, gerador da individualidade.

A iniciação ensina a descer a si mesmo para dominar o fogo interior que, avivado pela arte, cessa de incubar obscuramente e brilha com uma claridade celeste, depois de não haver dependido senão de uma fumaça opaca.

O cetro flor-de-lis demonstra que o Imperador se inspira nas sublimes aspirações da Imperatriz, porque ele é, sobre a terra, o realizador da ideia divina. Sua dominação é legítima e sagrada, ainda que ele coloque em obra todas as forças vivas, por mais perturbadoras que elas sejam em sua fonte impura.

A energia laboriosa que constrói todas as coisas age à maneira de um Deus escondido, dissimulado a todos os olhares, como os protegidos de Plutão, tornados invisíveis sob o capacete do soberano das profundezas. O cimo deste elmo de invisibilidade porta quatro triângulos de ouro que se relacionam à realização demiúrgica pelo quaternário dos Elemen-

tos. Se o Imperador reina soberanamente sobre a matéria, é porque ele age sobre sua geração devido ao casamento do Fogo e da Água, combinado com aquele do Ar e da Terra, como indica a cruz cosmogônica figurada ao lado.

A fixidez que constrói a matéria age sobre ela sem sofrer, por reação, a influência dos materiais colocados em obra. É preciso que seja assim no interesse do trabalho construtivo que se realiza na execução de um plano fixo. A necessidade de afastar toda intervenção perturbadora obriga o Imperador a jamais renunciar à proteção de sua armadura que, todavia, não o torna insensível, porque traz à altura do peito a imagem do Sol e da Lua para indicar que Razão e Imaginação esclareçam o desenvolvimento de toda atividade sã. O espírito que está individualizado para agir permanece acessível ao poder irradiante solar divino e à doce claridade lunar da pura sentimentalidade.

Em oposição à Imperatriz, que se mostra de frente, o Imperador está desenhado de perfil. Seus traços são enérgicos; seus olhos profundos são abrigados por sobrancelhas contraídas que, como a barba maciça, são de um negro de azeviche. O colar imperial é um trançado com que se ornamenta também a Justiça (Arcano VIII); é um emblema de ordem rigorosa, de coordenação e de encadeamento metódico, ao mesmo tempo em que de solidez. Semelhante elo não se rompe e não saberia relaxar: os compromissos tomados pelo Imperador são executórios, tudo como as sentenças lógicas e motivadoras da justiça.

O vermelho que predomina na roupa do Imperador, relaciona-se ao fogo estimulador que ele governa e dirige à vista de animar e de vivificar. Esse papel vivificador justifica o verde que aparece nas mangas da veste imperial. Nos braços, que agem provocando manifestações da vida, convém, com efeito, a cor da folhagem. Aos pés do dispensador da energia vital, abre-se a tulipa anunciada no Mago (Arcano I) em estado de botão. Esta flor terá ultrapassado a etapa em que desabrocha quando a Temperança (Arcano XVI) a impedir de se estiolar ainda que não chegue a morrer nem mesmo no caminho do Louco (Arcano XXII).

O Arcano IV não saberia estar mais bem representado na esfera celeste que por Hércules revestido com a pele do Leão de Nemeia, armado com sua maça

e munido do ramo que traz as maçãs de ouro do jardim das Hespérides. Esses frutos são aqueles do saber iniciático; eles são conquistados com grande luta e recompensam o herói que realiza os doze trabalhos, ou seja, o adepto devotado à Grande Obra. Ora, o Imperador não é outro senão o Obreiro que se eleva ao grau supremo, porque ele sabe trabalhar, executando o plano do Grande Arquiteto do Universo, cujo emblema é um olho inscrito no centro de um triângulo irradiante.

Interpretações Divinatórias

Chesed, graça, misericórdia, gratidão, ou *Gedulah*, grandeza, magnificência, designação do 4º ramo da árvore dos *Sephiroth* ou números cabalísticos[29]; poder que dá e difunde a vida, bondade criadora chamando os seres à existência, princípio animador, luz criadora difundida entre as criaturas e condensada no centro de cada individualidade; Archeus, Enxofre dos Alquimistas 🜍, fogo vital aprisionado no gérmen, verbo realizador encarnado, fogo ativo, esposo místico e filho da substância anímica (Virgem, Imperatriz, Arcano III[30]).

Energia, poder, direito, vontade, fixidez, concentração, certeza absoluta por dedução matemática, constância, firmeza, rigor, exatidão, equidade, positivismo.

Espírito dominador influenciando outrem sem se deixar influenciar; calculista que não se fia senão na razão e na observação positiva; caráter inquebrantável em suas resoluções, tenacidade, falta de idealidade ou de intuição; generosidade sem amenidade, protetor poderoso ou adversário temível; tirano; déspota que sofre pelo choque do retorno, a influência dos fracos; masculinidade brutal indiretamente submissa à doçura feminina.

---

29 Veja anteriormente.

30 O esoterismo subverte todas as noções familiares. O único Deus é simultaneamente o pai, o marido e o filho da grande Deusa. Devemos nos acostumar com a estranheza dos símbolos que se expressam à sua maneira e apelam constantemente à nossa agudeza de espírito. Suas contradições oferecem enigmas nos quais a solução deve ser buscada. Se nos deixarmos intimidar, nunca começaremos.

ARCANO V
O PAPA

Os artistas que desenharam o Tarô se regozijavam nos contrastes. Depois do Mago juvenil e louro que se mantém de pé, eles colocaram a tenebrosa Papisa sentada e envolta em mistério; em seguida vem a Imperatriz, radiante de claridade celeste e mostrando-se rigorosamente de frente, para melhor se diferenciar do Imperador, de perfil severo e barba negra. A fisionomia fechada desse soberano faz apreciar, a seu turno, o semblante jovial e cheio de amenidade do Papa. Esse pontífice de tez rosada e faces cheias é, certamente, repleto de indulgência para com as fraquezas humanas. Ele compreende tudo, porque nada escapa ao pacífico olhar de seus olhos azuis muito claros sombreados por espessas sobrancelhas brancas. Uma barba branca curta e cuidadosamente cortada indica, aliás, a idade em que as paixões apaziguadas deixam à inteligência toda sua lucidez para permitir-lhe resolver, sem hesitação, problemas complexos e confusos.

Entra, com efeito, nas atribuições do Papa responder às questões angustiantes que lhe colocam os crentes. Dogmatizando, ele fixa as crenças e formula o ensinamento religioso que se endereça às duas categorias de fiéis representados pelos dois personagens ajoelhados diante da cadeira pontifical. Um estende os braços e ergue a cabeça, como que para dizer: eu compreendo; outro inclina a fronte sobre as mãos unidas e aceita o dogma com humildade, convencido de sua incompetência em matéria espiritual.

O primeiro é ativo no domínio da fé; preocupa-se com aquilo que é crível e não aceita cegamente a doutrina ensinada. Ele não ousa romper, todavia, com a crença geral, e se esforça por adaptá-la às luzes de seu espírito. Assim se desenvolve uma fé mais ampla que a autoridade dogmática deveria levar em conta, à vista de ampliar, progressivamente, o ensinamento tradicional.

Aqueles que governam as Igrejas temem, infelizmente, os crentes ávidos de luz, por lhes serem preferíveis as ovelhas submissas e disciplinadas, dispostas a se inclinarem passivamente, sem exame. A fé sofre com isso, porque ela está paralisada assim, em seu lado direito, lado ativo e vivificante, representado por um dos dois pilares da cadeira do ensinamento supremo. Ligado unicamente ao pilar da esquerda, o ensinamento é coxo.

Esses pilares rígidos se relacionam a uma imutável tradição, mas sua cor verde quer que esta tradição esteja viva e que, permanecendo fiel a ela mesma, saiba manter-se em harmonia com a vida da fé. O simbolismo do binário se esclarece para o Iniciado nos mistérios das colunas Jachin e Boaz do Templo de Salomão. Sua oposição marca os limites entre os quais se move o espírito humano, e é a justo título que elas flanqueiam o trono da Papisa (Arcano II). Os pilares da cadeira pontifical figuram, de uma maneira análoga, os polos opostos do domínio da fé: procura inquieta da verdade religiosa e adesão confiante às crenças consideradas respeitáveis.

Sentado entre essas duas colunas e dirigindo-se a ouvintes de mentalidades opostas, o Papa é chamado a conciliar mentalidades opostas e antagonismos conjugados. Mantendo-se justamente entre a tradição da direita (teologia racional) e as exigências da esquerda (sentimento das almas piedosas), o Soberano Pontífice adapta a ciência religiosa às necessidades dos humildes crentes. É-lhe preciso também tornar acessíveis aos simples as verdades mais elevadas, daí sua posição central em relação ao Quatro (direita e esquerda, alto e baixo); ele representa a rosa que desabrocha no centro da Cruz, flor idêntica à Estrela Flamígera dos Franco-Maçons, que é um Pentagrama onde se inscreve a letra G, significando "Gnose" (conhecimento, instrução iniciática). Para conformar-se ao programa que traça assim a rosa-cruz, o Papa deve entrar em comunhão com todos aqueles que pensam e sentem religiosamente, a fim de atrair para si a luz do Espírito Santo, porque a bondade divina reparte generosamente esta luz entre as inteligências que procuram a Verdade e as almas acessíveis aos elãs de um amor desinteressado.

Aquele que formula o ensinamento supremo se torna receptivo à claridade difusa do ambiente e, pelo fato de que ele a concentra, transforma-se em farol

irradiante *Urbi Et Orbi*. É então que ele esclarece a Igreja intelectual e moralmente, ao modo da estrela dos Sábios que brilha no centro do Templo Maçônico.

Este astro instrui aqueles que devem conferir o ensinamento iniciático. Seu doce clarão não ofusca como aquele do Sol ou mesmo da Lua, mas uma luz penetrante emana da Estrela conhecida dos Iniciados. Sua irradiação não se detém na superfície das coisas, porque revela o Esoterismo que têm sempre perseguido os que abstraem a Quintessência. O Papa nada ignora a esse respeito, pois que ele tem a missão de fazer conhecer a realidade inteligível que se dissimula por detrás da máscara das aparências sensíveis. Ele ocupa o quinto lugar no Tarô, a fim de marcar o seguinte progresso:

I Mago: o ponto matemático sem dimensão.
II Papisa: a linha de uma dimensão.
III Imperatriz: a superfície de duas dimensões.
IV IMPERADOR. a solidez de três dimensões (cubo).
V Papa: o conteúdo da forma, a quintessência concebível, ainda que imperceptível, domínio da quarta dimensão.

O número Cinco é, aliás, aquele do homem visto como o mediador entre Deus e o Universo. É a este título que a figura humana se inscreve no Pentagrama, porque a cabeça domina os quatro membros, assim como o espírito comanda o quaternário dos Elementos. Assim se caracteriza a Estrela do Microcosmo, que é o Pentáculo da Vontade.

A Magia vulgar se ilude sobre o poder desse símbolo, que não confere, por si mesmo, nenhum poder. A vontade individual não é poderosa na medida em que ela se mostra de acordo com um poder mais geral. Quanto mais uma força é nobre, menos é lícito usá-la arbitrariamente. Tudo está hierarquizado: o direito de comandar implica em responsabilidades. Se pretendermos exercê-lo segundo o nosso bel-prazer, ele nos será retirado, como o do militar que abusa de seu comando e é cassado ou rebaixado. Inútil conceber o poder mágico: ele é conferido de ofício ao mérito que pode ignorar a si mesmo, enquanto o ambicioso o aspira em vão.

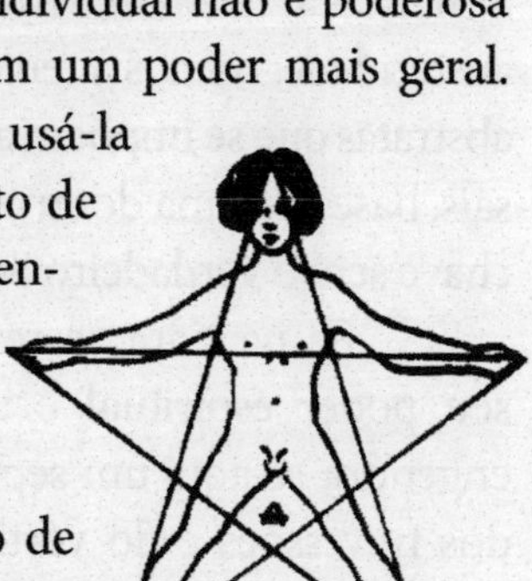

Não procuremos desenvolver à vontade artificialmente e nos transformarmos em atletas volitivos. Para dispor de uma força, é preciso ser senhor dela e saber contê-la. Proibir-se de querer fora de propósito é o grande segredo daqueles que são chamados a fazer valer sua influência pessoal no momento decisivo. Aquilo que terão acumulado em vontade não desperdiçada tornará sua volição, de qualquer sorte, fulminante; ainda é preciso que ajam em virtude de uma ordem vinda de mais alto, porque, para ser obedecido, é preciso obedecer a si mesmo, pois que tudo se atém à Unidade das coisas.

O Papa está de luvas brancas, para indicar que suas mãos permanecem puras e jamais se sujaram ao contato de negócios temporais. Elas estão marcadas cada uma por uma cruz azul, cor da alma e da fidelidade, porque a ação do Soberano Pontífice é exclusivamente espiritual, mas exerce-se em três planos, como sugerem as três coroas da tiara e os três travessões da cruz pontifical.

A tiara se mantém pesadamente sobre a cabeça do Pontífice, que seria esmagado sob seu peso se ele não se beneficiasse de um poder cerebral superior à elite dos homens. Nada daquilo que interessa à religião e à fé deve lhe escapar; também não saberia portar legitimamente sua primeira coroa, aquela que circunda sua fronte e brilha com as mais reluzentes pedras preciosas, se ele ignorasse o menor detalhe do culto com sua liturgia tradicional, seu aparato impressionante e suas pompas emotivas; mas o exterior, a expressão, o corpo, nada valem senão pela alma, figurada pela segunda coroa que se superpõe à primeira. Não menos rica e ligeiramente mais ampla, relaciona-se ao conhecimento integral da lei divina que permite ao Papa apreciar exatamente as ações e os sentimentos humanos. Quanto à última coroa, a mais alta, mas também a menor e a mais simples, ela faz alusão, em sua austeridade, menos à teologia ordinária que ao discernimento das verdades abstratas que se impõem ao espírito humano e dão conta das crenças universais, bases de uma doutrina religiosa, realizando o Catolicismo Integral, cuja chave será o verdadeiro Soberano Pontífice de toda a humanidade cristã.

Se na tiara se reflete a suprema autoridade do Papa, o cetro de seu poder espiritual é uma cruz de tríplice cruzamento. Do ternário, engendra-se aqui um septenário formado pelas terminações arredondadas dos travessões e do vértice da cruz. Ora, sete é o número da harmonia, aquele também das causas segundas que regem o mundo; essas causas correspondem às influências planetárias ou às sete notas da escala humana.

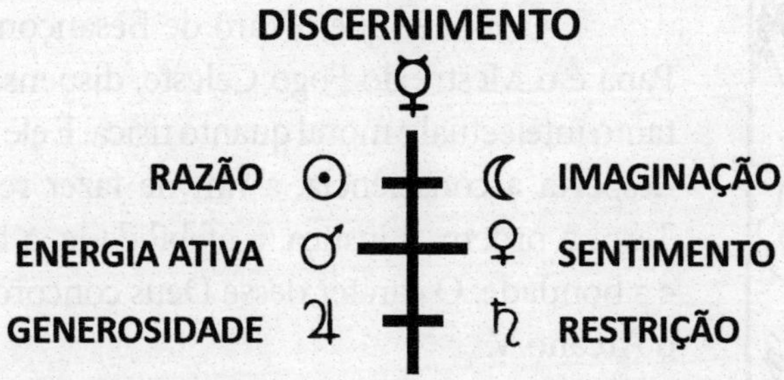

Pertence ao Papa governar, impondo umas às outras as tendências inatas do homem, para equilibrá-las harmonicamente, a fim de que nenhuma degenere em vício. Entregues a nós mesmos e às energias propulsoras de nossa natureza, caímos sob o domínio dos sete pecados capitais[31]. Ajudando-nos a nos conter, o poder espiritual mantém-nos na posse de nós mesmos e nos faz participar da comunhão dos homens livres e deveras virtuosos.[32] A cruz pontifical lembra também a Árvore das *Sephiroth* da qual já tratamos.

Como a Papisa, o Papa está vestido de azul e púrpura, cores sacerdotais (idealidade e espiritualidade). Dos dois fiéis ajoelhados diante dele, aquele da direita está de vermelho (atividade) e aquele da esquerda, de negro (submissão, receptividade, credulidade passiva).[33]

Nenhuma figura da esfera celeste saberia ser assimilada ao Papa diretamente, mas é preciso pensar no grande Sacerdote de Júpiter-Ammon, o Deus com cabeça de carneiro. Nós acreditamos, pois, poder fazer corresponder o Arcano V ao Áries zodiacal, que marca o Equinócio da Primavera, signo do Fogo e da Exaltação do Sol. O Fogo do qual se trata é aquele da vida e da inteligência, a antiga *Agni* que descia do céu para iluminar o centro da cruz védica, dita suástica, quando se realizavam os ritos. *Agni* se tornou *Agnis*, e é assim que o cordeiro pascal nos reporta aos mistérios de uma prodigiosa antiguidade.

---

31 ☉ Orgulho, Vaidade, Soberba; ♓ Apatia, Preguiça; ☿ Inveja; ♂ Raiva, Ira; ♀ Luxúria; ♃ Glutonaria, Garganta; ♄ Avareza.

32 Os maçons se dizem "livres e de boa moral", porque afirmam ter se libertado do jugo das paixões ao dominá-las. Sua liberdade é o resultado da disciplina moral que eles voluntariamente se impuseram. Eles obedecem ao Papa do Tarô, pois ele representa a consciência iluminada em cada um de nós.

33 Sem levar em conta a fisionomia pouco amigável do Imperador e a cera florida do Papa, pode-se acreditar que o Tarô inverteu a ordem das *Sephiroth*: a quarta, Graça, Misericórdia, parece estar em harmonia com o caráter do Arcano V, mais do que com o do Arcano IV, feito para inspirar medo com sua severidade. Na realidade, a doutrina das *Sephiroth* quer que a Bondade que espalha a vida *(Chesed)* e a Severidade que rege a vida dada *(Geburah)* se temperem: daí deriva a desejada contradição entre os rostos dos dois soberanos; um temporal e outro espiritual, e o significado geral dos arcanos IV e V.

O Júpiter que o Tarô de Besançon substitui ao Papa é o Mestre do Fogo Celeste, dispensador da vida tanto intelectual e moral quanto física. É ele que mantém desperta a consciência, a fim de fazer reinar sobre a Terra a ordem, a justiça, a afabilidade, a benevolência e a bondade. O caráter desse Deus concorda, pois, com o Arcano V.

Interpretações Divinatórias

Geburah, rigor, severidade, pecado, punição, medo, justiça, julgamento, a vontade que controla ou governa o dom da vida. Consciência, dever, lei moral, inibição, restrição, pois deve-se abster do pecado antes de dedicar-se a fazer o bem.

Sacerdócio, conhecimento religioso, metafísica, Cabala, ensinamento, saber como (ao contrário de ser capaz). Autoridade, certeza, garantia, ausência de dúvida, influência ou sugestão sobre os sentimentos e pensamentos dos outros. Afabilidade, boa vontade, bondade, generosidade sábia.

Um diretor de consciência, o médico da alma, conselhos morais, um caráter sentencioso. Autoridade absoluta em suas opiniões. Função conferindo prestígio. A influência de Júpiter no bem e no mal. Tomado em uma luz prejudicial: imoralidade, pois os defeitos ocupam o lugar das qualidades quando um arcano se torna negativo.

ARCANO VI
OS ENAMORADOS

Ao sair da adolescência, quando chega a concluir sua educação na escola do centauro Quíron (aprendizagem iniciática), Hércules experimenta a necessidade de refletir no emprego que faria na vida de suas poderosas faculdades, desenvolvidas estas à medida de seus desejos. Buscando a solidão a fim de se recolher, duas mulheres de rara beleza aparecem-lhe subitamente, incitando-o, cada uma delas, a segui-lo. A primeira, a Virtude, fez-lhe entrever uma existência de luta, de esforços incessantes à vista de triunfar pela coragem e pela energia. A outra, a Indolência – para não dizer o Vício –, convida o jovem rapaz a gozar prazerosamente a vida, abandonando-se às suas doçuras e aproveitando as vantagens que ela oferece a quem sabe limitar sua ambição.

Inspirando-se nessa cena mitológica, a sexta chave do Tarô nos mostra um rapaz detido na interseção de dois caminhos, os braços cruzados sobre o peito, o olhar baixo, incerto quanto à direção a seguir. Solicitado, como Hércules, por uma rainha austera que não promete senão satisfações morais, e por uma bacante dispensadora de prazeres fáceis, o Enamorado hesita. Sua escolha não está tomada de antemão, porque o coração do herói não está predestinado à realização dos doze trabalhos. É um frágil mortal, acessível a todas as tentações e dividido em seus sentimentos, como indica sua roupa, alternativamente vermelha e verde, cores do sangue (energia, coragem) e da vegetação (vitalidade passiva, langor, inação).

Como a Papisa e a Imperatriz, a rainha que se mantém à sua direita (atividade) está vestida de vermelho e azul (espírito e alma, espiritualidade), enquanto a bacante, cobre-se de gaze amarela e verde (materialidade, seiva vital).

Do mesmo modo que na roupa do Enamorado, o vermelho e o verde alternam-se nos raios da aura que plaina acima dos três personagens. É uma elíptica luminosa sobre a qual se destaca um cupido de asas vermelhas e azuis, prestes a disparar uma flecha dirigida contra a cabeça do jovem perplexo.

O conjunto do Arcano VI ilustra, assim, o mecanismo da ação voluntária da personalidade consciente figurada pelo Enamorado, que é o Homem de Desejo de Claude de Saint-Martin.

Esta personalidade recebe as impressões do mundo físico graças à sua sensibilidade (cor verde da roupa), depois ela reage (cor vermelha, motricidade). Ora, como não se trata de atos inconscientes ou automáticos, ditos reflexos, existe aí deliberação, escolha antes do desencadeamento da ação decidida.

A determinação é espreitada por Cupido, que cumula, acima de nós, a energia da qual poderemos dispor. Ele dispara sua flecha com mais ou menos força, desde que nós lhe demos o sinal pelo próprio fato de desejarmos. Mas se nós consumirmos inconsideradamente nossa vontade sem economizá-la, como nos ensina o Arcano V, nossas volições não saberiam ser poderosas.

Para que nossa vontade nos permita rivalizar com Hércules (ambição que não é proibida), importa que nos engajemos – sem retorno – no amargo sendeiro da virtude, precisamente a fim de que nossas volições não sejam esbanjadas na perseguição do prazer e dos cardápios atrativos da vida. Pode-se considerar sábio o Deixar-se Viver, como degustador das alegrias que se oferecem sem se vangloriar de heroísmo; essa sabedoria não é aquela dos Iniciados que identificam a vida com a ação fecunda, o trabalho útil (hercúleo). Viver por viver não é um ideal, porque eles se sentem artistas e consideram que a vida é dada em vista da obra a realizar.

Como se trata da Grande Obra humanitária, à qual não podem se consagrar senão os valentes obreiros do espírito, estes devem ter aprendido a Querer e a Amar. O Enamorado é, desse ponto de vista, o Iniciado, cuja aprendizagem está terminada. Se, ao cruzar os braços, ele se coloca no patamar do "Bom Pastor" conhecido pelos Cavaleiros da Rosa-Cruz, o fato é que ele tenta esquecer-se de si mesmo; ele não permite desejar seu próprio benefício pessoal, mas deseja apenas o dos outros. É a realização desta beleza moral que corresponde à sexta *Sephirah* – *Tiphareth* – cujo emblema é o Selo de Salomão, formado por dois triângulos entrelaçados. É preciso

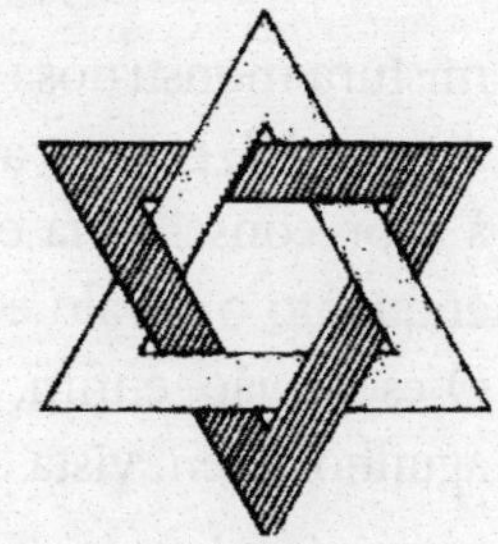

ver aí uma alusão ao casamento da alma humana (▽Água) e do espírito divino (△Fogo). É a Estrela do Macrocosmo, símbolo do supremo poder mágico obtido pelo indivíduo que, com uma abnegação sem reserva, coloca-se a serviço do Todo. Amar a ponto de não mais existir, senão por outrem, tal é o objetivo dos Enamorados.

No Tarô, esse personagem não é senão um disfarce da unidade ativa (Mago) destinado a se apresentar sob diferentes aspectos. Os Enamorados reconduzem-se à Unidade pelo Amor, porque o homem se diviniza amando como Deus.

Recordemos aqui as interpretações que ligam entre eles os seis primeiros Arcanos:

Mago: princípio pensante, o pensamento considerado em seu centro de emissão, logo, em potência, não em forma.
Papisa: pensamento-ação, verbo (ação de pensar do princípio pensante).
Imperatriz: pensamento, resultado, ideia pura, conceito em sua essência srcinal, não alterada pela expressão.
Imperador: realizador, princípio que quer.
Papa: radiação volitiva, ação de querer.
Enamorados: desejo, aspiração, volição formulada.

Se considerarmos os diferentes modos de ação da vontade, o Imperador exerce um comando imperativo, impetuoso e de caráter brutal; o Papa emite uma vontade doce e paciente que se impõe pela força de sua moderação; quanto ao Enamorados, ele se contenta com desejar intensamente, num sentimento de profunda afeição. O amor absorve sua vontade; ele se abstém de comandar e, mesmo desejando, ele apela ao sentido iniciático da palavra.

Para encontrar a correspondência astronômica do Arcano VI, convém não se deter senão no arco e na flecha de Cupido, armas desenhadas no céu pela constelação do Sagitário. Os caldeus fizeram do arqueiro celeste um centauro bicéfalo, no qual os gregos quiseram reconhecer Quíron, o instrutor dos heróis chamados – como Hércules – a se glorificar por seus trabalhos meritórios. Seguramente, o Eros que plaina acima do Enamorados não está de acordo com um homem-cavalo com cauda de escorpião. Essa mistura monstruosa não se presta menos a uma interpretação aplicável do Arcano VI, porque a porção humana que retesa o arco pode corresponder à sobreconsciência encarregada de velar pelo emprego de nossa vontade, enquanto o cavalo é nosso organismo, a besta à qual estamos associados. O escorpião, enfim, faz alusão aos motivos muito pouco nobres que nos aguilhoam em vista da ação.

Interpretações Divinatórias

Tiphareth, beleza moral, amor, laço unindo todos os seres, sentimentalidade, esfera anímica sofrendo atrações e repulsões, simpatias e antipatias, afeições puras, estranhas à atração carnal.

Aspirações, desejos dos quais depende a beleza da alma, intenções, anseios. Liberdade, escolha, seleção, livre-arbítrio. Tentação, prova, dúvida, incerteza, indecisão, hesitação.

Sentimentalismo, perplexidade, indecisão, negócio que permanece em suspenso, promessas, desejos irrealizáveis.

ARCANO VII
O CARRO

Pode-se perguntar se o título de um tratado de alquimia aparecido em Amsterdã, em 1671, não nos revela a verdadeira designação da sétima chave do Tarô. Nesse caso, a carruagem, tornar-se-ia o Carro Triunfal do Antimônio – *Currus triumphalis Antimonii* – de Basile Valentin. Certo é que o Antimônio está muito bem representado pelo mestre do Carro. Esse jovem imberbe, esbelto, louro como o Mago e o Enamorado, está revestido de uma couraça e armado de um cetro como o Imperador. Ele encarna os princípios superiores da personalidade humana, para representar a Alma Intelectual (♁ Antimônio)[34], na qual se sintetizam o princípio pensante (Mago), o centro de energia volitiva (Imperador) e o foco irradiante de onde emana a afeição (Enamorados). Mas ao contrário do Imperador que, em sua imutável fixidez, está sentado sobre um cubo imóvel, o Triunfador percorre o mundo num veículo cuja forma, é verdade, permanece cúbica.

Esta forma indica sempre uma realização corporal. Aplicada ao trono móvel da espiritualidade ativa, ela sugere a ideia de um corpo sutil da alma, graças ao qual o espírito pode se manifestar dinamicamente. Trata-se de uma substância etérea desempenhando o papel de mediador entre o imponderável e o ponderável, entre o incorpóreo e o palpável. É, se quisermos, o corpo sideral ou astral de Paracelso e dos ocultistas, o corpo aromal de Fourier, o *Linga Sharira*, ou melhor, sem dúvida, o *Kama rupa* do Budismo esotérico.

---

34 Veja anteriormente.

Nada de menos simples que esta entidade misteriosa. Aí se distingue, inicialmente, a trama imperceptível sobre a qual todo organismo se constrói. É o quadro espectral que preenche a matéria, é o alicerce que permite a construção do corpo, mas que subsiste para assegurar a conservação daquilo que vive, porque, sem ele, tudo se abate. O corpo cúbico do Carro corresponde a esse suporte invisível daquilo que é visível. Sua natureza etérea afirma-se graças ao globo alado dos egípcios que decora o painel do veículo. Este emblema da sublimação da matéria traz sobre si o símbolo oriental relacionado ao mistério da união dos sexos, como se dissesse que o céu não pode agir sobre a Terra senão unindo-se em amor com ela.

O corpo espectral, - *Eidolon* - dos gregos, não está em contato direto com a materialidade, assim como o Carro não toca o solo senão que através das rodas. Estas têm raios vermelhos, em lembrança aos turbilhões de fogo que, na visão de Ezequiel, suportam o carro-trono da divindade, a famosa *Merkabah* comentada a perder de vista pelos cabalistas. Estas rodas representam o ardor vital que se mantém pelo movimento e surge da matéria como que por atrito.

As rodas estão opostas a um dossel azul que é a imagem do firmamento a separar o relativo do absoluto. O céu que pode atingir nossa espiritualidade ativa é limitado; ele nos abriga e detém utilmente do impulso muito ambicioso de nosso pensamento, de nossos sentimentos e de nossas aspirações. O triunfador dirige seu Carro e olha diretamente para frente, sem se perder nas nuanças de um misticismo estéril. Acima de sua cabeça brilha o emblema do Sol ☉ ao centro de estrelas que correspondem aos planetas.

O Septenário assim constituído lembra aquele do Carro de Davi, designação popular da Ursa Maior, constelação formada por sete estrelas principais, das quais os romanos fizeram sete bois - *Septem Triones* - de onde vem o nome "Setentrião", aplicado à região do Norte.

Dos cantos do carro, elevam-se os quatro pilares do dossel. Os da frente são amarelos; os de trás, verdes. Eis aí as cores caras à bacante do Arcano VI; o quaternário do qual o triunfador ocupa o centro, relaciona-se, pois, às atrações que ele não deve sofrer. Ele está defendido contra elas por sua couraça vermelha, reforçada por um triplo esquadro disposto em ângulo e fixado por cinco cravos de ouro. O vermelho exprime a atividade desenvolvida na perseguição do objetivo proposto (caminho a ser percorrido pelo Carro); quanto ao esquadro, ele substitui na couraça a insígnia do Mestre que dirige os trabalhos de uma oficina maçônica. Este instrumento controla o talhe normal das pedras do edifício a construir (esquadro chama-se *norma* em latim). Para ser incorporado ao edifício social, o indivíduo deve se adaptar retangularmente ao próximo. Ornado com um triplo esquadro, o Mestre do Carro persegue um ideal de aperfeiçoamento moral que se aplica ao espírito, à alma e ao corpo. Ele concilia as opiniões opostas, leva os adversários a se compreenderem, põe fim às discórdias intelectuais e faz nascer assim sentimentos de benevolência fraterna; ele impõe, além disso, a equidade até nas menores ações, inspirado no cuidado de conduzir sempre escrupulosamente outrem; em outros termos, ele cuida da manutenção de uma agradável polidez, mãe de toda real civilização.

Os cinco cravos de ouro do esquadro se relacionam ao domínio do quaternário dos elementos pela quintessência. Nisto, CINCO deve liderar QUATRO na unidade de comando para que o mestre do Carro entre em plena posse de si mesmo e possa dirigir seu veículo sem ser perturbado por influências perturbadoras.

Mas se em sua fixidez solar ele não é ele mesmo influenciável, sua ação diretriz se faz tanto mais poderosamente sentir sobre o que é lunar, logo, caprichoso e móvel. Também o fluxo e o refluxo das marés emotivas estão eles às ordens do triunfador, cujos ombros trazem crescentes em oposição, como que para dar ao braço direito poder sobre aquilo que cresce e, ao esquerdo, sobre o que diminui.[35]

Sabendo levar em conta as flutuações do coração humano, o Mestre do Carro pratica uma arte de governo que lhe vale o diadema dos Iniciados encimado por três Pentagramas de ouro. Estas estrelas fazem face a três direções: aquela do meio esclarece o caminho seguido pelo Carro, aquelas da direita e da esquerda permitem reconhecer as margens do caminho, porque, para dirigir-se na vida, não podemos nos contentar com uma visão estritamente limitada.

Aos três Pentagramas que brilham acima da cabeça, opõe-se o ornamento inferior da couraça, a proteger o abdome, onde pulula aquilo que existe em nós de menos ideal; esse ternário comprime os baixos instintos,

---

35 Em *Dogma e Ritual da Alta Magia*, Éliphas Lévi diz, sobre o Arcano VII: "Este hieróglifo é o mais belo, talvez, e o mais completo de todos aqueles que compõem a chave do Tarô". Sobre os ombros do Triunfo, o famoso ocultista vê "o *Urim* e o *Tumim* do soberano destinado ao sacrifício, representado por dois crescentes da lua em *Gedulah* e em *Geburah*".

rechaça os impulsos brutais e refreia as surdas revoltas de um atavismo selvagem. O mestrado iniciático exige que tudo esteja domado no adepto investido do cetro da Sabedoria.

Esta última insígnia de comando não é senão um simples cetro terminado por uma série de ovoides, que parecem nascer uns dos outros, para indicar que o Mestre do Carro preside à eclosão de virtudes das quais os indivíduos contêm os germens. Seu cetro é substituído pelo malhete nas mãos daqueles que dirigem o trabalho dos Maçons reunidos em Loja. O presidente da oficina tem sede sob um dossel semelhante àquele do Carro; diante dele um altar quadrado completa a analogia com o personagem do Arcano VII, cujo peito está ornamentado de um esquadro, joia distintiva do venerável.

Mas a aproximação entre a LOJA, onde se realiza o trabalho construtivo, e o Carro do Progresso, termina por se impor se considerarmos as duas esfinges como as forças que as colunas representam *Jachin* e *Boaz*[36], que não são dois animais separados, mas um único, uma sorte de anfisbena de duas cabeças. Semelhante monstro, podendo caminhar em dois sentidos, imobilizar-se-ia se no meio do corpo não existisse o Carro atrelado. O mérito do triunfador é o de havê-lo sabido atrelar, porque ele utiliza assim energias que, entregues a elas mesmas, não podem senão se neutralizar reciprocamente. Trata-se da fixação do Mercúrio dos Sábios, operação realizada por Hermes, quando, ao interpor seu cetro entre duas serpentes em luta para se devorarem uma à outra, provoca a formação do caduceu. A inteligência diretriz tem a missão de conciliar os antagonismos vitais. A arte de governar baseia-se, como a Grande Obra, sobre a captação de correntes opostas do agente universal representado pelo *Azoth* dos Filósofos de Basilio Valentim[37] sob a forma de uma serpente a contornar a Lua e o Sol, e cujas duas extremidades são um leão (fixidez) e uma águia (mobilidade) que se conciliam, domados em sua cólera.

---

36 A dupla Esfinge foi substituída por dois cavalos por Éliphas Lévi. Os antigos Tarôs parecem inspirados no par platônico, em que o cavalo fugitivo se esforça para arrastar o sábio.

37 O *Azoth*, ou *le Moyen de Faire* ou Caché *des Philosophes*, pelo Irmão Basílio Valentino, Paris, 1660, 2ª parte.

No Arcano VII, a esfinge branca simboliza as boas vontades construtivas que aspiram ao bem geral realizado pacificamente sem perturbações. A esfinge negra freme de impaciência e puxa para a esquerda com veemência; seus esforços sujeitam o Carro a ser atirado no fosse, mas não chegam, em realidade, senão a estimular a esfinge branca, obrigada a fazer mais força do outro lado. Assim o veículo avança mais rapidamente, segundo a mecânica do paralelogramo de forças.

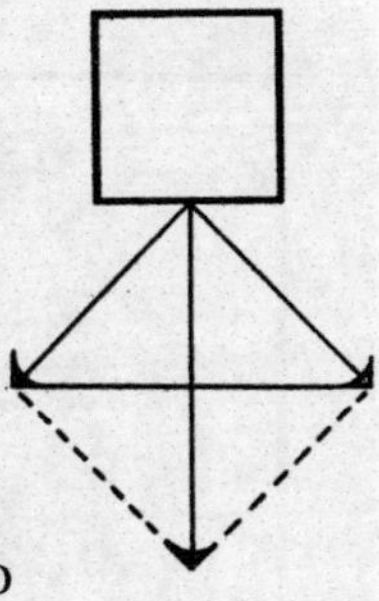

Interpretações Divinatórias

Netzach. Triunfo, vitória, firmeza, espiritualidade ativa, progresso consciente, evolução inteligente, princípio construtivo do Universo. O Grande Arquiteto do Universo.

Mestrado, domínio absoluto de si mesmo, direção, governo, soberania da inteligência e do tato, discernimento conciliador, harmonização pacificadora e civilizadora.

Talento, êxito graças ao mérito pessoal, sucesso legítimo, diplomacia leal, habilidade em beneficiar-se da ação adversa, ambição, avanço, situação de diretor ou de chefe.

No negativo: incapacidade, falta de talento, de tato, de diplomacia ou de espírito conciliador. Má conduta, mau governo.

ARCANO VIII
A JUSTIÇA

O Arcano VII do Tarô está relacionado à primeira unidade dos dois ternários, o primeiro do septenário que corresponde ao "Espírito"; o arcano VIII, portanto, introduz o segundo, que está relacionado à Alma, enquanto o terceiro se relacionará ao Corpo.[38]

Ora, o primeiro termo de um septenário desempenha, necessariamente, um papel gerador. Do mesmo modo que o espírito emana da Causa Primeira (Arcano I), a alma procede do Arcano VIII e o corpo ao Arcano XV.

Mas este arcano deve também ser visto como o segundo termo do terceiro ternário, o que o torna passivo à vista do Arcano precedente. Ora, como VII representa a espiritualidade motriz, o princípio motor universal, VIII torna-se o movimento gerador da vida, da ordem e da organização[39]. Assim se explica a Justiça que coordena e desimpede o Caos. Sem ela, nada poderia viver, pois os seres não existem senão que em virtude da lei à qual estão submetidos. Anarquia é sinônimo de nada.

No Tarô, Themis recorda a Imperatriz (Arcano III), por sua atitude hierática, pela face mostrada rigorosamente de frente, por sua cabeleira loura, sua túnica vermelha e seu manto azul; mas esta não é mais a Rainha do Céu, Astrea eternamente jovem em sua sublime ascensão. A mulher que

38 Veja a teoria setenária apresentada anteriormente.

39 O Arcano VIII está ligado ao movimento perpétuo, conforme o funcionamento do Universo o realiza, onde todas as forças agem com alternâncias compensadoras, como se fosse um jogo de molas duplas de igual potência, uma das quais comprime quando a outra estica, para esticar mesmo quando a primeira mola é comprimida. O que é quimérico na mecânica humana, acontece na atividade cósmica, onde nada se perde graças ao princípio da conservação da energia.

mantém a balança e a espada parece mais velha e suas feições se mostram endurecidas; descida ao domínio da ação, ela perdeu suas asas. Seu trono é maciço, sólido e estável como o cubo do Imperador (Arcano IV). Não é um Carro que percorre o mundo, mas uma sede monumental fixada ao solo. As duas pilastras que o flanqueiam são ornadas de semidiscos alternativamente brancos e verdes. Por sua forma, esses ornamentos lembram as múltiplas mamas da Diana de Éfeso, a dispensadora do leite nutritivo e da seiva vital. Por analogia com as colunas *Jachin* e *Boaz* do Templo de Salomão, as pilastras do trono da Justiça marcam os limites da vida física; entre elas, estende-se o campo limitado da atividade animadora. Por sua terminação em concha, teriam a chance de substituir as ramas entreabertas, símbolos da fecundidade ao mesmo tempo em que da coordenação harmônica.

A ação da justiça-natureza, exerce-se no duplo domínio do sentimento e da vitalidade, é o azul e o verde das mangas de Themis.

Em relação ao Arcano VI, que ocupa o meio da primeira fileira do Tarô, IV e VIII são homólogos, logo, em estreita relação de sentido[40]. De fato, o que seria o Imperador sem a Justiça? O Direito permaneceria teórico e virtual se não fosse aplicado praticamente no domínio positivo; dá-se o mesmo com o rigor matemático abstrato, que não se torna fecundo, senão em suas aplicações. Personificando o princípio numeral gerador da vida, o Imperador a emitiria em vão, se ela não fosse recolhida pela Justiça coordenadora. Recebendo aquilo que Deus dá, a Natureza se comporta como organizadora, que coordena e administra a vida, tudo distribuído com ordem, segundo a lei do número e da medida.

Como sanção dos laços estreitos que ligam IV e VIII, uma insígnia comum decora o Imperador e a Justiça. É o colar em forma de trança, emblema da coordenação sutil das fibras vitais, que se associam como uma corda mais sólida que uma corrente, cujos elos poderiam se romper.

O barrete judicial que cobre a cabeça da Justiça está marcado pelo símbolo solar ☉, porque o sol espiritual é o grande coordenador que assina seu papel a todos os seres e seu lugar a todas as coisas. O número oito é, aliás, aquele do Sol-Razão, luz dos homens, como prova o emblema caldeu de Samas, o Deus do dia. De um ponto central emana uma dupla irradiação quaternária figurando luz e calor. Fiéis à tradição, os Franco-Maçons ornam o F, o Orador – encarregado de lembrar a observância da lei – com um sol de oito feixes irradiantes.

---

40 Veja anteriormente.

Notemos também que, na China, os *Qua* – ou trigramas de *Fo-Hi* – sob a influência dos quais o mundo tomou forma, são em número de oito.

Não nos esqueçamos de que a estrela formada por uma dupla cruz vertical e oblíqua ✱ é, na escrita assírio-babilônica, o símbolo determinativo dos nomes divinos. A estrela propriamente dita, de oito raios iguais é, em revanche, o símbolo de Ishtar, a Deusa da vida que, de certo modo, reflete-se na Justiça, mas concorda mais especialmente com o Arcano XVII.

Uma coroa com florões de ferro de lança encima o barrete de Themis. É uma alusão aos rigores da lei, que se aplicam com a fria crueldade de uma ponta de lança a penetrar nas carnes.

Em sua mão direita, a Deusa mantém, além disso, uma formidável espada que é aquela da fatalidade, porque nenhuma violação da lei permanece impune. Ainda que nenhuma vingança se exerça, o implacável restabelecimento de todo equilíbrio rompido provoca, cedo ou tarde, a inelutável reação da Justiça imanente relacionada ao Arcano VIII.

Mas o instrumento reparador das faltas cometidas é a balança, cujas oscilações levam ao equilíbrio. Toda ação, todo sentimento, todo desejo influem eles sobre seu braço; daí resultam acumulações equivalentes que terão sua repercussão fatal em bem ou mal. As energias colocadas em jogo, capitalizam-se; aquelas que procedem de uma bondade generosa enriquecem a alma, porque quem ama se torna digno de ser amado. Ora, as simpatias são mais preciosas que todas as riquezas materiais: ninguém é mais pobre que o egoísta que se recusa a doar-se psiquicamente. Saibamos dar, para sermos ricos!

Para que não seja pedido a cada um senão aquilo na medida de suas possibilidades, os destinos são pesados. As alegrias e dores são distribuídas com equidade, no sentido de que se tornem proporcionais umas às outras, porque não apreciamos senão em razão dos contrastes; se bem que, para ser feliz, é preciso haver sofrido. Pesemos com minúcia aquilo que experimentamos e constataremos que tudo na vida oscila com exatidão.

Isso é assim até mesmo no jogo das forças vitais que são submetidas a alternâncias de exaltação e depressão. Para ilustrar essa lei fisiológica, um baixo relevo antigo – no qual Rafael se inspirou para decoração dos aposentos do Vaticano – coloca em cena dois sátiros, um macho e outro fêmea que andam de gangorra junto a um cofre cinzelado, cesto sagrado que levavam os místicos de Elêusis. Trata-se de uma alusão ao ritmo da vida e à necessidade de se conformar em toda manifestação de energia. Toda fase de superexcitação ativa deve ser compensada por uma equivalência de passividade reparadora. É preciso se preparar para o esforço pelo repouso e preludiar um desgaste cerebral pelo sono ou pelo recolhimento contemplativo. Tornar-se excitado por meios artificiais é um erro que a Natureza pune (Arcano VIII) com desequilíbrio, o qual tende a se tornar permanente.

Astronomicamente, a Justiça é Astrea, a virgem zodiacal que mantém a balança equinocial do outono. As colunas de seu trono representam, nesse sentido, os dois solstícios. Os astrólogos fazem da balança um signo do Ar que assinam como domicílio diurno de Vênus. A atividade do dia restringe a Deusa ao calmo e metódico trabalho da vida, de modo que ela parece inacessível às paixões do amante desnorteado, o belo Adônis.

Interpretações Divinatórias

Hod, esplendor, glória, a divindade manifestada pela ordem e a harmonia da natureza, o poder conservador das coisas. Lei, equilíbrio, estabilidade vivente, encadeamento lógico e necessário de ideias, sentimentos e ações, fatalidade decorrente daquilo que se realiza. Justiça imanente, consequências inelutáveis de toda ação. Lógica, segurança, julgamento, imparcialidade, independência de espírito, honestidade, integridade, regularidade, disciplina, respeito à hierarquia, submissão às conveniências e aos usos. Pausa, decisão, resolução tomada, firmeza de propósito, regra de conduta. Método, exatidão, minúcia. Um administrador, ministro, gerente, juiz, um homem de lei ou agente encarregado de manter a ordem. Uma dialética fecunda em argúcias, em discussões sutis. Rotina, espírito conservador, neofobia. Subalterno, que sabe obedecer, mas incapaz de iniciativa.

ARCANO IX
O EREMITA

O Mestre do Carro (Arcano VII) é um jovem impaciente para realizar o progresso que a Justiça (Arcano VIII) retarda, amiga da ordem e desfavorável às perturbações.

Agora o Eremita concilia este antagonismo evitando a precipitação tanto quanto a imobilidade. É um velho experiente que conhece o passado no qual se inspira para preparar o amanhã; seu comportamento é prudente, porque armado de uma bengala com sete nós místicos, ele sonda o terreno sobre o qual avança com lentidão, mas sem parar. Se encontra em seu caminho a serpente das cobiças egoístas, ele não procura imitar a mulher alada do Apocalipse, que coloca seu pé sobre a cabeça do réptil – alusão ao misticismo ambicioso de vencer toda a animalidade. – O sábio prefere encantar a besta, a fim de que ela se enrole em torno de seu bastão, como em torno daquele de Esculápio. Tratam-se, com efeito, de correntes vitais que o Taumaturgo capta à vista de exercer a medicina dos Iniciados.

O Eremita não tateia o solo como um cego, porque uma luz discreta esclarece sua marcha infatigável e segura. Sua mão direita leva uma lanterna parcialmente velada pelo pano do vasto manto do nosso filósofo, que teme ofuscar os olhos fracos para suportar o clarão de sua modesta lanterna.

São seus haveres pessoais que ele não deixa brilhar assim, senão na medida útil para guiar a si mesmo. Ele é modesto e não se faz nenhuma ilusão sobre sua própria ciência, ínfima em relação àquilo que ignora. Igualmente, renunciando a muitas orgulhosas ambições intelectuais, contenta-se em recolher com humildade as noções que lhe são indispensáveis para a realização de sua tarefa terrestre.

Sua missão não é fixar as crenças formulando o dogma. O Eremita não é o Papa (Arcano V); ele não se endereça às massas e não deixa que dele se aproximem senão os buscadores da verdade que ousam se introduzir em sua solidão. A eles faz confidências, após estar seguro de que são capazes de compreendê-lo, porque o sábio não atira pérolas aos porcos.

A claridade da qual dispõe o solitário não se limita, de resto, a iluminar as superfícies: ele penetra, inspeciona e revela o interior das coisas. Para reconhecer um homem verdadeiro, Diógenes se serviu de uma lanterna análoga àquela do Eremita do Tarô.

O manto desse personagem é exteriormente de cor sombria, tirante ao marrom (austeridade), mas o forro é azul, como se se tratasse de uma veste de natureza aérea, dotada das propriedades isoladoras atribuídas ao famoso manto de Apolônio. Os Franco-Maçons sabem que é preciso estar a coberto para trabalhar utilmente, e a Alquimia exige que as operações da Grande Obra tenham lugar no interior de um balão de ensaio hermeticamente fechado. Sem isolamento, nada se concentra; e, sem concentração prévia, nenhuma ação mágica saberia ser exercida. As energias silenciosamente acumuladas com paciência, ao abrigo de toda infiltração perturbadora, manifestarão um irresistível poder quando chegar a hora. Tudo aquilo que deve tomar corpo se elabora em segredo, no antro obscuro das gestações, onde se processa a obra secreta de misteriosos conspiradores.

Ele conspira ao abrigo de um ambiente psíquico austero que o isola de toda frivolidade mundana. Em seu retiro, o Eremita amadurece suas concepções, intensificando sua vontade que ele retém, imantando suas aspirações generosas de todo amor desinteressado do qual é capaz. Assim, esse sonhador pode preparar formidáveis acontecimentos, porque para seus contemporâneos, ele se torna o artista efetivo do amanhã. Afastado das contingências presentes, ele tece com abnegação a trama sutil daquilo que deve se realizar. Mestre Secreto, ele trabalha no invisível para condicionar o amanhã em gestação. Agente transformador, ele não cuida dos efeitos imediatos e não se fixa senão às energias produtoras das formações futuras.

Fugir ao comércio com os homens para viver na intimidade de seu próprio pensamento é entrar em união mística com a idealidade figurada no Tarô pelas mulheres dos Arcanos III e VIII (Imperatriz e Justiça), da qual o Eremita se torna o esposo. O velho do Arcano IX, aproxima-se, assim, de São José, o carpinteiro, a quem os Vedas dão o nome de *Twashtri*. É, de acordo com Émile Burnouf, a personificação da força plástica difundida no Universo e manifestada, sobretudo, nos seres vivos[41]. É, pois, permitido ver aí o artesão misterioso do alicerce invisível sem o qual não se saberia executar nenhuma construção vital. Em *Yesod*, o fundamento imaterial dos seres objetivos, sintetizam-se as energias criadoras virtuais aplicadas a uma realização determinada. Antes de tomar corpo, tudo preexiste em conceito abstrato, em intenção, em planificação, em imagem viva animada de dinamismo realizador.

O Arcano IX relaciona-se ao mistério de uma geração real, mas oculta, da qual não participam senão espírito e alma. O Eremita é o mestre que trabalha sobre a prancha onde traça o plano preciso da construção projetada.

8	1	6
3	5	7
4	9	2

A figura que aparece comumente sobre essa prancha é um quadrado com os lados prolongados, constituindo nove divisões nas quais podem se inscrever os nove primeiros números que os adeptos dispõem em quadrado mágico. Assim dispostos, os números ímpares formam uma cruz central muito significativa, enquanto os pares são relegados aos ângulos, como se eles devessem se relacionar ao quaternário dos elementos. Sem entrar em explicações que levariam muito longe, limitemo-nos a indicar que o núcleo anímico do ser virtual está representado pelo CINCO (Quintessência), número flanqueado por TRÊS (Idealidade Formadora) e por SETE (Alma Dirigente), enquanto é dominado por UM (Espírito Puro) e sustentado por NOVE (Síntese das Virtualidades Realizadoras).

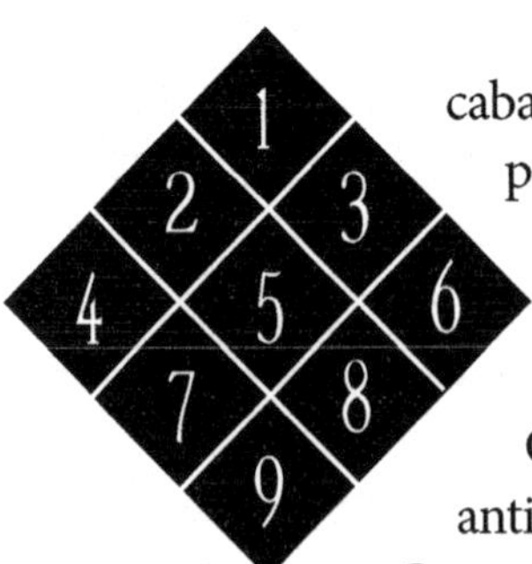

Considerada na ordem numérica normal, a Enéada cabalística constitui um losango no qual Nove ocupa a ponta inferior, figurando, assim, o tronco da Árvore das *Sephiroth*, base ou suporte do conjunto.

O personagem da esfera celeste que melhor corresponde ao Eremita é Boieiro, o Cocheiro, Guardião dos Sete Bois, *Septem Triones*, antiga designação do septenário da Ursa Maior ou Carro de Davi. É, na realidade, um colhedor que ergue sua foice acima de um feixe, onde os astrônomos modernos veem a Cabeleira

41 Émile Burnouf, *Le Vase sacré et ce qu'il contient dans Inde, la Perse, la Grèce et dans l'Église chrétienne*, pág. 14.

de Berenice. Quando a Virgem Zodiacal se deita, Boieiro abaixa-se e parece segui-la, assim como faria o marido, ou melhor, o pai dela, virginal Erígone que preside às colheitas. Assim se confirma a afinidade já constatada entre os Arcanos III e IX.

O Tarô de Bolonha substitui o Eremita por um patriarca alado que caminha penosamente, curvado sobre duas muletas. De sua cintura pende uma bolsa que encerra a herança do passado. Ele parte de uma coluna que marca um dos polos do movimento universal, aquele do qual os seres se distanciam ao evoluir. Esse velho, que não avança senão lentamente a despeito de suas asas, faz pensar em Saturno, Deus do Tempo, visto como o eterno continuador sempre em marcha para a conquista de um amanhã que ele faz insensivelmente surgir do passado. Notemos, a propósito, que o jogo de Carlos VI faz com que o Eremita mantenha não uma lanterna, mas uma ampulheta.

Interpretações Divinatórias

Yesod, Fundamento. O ser em potência de vir a ser, potencialidades condensadas em gérmen. O plano vivo preexistindo à objetivação. A trama invisível do organismo a construir. Modelo demiúrgico imprimindo aos indivíduos os caracteres da espécie. Corpo astral dos oculistas.

Tradição. Experiência. Patrimônio imperecível do passado.

Saber aprofundado. Prudência. Circunspeção. Recolhimento. Silêncio. Discrição. Reserva. Isolamento. Continência. Celibato. Castidade. Austeridade.

Sábio isolado do mundo, morto para as paixões e ambições mesquinhas. Espírito profundo, meditativo, estranho a toda frivolidade. Médico experimentado do espírito, da alma e do corpo. Adepto praticante da medicina universal. Filósofo hermético possuindo o segredo da Pedra dos Sábios. Iniciador. Mestre capaz de dirigir o trabalho de outrem e de discernir aquilo que está em gestação na ordem do futuro humano. Parteiro.

Caráter saturniano, sério, taciturno, carrancudo, desconfiado. Espírito receoso, meticuloso, pesado. Tristeza, misantropia, ceticismo, irresolução, avareza, pobreza.

ARCANO X
A RODA DA FORTUNA

O primeiro capítulo do *Livro de Ezequiel* descreve uma visão sobre a qual dissertaram a perder de vista inúmeros cabalistas. Os céus estando abertos, o profeta viu aí animais estranhos agrupados por quatro e, perto deles, um quaternário de rodas de fogo, das quais cada uma era dupla. A 10ª chave do Tarô, cujo simbolismo foi fixado por Éliphas Lévi, inspira-se no texto sagrado, quando nos mostra uma roda de duas pinas concêntricas, imagem do duplo turbilhão gerador da vida individual.[42]

Esta vida se engendra ao modo de uma corrente elétrica, desde que um turbilhonamento se estabeleça em sentido contrário ao movimento giratório envolvente. O indivíduo resulta de uma oposição ao todo do qual ele faz parte. Ele não se faz centro senão insurgindo-se contra a universalidade. Sua vida procede de uma vida mais vasta que ele se esforça por monopolizar. Mas não o consegue, senão a uma limitada medida, de onde a brevidade da existência individual, à qual faz alusão a Roda da Fortuna, que é também aquela do vir a ser ou do Destino.

Uma manivela coloca em movimento esta Roda fatídica, cujo movimento é rápido no início, mas vai se tornando mais lento, até a parada que marca a morte. À precipitação do ritmo vital da juventude sucede, assim, a calma regularidade da idade madura; depois, vêm os langores da velhice que chegam à estagnação definitiva e fatal.

42 Pode-se imaginar o círculo externo vermelho, porque gera vibrações abrangentes, às quais resistem às vibrações expansivas do círculo interno azul (ver os dois agentes descritos sob os nomes de *Hereb* e *Ionah* na *Clef de la Magie Noire*, de Stanislas de Guaita, no capítulo intitulado: *L'Equilibre et son agent)*.

A Roda do Vir a Ser flutua sobre o sombrio oceano da vida caótica suportada pelos mastros de dois barcos unidos, dos quais um é vermelho e o outro verde. Sua forma lembra o crescente de Ísis, a grande formadora, mãe de todos os seres. De cada barco, arremessa-se uma serpente, das quais uma é macho e outra fêmea. Elas correspondem às duas ordens de correntes vitais que são positivo ou negativo e traduzem-se em motricidade (vermelho) e em sensibilidade (verde).

O movimento da Roda da Fortuna arrasta na subida um Hermanúbis que mantém o caduceu de Mercúrio, e na descida um monstro armado de um tridente. Assim estão simbolizadas, de uma parte, todas as energias benfazejas e construtivas que favorecem o crescimento do indivíduo e estimulam sua irradiação vital e, de outra, o conjunto de agentes destrutivos aos quais deve resistir todo ser vivo.

Ambos os antagonistas representam o verão, cujo calor é favorável à vida, e o inverno, restritivo de toda radiação. O personagem com cabeça de cão corresponde à constelação canicular da qual Sírius é a estrela principal. Sua oposição nos reposta a Capricórnio – peixe-cabra – aquoso e terrestre, logo, lamacento caótico, como indica o verde terroso de seu corpo. Se o semblante e a roupagem lúgubre do demônio invernal são de um vermelho escuro, é porque um fogo obscurecido queima nele: o fogo das paixões egoístas, porque ele é o gênio da matéria caótica, Hyle, à qual tende a conduzir o que é organizado, logo, coordenado, submetido a uma regra e disciplinado. Mas o frio condensador e corporizador não deve ser tomado unicamente em sua má parte. Sem ele, nenhuma objetivação criadora, portanto, nem a encarnação do Verbo, nem a redenção. O Capricórnio não deve, pois, ter sido considerado como diabólico pelos cristãos das catacumbas, que o associaram ao tridente de Netuno na parede de uma das criptas de Ardeatine. Eles viam aí, verdadeiramente, o símbolo do homem decaído, mas regenerado pela virtude das águas batismais.

Hermanúbis, cujo corpo é azul, corresponde ao *Azoth* dos sábios, substância etérea que penetra todas as coisas, para excitar, manter e revigorar a necessidade de movimento da vida. Esta sorte de fluido misterioso é, ao mesmo tempo, um veículo da inteligência organizadora[43], o grande Mercúrio, mensageiro dos Deuses coordenadores do Caos.

43 O amarelo da cabeça e do pano de Hermanúbis está ligado à luz corporizada, também chamada de "condensada" ou "fixa".

As divindades demiúrgicas são em número de sete. Elas se traduzem pelas influências planetárias da Astrologia, que repercutem sobre tudo o que existe. Daí as sete esferas diversamente coloridas que atravessam os sete raios visíveis da Roda do Vir a Ser.

Acima, em uma plataforma, uma esfinge está solidamente instalada. Ela representa o princípio do equilíbrio e da fixidez que assegura a estabilidade transitória das formas individuais. Como a Justiça (Arcano VIII), ela está armada com uma espada, porque lhe cabe cortar e decidir, intervindo no conflito de forças condensadoras ou expansivas, restritivamente egoístas ou muito generosas em seu ardor exteriorizante. É o *Archeus* dos hermetistas, o núcleo fixo e determinante da individualidade, no centro do qual queima o Enxofre 🜍. Esse princípio de unidade domina as atrações elementares que ele sintetiza e converte em energia vital. Assim se explicam as quatro cores da esfinge que correspondem aos elementos: cabeça vermelha, Fogo; asas azuis, Ar; peito e patas verdes na frente, Água; atrás, preto, Terra. A esfinge é, aliás, humana em seu semblante e seios de mulher, águia pelas asas, leão pelas garras e touro por seus flancos. Nela se encontram os animais da visão de Ezequiel, tornados símbolos dos quatro Evangelistas: homem ou anjo, São Mateus; touro ou boi, São Lucas; leão, São Marcos; águia, São João.

Em relação ao Capricórnio-Typhon e ao Cão-Hermanúbis, que correspondem astronomicamente aos solstícios, a Esfinge ocupa o lugar da Balança Zodiacal mantida pela Justiça (Arcano VIII). Está em oposição com as serpentes que transformam o suporte da Roda em caduceu. Tudo como o Carneiro, ao qual se substituem, esses répteis simbolizam o sonho da vitalidade na primavera. Eles emergem do oceano caótico, figurado pela região do céu onde nadam os Peixes e a Baleia, não longe da embocadura do rio Erídano. Como está dito em Gênesis, o espírito de Elohim plaina acima das águas tenebrosas como dominador impenetrável do turbilhonamento da Roda cosmogônica. Severa, plácida, para sempre enigmática, a eterna esfinge permanece dona de seu segredo, que é o Grande Arcano, a palavra criadora escondida das criaturas, o *IOD* inicial do Tetragrama Divino.

Interpretações Divinatórias

Malkuth, reino. O domínio da soberania do querer. O princípio da individualidade. Involução. Gérmen, semente, esperma. Energia fecundante. *IOD*, coluna *Jachin*.

Iniciativa, sagacidade, presença de espírito, espontaneidade, aptidão às invenções. Divinação de ordem prática. Êxito devido às ocasiões bem aproveitadas.

Sorte, descobertas fortuitas que enriquecem ou conduzem ao sucesso. Destino propício que faz obter exteriormente um real mérito pessoal. Vantagens obtidas do acaso. Situação invejada, mas instável. Alternâncias de altos e baixos. Inconstância. Fortuna menor da Geomancia. Benefícios transitórios.

ARCANO XI
A FORÇA

A energia suprema, à qual não resiste nenhuma brutalidade, apresenta-se no Tarô sob o aspecto de uma rainha loura e graciosa que, sem esforço aparente, doma um leão furioso, cujas mandíbulas ela mantém afastadas. Esta concepção da Força como virtude cardeal, distancia-se das figurações banais de um Hércules apoiado sobre sua maça e vestido com os despojos do leão de Nemeia. Não é o vigor físico, – aquele dos músculos – que glorifica o Arcano XI; trata-se do exercício de um poder feminino, bem mais irresistível em sua doçura e sutileza que todas as explosões da cólera e da força brutal. A fera, encarnação dos ardores indisciplinados e das veemências passionais, é esse Leão devorador do Zodíaco, cujo retorno anual marca a época em que o Sol, tornado escaldante, resseca e mata a vegetação. Ele é vencido pela Virgem (Imperatriz, Arcano III), que amadurece as colheitas.

Não é uma besta malfazeja, a despeito de sua ferocidade. Entregue a si mesmo, ele monopoliza, devora e destrói com uma raiva egoísta; não é o mesmo se for domado, porque, assim como a Esfinge negra do Carro (Arcano VII), ele presta imensos serviços a quem sabe dominá-lo.

Portanto, não há motivo para matar o animal, mesmo dentro de nossa personalidade, à maneira dos ascetas. O Sábio respeita todas as energias, mesmo as perigosas, porque ele estima que elas existem para serem captadas e depois judiciosamente utilizadas.

Gilgamesh, o herói caldeu, guarda-se bem de asfixiar o leão que ele aperta sobre o coração, depois de havê-lo atordoado com a ajuda de uma arma constituída por um saco de couro cheio de areia. Este iniciado

não despreza nada daquilo que é inferior; ele vê como sagrados até os instintos menos nobres, porque eles são o estimulante necessário de toda ação. O mestrado vital exige que as forças que tendem ao mal sejam comutadas em energias salutares. O que é vil não deve ser destruído, mas enobrecido pela transmutação à maneira do chumbo, que é preciso saber elevar à dignidade do ouro.

Esta regra é aplicável em todos os domínios. É inútil exigir do homem comum a virtude, o desinteresse, o austero cumprimento do dever. O egoísmo sob todas as suas formas permanece o príncipe deste baixo mundo; o Sábio, tomando seu partido, tem-no em conta do Diabo, para obrigá-lo a colaborar – a despeito dele mesmo –, para com a Grande Obra. Tal é o ensinamento do Arcano XI.

O Mago, que realiza assim o programa da iniciação masculina ou dórica, chama-se "Inteligência". É a fada à qual devemos as conquistas da ciência e os progressos da civilização. Mas as maravilhas que ela opera de maneira oculta são mais admiráveis ainda do que aquelas que se impõem à constatação. Em cada organismo ela é ativa. Sem ela, as células inconscientes não poderiam concorrer para a saúde comum. Ela repercute na alma de toda coletividade, porque a vida só é individual de modo relativo: o ser visto como o mais simples sendo complexo. Toda a vida, quer seja a de um indivíduo tomado isoladamente ou aquela de uma nação, fundamenta-se sobre a associação de divergências que se ignoram e pedem, todavia, para serem conciliadas no interesse superior. Esta conciliação indispensável é, em toda parte, obra do poder misterioso representado no Tarô pela Força. Sem a irresistível intervenção da real domadora, em quem se une a Imperatriz e a Justiça, os egoísmos desencadeados opor-se-iam a toda vida coletiva. Se o organismo resiste às discórdias desses elementos constitutivos, é porque ele possui uma alma orgânica, na qual reside uma força superior àquela das monopolizações mesquinhas. Quando os cidadãos não pensam senão em si mesmos, a nação deveria periclitar; se ela resiste à investida dos apetites individuais é pelo milagre da alma nacional simbolizada, no Tarô, pela mulher vitoriosa sobre a besta rapace.

A Rainha, que domina tranquilamente as energias em revolta, está vestida com as cores da Papisa (Arcano II): vestido azul e manto vermelho, porque sua ação é misteriosa como aquela da Natureza-Ísis. Mas o azul da

Força é o claro azul da Imperatriz (Arcano III). O verde aparece em suas mangas como naquelas da Justiça (Arcano VIII), tudo se associando ao amarelo, porque a domadora do leão se inspira na mais alta idealidade (Arcano III) e rege a vitalidade (verde) por intermédio da luz coagulada (amarelo), em conformidade às leis de ordem universal (Arcano VIII). É de notar que 3 + 8 = 11, número que se reduz a 2 pela redução teosófica.

O número 11 aparece, aliás, como capital em Iniciação, sobretudo em seus múltiplos 22, 33 e 77, do mesmo modo que em sua decomposição em 5 e 6, números que remetem ao Pentagrama e ao Selo de Salomão, ou seja, às estrelas do microcosmo e do macrocosmo. A reunião dessas duas estrelas constitui o Pentáculo da força mágica exercida pelo espírito humano (Pentagrama) tornado centro de ação da alma universal (Hexagrama).

Nossa maestria, afirma-se no domínio limitado do microcosmo que está englobado no macrocosmo do qual emanamos (Arcano I) e ao serviço do qual despendemos nossos esforços (Arcano XI).

Análoga àquela do Mago, a coifa da Força afeta a forma de um oito deitado ∞, símbolo expressivo do movimento contínuo adotado pelos matemáticos como símbolo do infinito.

É o retorno desse sinal ao fim da escala ativa dos onze primeiros Arcanos[44] que assina o infinito ao mesmo tempo como fonte e como termo da atividade dórica consciente e desejada.

O chapéu do Mago é mais simples que aquele da Força; ele não comporta nem coroa nem plumagem cintilante, porque o poder espiritual (coroa) não se adquire senão que exercendo, e o saber prático não é inato. O Mago tem a capacidade de tudo adquirir, mas ele não dispõe de toda a sua potência virtual, senão após ser instruído e disciplinado no decorrer de sua carreira de iniciado de ordem masculina ou dórica. O Arcano XI marca a esse respeito o ideal que é possível atingir. O homem sábio pode dispor de uma força imensa, se ele pensa judiciosamente e se seu querer particular se identifica com a Vontade Suprema. Ele domará a violência pela brandura; nenhuma brutalidade vai lhe resistir, contanto que saiba exercer

44 Veja o capítulo "O Eixo do Tarô".

o poder mágico que deve aspirar todo verdadeiro adepto. Domemos em nós mesmos o leão das paixões dominadoras e dos instintos egoístas, se aspiramos à Força realmente forte e superior a todas as forças!

Interpretações Divinatórias

Energia psíquica. Poder da alma corporal que domina e coordena os impulsos em luta no seio do organismo. Razão e sentimento unidos para submeter o instinto. Verbo individual. Irradiação do Pensamento-Vontade emitido pelo indivíduo. Triunfo da inteligência sobre a brutalidade. Sabedoria e ciências humanas, sujeitando as forças cegas da Natureza.

Virtude, coragem, calma, intrepidez. Força moral impondo-se à força brutal e às paixões egoístas.

Mestrado absoluto sobre si mesmo. Alma forte. Natureza enérgica, ativa. Trabalho, atividade inteligente. Domador.

Caráter vivo, violento, ardente. Impaciência, cólera, temeridade. Influência marciana. Bazófia, fanfarronada. Insensibilidade, rudeza, grosseria, furor.

ARCANO XII
O DEPENDURADO

Fundada sobre o culto e o desdobramento das energias que o indivíduo atrai de si mesmo, a Iniciação Ativa, dita masculina ou dórica, relaciona-se no Tarô aos onze primeiros Arcanos. Ela parte de I para chegar a XI. O iniciável animado por uma nobre e legítima ambição pessoal dispõe, finalmente – se ele se mostrar digno –, da suprema força mágica. Ele realiza então o ideal do Mago, mestre absoluto de si mesmo e dominador, por este fato, de tudo aquilo que sofre sua ascendência. Está-se tentado a acreditar que é impossível ir mais longe e, todavia, o Tarô não para no Arcano XI; mas com XII, ele aborda um domínio inteiramente diferente que é aquele da iniciação passiva ou mística, dita também feminina ou jônica. Doravante, a personalidade renuncia à exaltação das próprias energias; longe de se comportar como centro de ação autônoma, ela se eclipsa para sofrer docilmente influências exteriores. O Mago tem fé nele mesmo, em sua inteligência e em sua vontade; ele se sente soberano e aspira conquistar seu reino. O místico persuade-se, ao contrário, de que ele nada é senão uma casca vazia, impotente por si mesmo. Sua renúncia passiva, coloca-o à disposição daquilo que age sobre ele. Ele se entrega, pés e mãos amarrados, como o Dependurado que, no Tarô, parece ser o mesmo personagem que o Mago. No Arcano XII, retorna, com efeito, o jovem louro e esbelto do Arcano I, mas que contrasta entre o malabarista de dedos hábeis e o supliciado que não mantém livre senão a perna direita, que ele dobra por detrás da esquerda, para formar uma cruz acima do triângulo invertido desenhado pelos braços e pela cabeça.

O conjunto da figura lembra, assim, o símbolo alquímico da realização da Grande Obra $\stackrel{+}{\nabla}$, inversão do ideograma do Enxofre 🜍 ao qual se relaciona a silhueta do Imperador. A oposição assim trazida à luz é aquela do Fogo e da Água. Do Fogo interior ou infernal no sentido literal da palavra e da Água sublimada ou celeste. O ardor sulfuroso é o *Archeus* do indivíduo, o princípio de sua exaltação e de sua soberania (dorismo). A Água exteriorizada representa a substância anímica purificada na qual se refletem as virtudes do alto. O Dependurado é inativo e impotente quanto ao corpo, porque sua alma está livre para envolver o organismo físico com uma atmosfera sutil, onde se refletem as irradiações espirituais mais puras. O Imperador, ao contrário, está concentrado sobre si mesmo; ele está absorvido pelo centro de sua individualidade, praticando a descida a si mesmo dos Iniciados. A entrada em si conduz à realização da Grande Obra pela via seca do dorismo △, enquanto a saída de si encaminha-se pela via úmida do ionismo▽.

Propriamente falando, o Dependurado não é mais um ser terrestre, porque a realidade material lhe escapa: ele vive no sonho de sua idealidade, sustentado por uma misteriosa potência formada por duas árvores podadas, que sustentam uma travessa de madeira morta. Esta travessa é amarela, para indicar que sua substância é feita de luz condensada, ou seja, do pensamento fixado ou definido em sistema. É a doutrina que o Dependurado fez sua, à qual ele aderiu a ponto de estar suspenso em toda sua pessoa. Trata-se de uma concepção religiosa muito alta, muito sublime para que o comum dos mortais possa atingi-la, ideal de resto muito elevado, para que seja praticamente realizável. É a religião das almas de elite, tradição superior ao ensinamento das Igrejas e das confissões que se adaptam, sobre a Terra, à fraqueza humana.

É aí que o Dependurado se prende – não crendo como instintivo ou como cego –, mas como sábio que discerniu a vaidade das ambições individuais e compreendeu a fecundidade do sacrifício heroico, visando ao esquecimento total de si mesmo. Ao contrário do misticismo vulgar, este esquecimento é levado até a exclusão de todo cuidado com a saúde individual, porque a pura devoção não desconta nenhum benefício sob forma de recompensa. Não é, aliás, a conquista do céu que ambiciona o Dependurado, cuja cabeça está dirigida para a terra. Isso significa que suas preocupações são terrestres e que ele se devota ao bem de outrem, à redenção das pobres vítimas humanas da ignorância e das paixões egoístas.

As duas árvores entre as quais se balança o Dependurado correspondem às colunas Jachin e Boaz, que se erguem à direita e à esquerda de todo iniciado. Elas representam o conjunto das aspirações sentimentais que tendem a subtrair o homem à materialidade grosseira. Sua casca azul, que volta gradualmente ao verde, indica logo de saída, uma contemplação serena, uma piedade fiel aos usos cultuais, depois uma vitalização progressiva, visando a libertar da prática do culto o lado moral e realmente vivo da religião. A seiva ardente que faz crescer as duas árvores colore de púrpura as doze cicatrizes deixadas pelos ramos cortados[45]. Se a espiritualidade ativa (púrpura) se manifesta assim em duodenário, é porque ela anima a universalidade do domínio religioso à maneira do sol, que percorre os doze signos do Zodíaco. A religião do Dependurado nada tem de estreita; ela ultrapassa as confissões particulares para visar ao catolicismo integral tal como ele se destaca do puro sentimento religioso comum a todas as épocas e todos os povos.

O vermelho e o branco se alternam na túnica do Dependurado como o vermelho e o verde naquela dos Enamorados (Arcano VI). A atividade do vermelho parece em contradição com a passividade do personagem que, todavia, não saberia ser passivo em todos os sentidos, porque lhe é necessário ser ativo para repelir as influências nocivas e procurar as boas. Quanto ao branco, ele se relaciona à pureza da alma e da imaginação indispensável à concepção das ideias justas e ao cultivo de sentimentos generosos. Sob as abas da vestimenta, dois crescentes, um vermelho e outro branco, estão em oposição. Eles recordam os crescentes análogos que protegem os ombros do triunfador do Carro (Arcano VII). Todavia, aqui eles comandam não os braços, mas as pernas, quer dizer, os membros aéreos de qualquer sorte do Dependurado Este, com efeito, não caminha, pois está pendurado pelo tornozelo esquerdo, a perna direita batendo no ar. Nessas condições, a lua vermelha decrescente da esquerda, relaciona-se ao sentimento de humildade do místico, cuja abnegação é ativa; e o crescente branco da direita, relaciona-se às faculdades intuitivas que têm a missão de recolher, sem deformá-las, as impressões imaginativas, e depois interpretá-las corretamente.

Dos botões da túnica, dois são vermelhos e quatro são brancos. Esse detalhe não é insignificante, pois que 2 remete à Papisa, logo, à fé que é ativada no místico, enquanto 4 indica o Imperador, o mestre da vontade

45 *Agni*, o fogo do sacrifício védico, é mantido vivo graças aos ramos cortados da Árvore da Vida universal: ver Émile Burnouf, *Le Vase sacré et ce qu'il contient dans l'Inde, la Perse, la Grèce et dans l '' Église Chrétienne*, pág. 15.

que deve ser pura e desinteressada na iniciação feminina ou jônica, pois o adepto renuncia a querer por si mesmo e, sobretudo, para si mesmo: ele não quer aquilo que é querido pelo poder misterioso do qual ele se faz o servidor. Onde o Mago pretende comandar, o Místico não aspira senão obedecer.

Seu abandono confiante traduz-se em tranquilidade serena, de onde o semblante calmo e sorridente do Dependurado, é estranho, supliciado, cujos braços amarrados sustentam bolsas de onde escapam moedas de ouro e de prata.

Estes são os tesouros espirituais acumulados pelo adepto que é enriquecido intelectualmente. Desapegado de tudo, ele semeia generosamente o ouro das ideias justas que pode fazer e dos conhecimentos preciosos que se esforçou por adquirir. (☉, Ouro, Espírito, Razão). Ele não é menos pródigo com sua afeição, seus bons sentimentos e desejos benéficos, simbolizados pelas peças de prata espalhadas à sua esquerda (☾, Prata, Alma, Sensibilidade).

O herói mitológico, mais de acordo com o Arcano XII, parece ser Perseu, porque o filho de Júpiter, o animador celeste, e de Danae, a alma aprisionada na torre de bronze corporal, é uma personificação do pensamento ativo que se transporta ao longe, invisível, para vencer a mentira e a calúnia. Medusa, da qual Perseu corta a cabeça, é o erro e a maldade paralisando o espírito, de onde vem o poder petrificador atribuído ao olhar da terrível Górgona. Seu vencedor precisou tomar de empréstimo o escudo-espelho de sua irmã Minerva, o capacete da invisibilidade de Plutão, obra de Vulcano, e as sandálias aladas de Mercúrio. Assim, armado, ele pôde se transportar para longe, para exercer invisivelmente uma ação de ordem oculta ou telepática. Após haver triunfado da estupidez pérfida e aterrorizante, ele liberta Andrômeda, a alma acorrentada ao rochedo da matéria, negro recife emergente da espuma das ondas agitadas do temível oceano da vida elementar.

A personagem que realiza todos esses grandes feitos não parece em nada corresponder ao Dependurado imobilizado; mas não nos devemos enganar sobre a aparente inatividade do supliciado do Arcano XII. Se ele está corporalmente impotente, não dispõem senão de um maior poder oculto ou espiritual. Não agindo com seus músculos, ele exerce uma irresistível influência psíquica, graças à energia sutil que emana dele: seu pensamento, suas aspirações e seus sentimentos se fazem sentir ao longe, à maneira das intervenções de Perseu.

Interpretações Divinatórias

A alma livre envolvendo o corpo. Misticismo. Sacerdócio. O homem entrando em relação com Deus. Colaboração na Grande Obra da transmutação universal do bem e do mal. O indivíduo, libertando-se do egoísmo instintivo para elevar-se ao divino. Sacrifício redentor. Atividade da alma. Intervenção a distância. Telepatia.

Perfeição moral. Abnegação. Esquecimento total de si mesmo. Devotamento. Desinteresse absoluto. Sacrifício voluntário em benefício de uma causa elevada. Patriotismo.

Sacerdote, profeta, iluminado. Utopista, sonhador perdido nas nuvens e desprovido de senso prático. Entusiasta alimentado por ilusões. Artista concebendo o belo, mas incapaz de traduzi-lo em obras. Projetos irrealizáveis. Desejos generosos, mas estéreis. Amor não partilhado.

ARCANO XIII
A MORTE

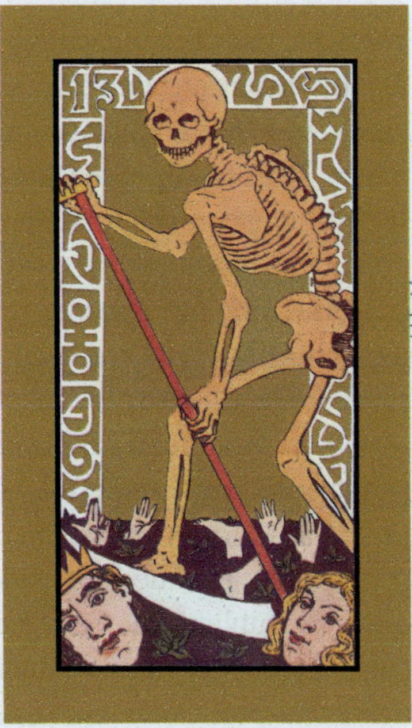

As composições do Tarô trazem seu nome escrito com todas as letras: Mago, Papisa, Imperatriz, etc. Único, o Arcano XIII permanece intencionalmente mudo, como se houvesse repugnado aos pintores medievais nomear o esqueleto segador, cuja colheita se compõe de cabeças humanas. Teriam eles se recusado a ver a Morte, salvo como o universal destruidor das formas perecíveis? Considerando a Vida como única existente, parece que eles não acreditaram nem na Morte nem no Nada. Aquilo que muda de aspecto, mas não se destrói jamais; tudo persiste, modificando-se indefinidamente sob a ação do grande transformador ao qual os seres individuais devem sua origem. Dissolvendo as formas usadas, tornadas incapazes de responder à sua destinação, este agente intervém como rejuvenescedor, pois que ele libera as energias destinadas a entrar em novas combinações vitais. Nós devemos nossa existência efêmera àquilo que chamamos de "Morte". Ela nos permite nascer e não pode nos levar senão a um renascimento.

Existem correspondências exatas no Tarô entre os primeiros termos do segundo e do quinto ternário, representados pelos Arcanos IV e XIII.[46]

Ora, IV (Imperador) representa o Enxofre dos Alquimistas 🜍, quer dizer, o fogo interior, princípio ativo da vida individual. Esse fogo queima à custa de reservas que se esgotam[47], de onde a lentidão gradual de seu ardor e sua extinção final, naquilo que chamamos de "Morte" (Arcano XIII), na

46 Veja anteriormente.

47 Estas reservas nutritivas do fogo vital correspondem ao radical Úmido dos Hermetistas.

realidade nada é, nada extingue, mas libera as energias esgotadas sob o peso de uma matéria cada vez mais inerte. Longe de matar, a Morte revivifica, dissociando aquilo que não mais pode viver.

Sem sua intervenção, tudo enfraqueceria, de modo que a vida não se distinguiria mais, finalmente, da imagem que o vulgo faz da morte. É, pois, a justo título, que o Arcano XIII se relaciona ao gerador ativo da vida universal, vida permanente, da qual a Temperança (Arcano XIV) simboliza o dinamismo circulatório, enquanto o Diabo (Arcano XV) o manifesta na acumulação estática.

O profano deve morrer para renascer para uma vida superior que a Iniciação confere. Se ele não morrer para seu estado de imperfeição, proíbe-se todo progresso iniciático. Saber morrer é, pois, o grande segredo do Iniciado, porque morrendo ele se liberta daquilo que é inferior, para elevar-se, sublimando-se. O verdadeiro sábio esforça-se, assim, por morrer constantemente, a fim de melhor viver. Isso não implica, de sua parte, em nenhuma prática de ascetismo estéril; mas se ele quiser conquistar sua autonomia intelectual, não deve romper com os preconceitos que lhe são caros e morrer assim para seu habitual modo de pensar? Para nascer para a liberdade de pensamento, é preciso se libertar, morrendo para tudo aquilo que se opõe à estrita imparcialidade do julgamento. Esta morte voluntária é exigida do Franco-Maçom, a fim de que ele possa se dizer nascido livre ao bater à porta do Templo. Ao simbolismo resta, infelizmente, a letra morta, o recipiendário não tendo – mais frequentemente –, nenhuma ideia daquilo que significa sua passagem pela cripta fúnebre, dita Câmara de Reflexões.

Na alquimia, o indivíduo destinado a fornecer a matéria da Pedra Filosofal, falando de outro modo, o profano admitido à iniciação, está, ele também, condenado à morte.

Aprisionado em um recipiente hermeticamente fechado, logo, isolado de toda influência vivificante exterior, o indivíduo morre e apodrece. É então que aparece a cor negra, simbolizada pelo corvo de Saturno, que é de bom augúrio no início das operações da Grande Obra.

Se não vires em primeiro lugar essa escuridão, antes de qualquer outra cor determinada, saiba que falhaste na obra e que é preciso recomeçar! De acordo com todos os filósofos herméticos, Nicolas Flamel convida assim o futuro adepto a retirar-se do mundo e a morrer para as frivolidades, para entrar na via das transmutações progressivas de si mesmo que conduzem à verdadeira Iniciação.

Esta Iniciação comporta, em realidade, duas mortes sucessivas. A primeira implica em uma incubação análoga àquela que sofre o pinto no ovo, cuja casca ele acaba por quebrar. O místico deve dobrar-se sobre si mesmo nas trevas do Ovo Filosófico, à vista de conquistar a luz e a liberdade. É preciso morrer numa prisão escura para renascer para uma vida independente e clara.

A nova vida conquistada não é uma existência de repouso triunfal. Ela impõe trabalhos incessantes, mas fecundos e gloriosos, cuja recompensa é a segunda morte. Não contente de se liberar de seus invólucros grosseiros, o adepto morre, desta vez mais profundamente que no começo de sua Iniciação, porque ele morre para si mesmo, para sua própria personalidade, para seu egoísmo radical. Sua renúncia não é, todavia, aquela do asceta, tornado indiferente à sua própria sorte e àquela de outrem. Como o adepto, duas vezes morto, desdenharia os humanos, quando ele mesmo só ressuscita para viver por eles? Se ele está unido ao Grande Ser que se particulariza em nós, é para partilhar seu amor infinito. O que distingue o sábio ideal é que ele sabe amar com fervor, chegando até ao esquecimento total de si mesmo. Aquele que chega até esse desinteresse generoso dispõe de um imenso poder e possui a Pedra Filosofal, e a dupla morte iniciática pode sozinha conduzir à apoteose.

Contrariamente ao uso corrente, o Segador do Tarô corta com a esquerda. Graças a essa anomalia, o esqueleto e a foice desenham um *MEM* מ hebraico. O cabo da foice é vermelho, porque a morte dispõe do fogo que devora as forças dessecadas, palha na qual a seiva vital não circula mais. É de notar que os ossos do esqueleto não são brancos, mas rosa-claros, cor característica daquilo que é humano, sensível e compassivo. A fatalidade dissolvente não teria então toda a crueldade que se lhe atribui? A foice que restaura os corpos ao solo, ávido em assimilá-los, parece poupar cabeças, mãos e pés. As cabeças conservam sua expressão, como se permanecessem vivas. Aquela da direita porta uma coroa real, símbolo da realeza da inteligência e do querer que ninguém abdica ao morrer. Os traços do semblante da esquerda nada perderam do encanto feminino, porque as afeições não morrem e a alma ama além do túmulo. As mãos que surgem da terra, prontas para a ação, anunciam que a Obra não saberia ser interrompida, e os pés que aparecem em meio a rebentos verdes se oferecem para fazer avançar as ideias em marcha. A desaparição dos indivíduos não traz prejuízo à tarefa que eles realizam: nada cessa, tudo prossegue!

Shiva retoma de Vishnu a vida dada por Brahma não para destruí-la, mas a vista de renová-la. Da mesma maneira que Saturno poda a árvore da vida a fim de intensificar o vigor de sua seiva, um gênio renovador talha a humanidade no interesse de sua persistência e fecundidade. O iniciado reconhece no caricato Segador o indispensável agente do progresso; ele também não experimenta qualquer temor à sua aproximação. Para viver iniciáticamente, consentimos em morrer. A Morte é a suprema Libertadora. O sábio encaminha-se para o túmulo sem lamentar o passado; ele aceita a serena velhice, feliz em beneficiar-se do relaxamento dos laços que retêm o espírito prisioneiro da matéria. O apaziguamento das paixões dá ao intelecto uma mais completa liberdade, podendo traduzir-se em lucidez genial e mesmo em clarividência profética. Os privilégios do mestrado estão, aliás, reservados ao velho que soube permanecer jovem pelo coração, porque o poder do mestre fundamenta-se na simpatia. Ele não possui outra força senão aquela da afeição; mas sabe amar com abnegação. Vibrando com toda energia de sua alma, ele dispõe da "força mais forte de todas as forças" e detém a verdadeira Pedra Filosofal, capaz de realizar os milagres da Coisa Única. Feliz daquele que não sofre mais nenhuma atração inferior, mas nem por isso queima menos de um intenso ardor generoso! Ele morre, para entrar em uma vida mais alta e mais bela. Se é cristão, a ressurreição pascal realiza-se nele; se é Franco-Maçom, pode dizer-se Filho da Putrefação em toda verdade, após ser decomposto no túmulo de Hiram, para aí deixar tudo o que entravava o seu desenvolvimento espiritual.

Nada no céu se relaciona à morte. O Dragão do Polo aí aparece, todavia, como inimigo da vida ou, ao menos, das formas transitoriamente animadas. É o insaciável sorvedouro daquilo que viveu; nele, dissolve-se aquilo que deve retornar ao caos, antes de poder retomar um novo aspecto. Hércules (Arcano IV) encontra esse monstro no Jardim das Hespérides, onde defendia as maçãs de ouro. Mas o terrível réptil não afasta senão os profanos indignos de se aproximarem do tesouro iniciático: ele recua diante do Iniciado morto e ressuscitado.

Interpretações Divinatórias

O princípio transformador que renova todas as coisas. A inelutável necessidade. A marcha fatal da evolução. O movimento eterno que se opõe a toda parada, a toda fixação definitiva, logo, àquilo que estaria realmente morto. O espírito de progresso (Espírito Santo dos gnósticos). O Paracleto consolador que liberta o espírito do jugo da matéria. Liberação. Espiritualização. Desmaterialização. Shiva.

Desilusão. Penetração intelectual. Percepção da realidade despojada de todo aparato sensível. Lucidez absoluta de julgamento. Iniciação integral. Morte iniciática. Desapego. Ascetismo. Inflexibilidade. Incorruptibilidade. Poder transformador capaz de regenerar um meio corrompido. Mestrado.

Fim necessário. Fatalidade. Fracasso pelo qual a vítima não é responsável. Transformação radical. Renovação. Herança. Influência dos mortos. Atavismo. Necromancia. Espiritismo. Melancolia, luto, tristeza, velhice, decomposição, corrupção, dissolução.

ARCANO XIV
A TEMPERANÇA

Se a iniciação ensina a morrer, não o é para preconizar o aniquilamento. Aquilo que, com toda certeza não existe, é o Nada! Aspirá-lo corresponde ao ideal mais falso que se pode conceber, porque nada se destrói, tudo se transforma. Longe de suprimir a vida, a morte provê seu perpétuo rejuvenescimento. Ela dissolve o continente a fim de liberar o conteúdo que podemos imaginar como um líquido incessantemente vertido de recipiente perecível a outro, sem que jamais dele se perca uma gota sequer.

A décima-quarta chave do Tarô nos mostra esse fluido universal vertido de um vaso de prata para outro de ouro pela Temperança, que se torna o anjo da Vida Universal.

As ânforas de metal precioso não correspondem a grosseiros invólucros corporais; elas fazem alusão à dupla atmosfera psíquica da qual o organismo corporal não é senão o lastro terrestre. Desses ambientes concêntricos, um, o mais próximo, é solar e ativo (ouro, consciência, razão); ele dirige o indivíduo de uma maneira imediata e mantém sua energia voluntária. O outro se estende para além do primeiro; é lunar e sensitivo (Prata). Seu domínio é mais misterioso; é aquele da sentimentalidade, das impressões vagas, da imaginação e do inconsciente de ordem superior. Esta esfera etérea capta as vibrações da vida comum aos indivíduos de uma mesma espécie, vida permanente, que é o reservatório de onde extraímos a vitalidade que individualizamos. Aquilo que está concentrado na urna de prata se derrama naquela de ouro, onde a condensação se completa à vista da manutenção da vida física.

O mistério das duas urnas domina toda a taumaturgia terapêutica, cujos milagres se realizam com o auxílio do fluido universal. Os iniciantes na arte de curar dispõe, mais frequentemente, de uma urna de ouro transbordante. Eles transmitem então a outrem, seu fluido pessoal, e praticam o magnetismo curativo, comandando as correntes vitais. Se a urna de prata não lhes for revelada, eles permanecem aprendizes-curandeiros, incapazes de uma ação contínua e mais amplamente eficaz. O verdadeiro milagre – que está ao alcance de toda alma pura profundamente generosa –, depende da extensão de nossa esfera sentimental.

Compadeçamo-nos com todo nosso ser dos sofrimentos de outrem, depois exteriorizemos nossa afeição, a fim de nos constituirmos em um ambiente de amor tão vasto quanto possível. Nós nos beneficiaremos assim de um meio refringente anímico, próprio a recolher as ondas vibratórias mais etéreas por meio das quais se pratica a verdadeira medicina dos Santos e dos Sábios.

O gênio da Temperança é andrógino ou, mais exatamente, ginândrico. O Diabo (Arcano XV) é também bissexuado, enquanto a Morte (Arcano XIII) é sem sexo. E assim é, porque o conjunto do 5º ternário do Tarô (XIII, XIV, XV) se relaciona à vida coletiva, não individualizada, ao fluido universal insexuado, ainda que suscetível de polarizações sexuais.

Como a Imperatriz (Arcano III), a Justiça (VIII) e o anjo do Julgamento (XX), a Temperança é loura; ela se aproxima, além disso, desses três personagens pela cor de suas roupas: vestido vermelho e manto azul com forro verde. O vermelho denota a atividade espiritual interior, o azul, a serenidade anímica e o verde, as tendências à vitalização.

O gênio da Temperança é alado como a Imperatriz (III), porque ele é análogo à Rainha do Céu; mas ele não se confina, como ela, nas alturas de um inacessível ideal, e prefere se abaixar até os vivos, que lhe devem o viver física e espiritualmente. Limita-se, todavia, a manter a vida sem fazê-la nascer, como o Mago (I), nem a intensificar à maneira do Imperador (IV). O copeiro angélico do líquido vital reanima a flor preste a fanar-se; ele a irriga ou condensa sobre ela o orvalho matinal, a fim de lhe permitir resistir aos ardores do dia. No quaternário das virtudes cardinais, a Força exibe uma atividade devoradora que consumiria a Umidade Vital dos Hermetistas se não fosse pela intervenção refrescante da Temperança, que restitui uma seiva nova ao vegetal esgotado pelo calor maturescente do Leão, ao qual se opõe, no Zodíaco, o Aquário, ou seja, o Anjo de São Mateus ou Homem associado ao Touro, ao Leão e à Águia na visão de Ezequiel.

O aquário desempenha o papel de Indra, o Deus das chuvas fertilizadoras, que, no panteão caldeu, corresponde a Ea, o senhor do oceano supraceleste, onde se difunde a Sabedoria suprema. Ela se reparte entre os seres humanos pela água que cai das alturas. Daí o caráter sagrado da água lustral e seu papel nas purificações iniciáticas. Os cristãos se inspiraram nos antigos mistérios, quando obrigavam o catecúmeno a mergulhar na onda batismal, a fim de sair dela lavado de toda sujeira moral e regenerado, ou seja, nascido para a vida cristã, depois de ser morto pela submersão à vida pagã.

Em alquimia, o indivíduo enegrecido à vontade, logo, morto e putrefato[48], é submetido à ablução. Esta operação utiliza as chuvas sucessivas provenientes da condensação dos vapores que se desprendem do cadáver sob a ação de um fogo exterior moderado, alternativamente ativo e, depois, mais lento. Dessas chuvas reiteradas resulta uma lavagem progressiva da matéria que, do negro, passa ao cinza e, finalmente, ao branco. Ora, a brancura marca o êxito da primeira parte da Grande Obra. O adepto não chega aí senão purificando sua alma de tudo aquilo que a perturba comumente. Se, após a renúncia efetiva a si mesmo, ele se liberta de todo desejo equívoco, pode aproximar-se de um ideal de candura de intenções que torna possível a ação miraculosa.

A arte de curar com a ajuda de forças misteriosas, fundamenta-se essencialmente sobre a pureza da alma daquele que cura. Desde que se santifique por sua abnegação e por seu devotamento a outrem, operará muito naturalmente verdadeiros milagres; mas ele deve, para esse efeito, desligar-se de si mesmo até a indiferença e sofrer a prova do frio que extingue, no coração do homem, toda paixão mesquinha.

---

48 Veja Arcano XIII.

É permitido reconhecer o Arcanjo Rafael no Gênio da Temperança, que é marcado na fronte com um signo solar, já observado no barrete da Justiça (VIII) e sob o signo do qual se apresentará o anjo do Julgamento (XX). Este ideograma é sempre um indício de discernimento, seja porque se aplique à razão coordenadora das energias construtivas (VIII), à repartição lúcida das forças vitais (XIV), seja pela ação esclarecedora do Espírito regenerador que sopra onde quiser (XX).

Não nos esqueçamos de que o Arcano XIV sintetiza o 2º septenário do Tarô, do qual ele ocupa o centro. Ora, como os três septenários do Tarô, cada um em seu conjunto, relacionam-se ao Espírito, à Alma e ao Corpo, o segundo é anímico; seu termo sintético (XIV) faz alusão aos mistérios da alma universal, mistérios que é preciso penetrar para praticar a alta medicina dos iniciados.

Quando os Arcanos do Tarô são alinhados em duas colunas, o Eremita (IX), que personifica a Prudência, torna-se o companheiro da Temperança (XIV), que transporta no passivo aquilo que o filósofo solitário manifesta no homem ativo de experiência e de estudo, nosso sábio, que se mantém afastado das sugestões que sofre a multidão. Ele procura a verdade sem pressa, limitando o domínio de suas explorações, cuidadoso em se manter no campo estreito do saber humano.

Sua reserva se traduz pela Temperança em moderação, em contraponto a uma virtude negativa à qual repugnam as extravagâncias e os exageros. Trata-se, aliás, da vida prática, de preferência à especulação abstrata. O adepto que se banha no fluido que verte o Anjo solar não é mais agitado pela febre que abala o mais comum dos homens. Morto para as ambições mesquinhas, para as paixões egoístas, indiferente às misérias que o ameaçam, ele vive calmo na bela serenidade de uma suave sabedoria, indulgente para com as fraquezas alheias.

Interpretações Divinatórias

A vida universal, seu movimento incessante, sua circulação através dos seres. O fluido animador que restitui as forças despendidas. O agente reparador e reconstituinte daquilo que se usa e perde o vigor. A energia mediadora da natureza. Taumaturgia curativa fundada sobre a captação e o governo das correntes vitais. Transfusão de força vital. Alquimia psíquica. Regeneração. Mistérios da água e do frio. Milagres. Fonte de Juventude.

Tranquilidade filosófica, serenidade de espírito que eleva acima das misérias humanas. Indiferença às mesquinharias da vida. Equilíbrio de humor, calma apaziguadora, saúde, boa circulação, regularidade das trocas, condições favoráveis ao prolongamento da vida, desinteresse, impassibilidade, resignação.

Facilidade de adaptação, leveza, suavidade. Sensibilidade às influências exteriores. Impressionabilidade receptiva. Frieza, apatia, mobilidade, natureza instável e cambiante. Repouso, férias, alternâncias, mudança, deixar-se levar, abandono, escoamento, falta de discrição. Passividade, preguiça, imprevidência, despesas inconsideradas, prodigalidade.

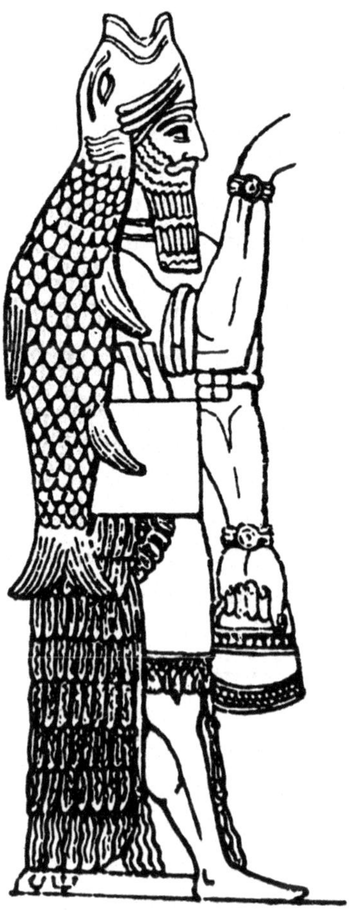

ARCANO XV
O DIABO

Vista em sua essência comum a todos os seres, a vida universal circula sem parar, sempre idêntica a ela mesma, escoando com indiferença de um recipiente para outro. Se nada viesse perturbar a regularidade desse escoamento pacífico, a vida teria permanecido paradisíaca; mas a serpente interveio e, sob sua inspiração, cada ser quis monopolizar o bem comum para condensar a vida em torno dele, em seu benefício individual. Houve assim uma revolta contra a ordem universal das coisas. Turbilhões particulares tomaram nascimento no seio da circulação geral perturbada pelo egoísmo radical que personifica o Diabo. Este adversário - *Satan*, em hebraico –, é o Príncipe do Mundo material[49] que, sem ele, não poderia existir, porque ele é a base de toda diferenciação particularizante. É ele que leva o átomo a se constituir às expensas da substância uniformemente etérea. Ele é o diferenciador, o inimigo da unidade; opõe os mundos ao Mundo e todos os seres uns aos outros. Havendo-os incitado a querer ser semelhantes a Deus, ele lhes sugere o instinto de reconduzir tudo para si, como se fossem o centro em torno do qual tudo deve gravitar.

O Diabo aparece no Tarô sob o aspecto do Baphomet dos Templários: bode na cabeça e nas pernas, mulher nos seios e nos braços. Este ídolo monstruoso deriva do Bode de Mendes e do Grande Pan andrógino

49 O Imperador (IV) já foi chamado de "Príncipe deste Mundo"; mas se distingue do Diabo (XV) por sua legitimidade. Ele reina por vontade divina, enquanto o Diabo faz a figura do usurpador: ele é um potentado, cujo jugo devemos quebrar.

dos Gnósticos. Como a Esfinge grega, ele reúne os quatro elementos dos quais o Diabo é o princípio anímico. Suas pernas negras correspondem ao elemento Terra e aos espíritos das profundezas obscuras representados pelos Gnomos da Idade Média e pelos Anunáqui[50] temidos pelos caldeus. As Ondinas, animadoras do elemento Água, são lembradas pelas escamas verdes que cobrem os flancos do monstro, cujas asas azuis se relacionam às Sílfides, potências do AR. Quanto à cabeça vermelha, ela representa a fornalha onde se comprazem as Salamandras, gênios do Fogo.

Os ocultistas estão persuadidos da existência dos espíritos elementares. A Magia ensina a subjugá-los sem dissimular os perigos das relações que podem se estabelecer entre eles e o homem. O mínimo que se pode dizer é que eles se mostram servidores exigentes à vista daquele que os domina, reduzindo à pior servidão o pretenso Mago, ambicioso por submetê-los ao poder de suas conjurações falaciosas.

Cuidando de governar-se modestamente a si mesmo, reprimindo suas tendências inferiores, o sábio abandona a dominação do invisível aos feiticeiros e aos falsos adeptos, ocultistas pretensiosos, que se cobrem de ridículos títulos denunciadores de sua pueril vaidade. Não comandemos senão que nosso corpo e não compactuemos com nenhuma traquinagem prometedora de pequenos proveitos. Deixemos os Gnomos guardarem ciumentamente os tesouros enterrados e reportemo-nos à Geologia para descobrir as jazidas metálicas. Não nos fiemos nas Salamandras para vigiar nossa cozinha, nem às Ondinas para regar nosso jardim, e – se nós esperamos um vento propício para embarcar – não nos esforcemos demais em assobiar para as Sílfides, segundo o hábito dos marinheiros de outrora.

O desinteresse é de rigor em taumaturgia, porque se a Natureza se deixa adivinhar, é de preferência pelas almas simples que entram em comunhão com ela candidamente e sem malícia. Ela prefere fazer com que se beneficiem de seus segredos os "pobres de espírito", inteiramente incapazes de imaginar uma teoria sábia fundada sobre os resultados que eles obtêm. Longe de se atribuírem um poder pessoal, esses modestos taumaturgos se consideram como muito humildes instrumentos a serviço de potências superiores. Eles exercem um sacerdócio e distinguem-se por seus sentimentos de piedade caridosa. Quer eles ostentem as penas multicores

50 Veja: Oswald Wirth, *Le Poème d'lshtar, mythe babylonien interpreté dans san ésotérisme*, Collection du Symbolisme.

do Sacerdote médico pele-vermelha ou os arrebiques do Sacerdote africano, se forem honestas e sinceras, essas crianças da Natureza – que não foram instruídas senão por ela –, são os respeitáveis colegas do digno adepto que se recusa a solidarizar-se com os magos charlatões.

Um adepto sério não ignora que o Diabo é o grande agente mágico, graças ao qual os milagres se efetuam, a menos que não sejam de ordem puramente espiritual; porque, enquanto o espírito puro age diretamente sobre o espírito, o Diabo não intervém. Mas, desde que o corpo esteja em causa, nada pode ser feito sem o Diabo. Nós lhe devemos nossa existência material, porque, se o desejo de ser e o instinto de conservação que provêm dele não nos houvesse dominado desde que nascemos, nós não teríamos podido nos agarrar à vida com o egoísmo exclusivo característico da primeira infância.

O Diabo nos possui, querendo ou não, quando viemos ao mundo, e é preciso que seja assim. Mas esta possessão não é definitiva, porque somos destinados a nos libertar progressivamente da tirania de nossos instintos inatos. Enquanto estivermos ligados a nosso organismo animal nos é impossível, todavia, fazer abstração do espírito que rege nosso corpo. Assim como o cavaleiro cuida de sua montaria, devemos levar em conta a besta que, debaixo de nós, reclama seus direitos. O Diabo também não é tão negro quanto se pinta, e é nosso inelutável, associado na vida desse baixo mundo.

Saibamos, pois, tratá-lo equitativamente, não como inimigo sistemático e irreconciliável, mas como inferior, cujos serviços são preciosos.

Não nos esqueçamos de que é o Diabo que nos faz viver materialmente. Ele nos arma para as necessidades desta vida de luta perpétua, de onde os impulsos, que não são maus em si mesmos, mas entre os quais a harmonia deve ser mantida se não quisermos cair sob o jugo dos pecados capitais dividem-se entre aquilo que poderíamos chamar de "departamentos ministeriais do governo infernal"[51]. Moderemo-nos em todas as coisas, e nós nos oporemos às discordâncias que, sozinhas, tornam-se diabólicas. Contenhamos nosso Orgulho, a fim de que ele se traduza em Dignidade, essa nobre altivez que inspira o horror a toda degradação. Domemos nossa Cólera, a fim de que ela se traduza em

---

51 Ver A. Siouville, *Le Prince de ce Monde et le Péché Originel*, Introdução, página IX. Coleção do Simbolismo.

Coragem e em energia ativa. Não nos abandonemos à Preguiça, mas concedamo-nos o Repouso necessário à reparação das forças despendidas. Não temamos mesmo repousar preventivamente à vista de um esforço a produzir. Os artistas e os poetas podem ser preguiçosos de maneira frutífera. Evitemos a Gula: é degradante não viver senão para comer; mas para viver com boa saúde, escolhamos nossos alimentos e apreciemos suas qualidades gustativas. Repilamos o odioso demônio da Inveja, que nos faz sofrer com o bem de outrem, mas oponhamo-nos, no interesse geral, às monopolizações ilícitas e aos abusos do poder. Não caiamos na Avareza, mas sejamos previdentes e pratiquemos a economia sem desdenhar o honesto amor ao ganho, estimulante eficaz do trabalho. Quanto à Luxúria, pela qual se exerce a mais poderosa dominação do Diabo, é preciso opor-lhe o Respeito religioso ao augusto mistério da aproximação dos sexos. Cessemos de profanar aquilo que é sagrado.

Se o exercício do poder mágico impõe a castidade, é porque o instinto genésico desempenha um papel capital no jogo das influências ocultas. O macho que cobiça a fêmea, exalta-se para desprender uma eletricidade fisiológica própria a exercer sua ação, desde que se encontrem condições propícias. A moça segura dela mesma, que se mostra coquete para com seu amoroso, pode sucumbir no instante em que menos espera. Ela é então vítima do feitiço natural a cujo jogo se prestou, brincando com uma força pérfida. Ganha por uma embriaguez misteriosa, ela perde momentaneamente a cabeça e o ato que ela estava decidida a não consentir se realiza. Os sedutores praticam uma Magia elementar tanto mais eficaz quanto ela é instintiva. Eles têm o talento de fazer intervir o Diabo sem grimório e fora de toda invocação consciente. O instinto basta, como em quantidade de outros atos da vida corrente, onde reações similares se produzem: os feiticeiros são legião que fazem feitiçaria como o Senhor Jourdain fazia prosa!

Tende uma vontade firme e agireis sobre o Diabo sem a menor dificuldade; o Pentagrama branco que decora a fronte do Baphomet a isso os incita. Tudo é hierarquia na Natureza, onde as forças inconscientes se submetem à direção daquilo que lhes é superior. Mas é perigoso atribuir--se uma superioridade fictícia para exercer um comando injustificado:

o Maligno não se engana e se encarrega de mistificar cruelmente os presunçosos que têm muito boa opinião sobre si mesmos. Ele exige, para obedecer, que o Pentagrama seja de uma brancura perfeita. Em outros termos, que a vontade seja pura, não tingida de egoísmo, e que as ordens dadas sejam legítimas. É que, em última análise, o Diabo está a serviço de Deus e não se deixa empregar a torto e a direito. Se ele provoca perturbação, esta não é jamais a título definitivo; sua desordem está na ordem e conduz à ordem, porque o Diabo está submetido à lei universal da qual a Justiça (VIII) assegura a aplicação; ora, VIII domina XV, quando os 22 Arcanos estão dispostos em duas fileiras (Veja página 42).

Nada o faz melhor compreender que o Triplo Pentagrama, que é o esquema do personagem principal do Arcano XV (3 x 5 = 15). A energia inteligente humana – representada pelo pequeno Pentagrama Central branco – não está encerrada no Pentagrama Invertido negro, figurado pela cabeça do bode com seus chifres, orelhas e barbas, senão para exteriorizar, por sua ação, o grande Pentagrama, símbolo do poder mágico benfazejo, do qual pode dispor o homem que sabe dominar nele a besta. A faísca divina que está em nós deve vencer o instinto grosseiro, e desta vitória resulta uma "glória", ou seja, um ambiente, uma auréola (aura), instrumento de nosso poder oculto.

A tensão vibratória desta aura depende da veemência do fogo infernal que queima em nós (cabeça vermelha do Baphomet, Pentagrama negro do esquema). Sem ardor diabólico permanecemos frios e impotentes: é preciso ter o Diabo no corpo para influenciar outrem e agir assim fora de nós mesmos.

Esta ação se exerce pelos membros do grande fantasma fluídico e, mais especialmente, por seus braços que não estão inutilmente tatuados com as palavras *Coagula* e *Solve*.

Com efeito, o procedimento mágico consiste em coagular a Luz Astral, quer dizer, a atmosfera fosforescente que envolve o planeta graças à ação de seu fogo central. Os vivos pululam no seio dessa claridade difusa que ilumina sua instintividade. Tomando de empréstimo o braço esquerdo do Baphomet, podemos atrair para nós a vitalidade ambiente vaporizada invisivelmente e condensá-la como neblina mais ou menos opaca em sua fluorescência. É a Coagulação que se opera em favor do polo genital, como o indica o símbolo hindu da união dos sexos que o Diabo ergue em sua mão esquerda.

O fluido coagulado *carrega* o operador à maneira de uma pilha elétrica; mas nenhum efeito se produz enquanto ele não o *descarrega*, ou seja, *solve*. Aqui intervém o braço direito portador da tocha incendiária do Baphomet, imagem das deflagrações veementes que são de temer. Para evitar a explosão que perturba, enlouquece, aturde e arrisca desencadear a demência, convém captar a corrente que determina o escoamento gradual do fluido acumulado. Um hábil magnetizador utiliza essa corrente por uma inteligência colocada em prática na fórmula: *Coagula, Solve*.

Ele utiliza alternativamente o diabinho vermelho e o diabinho verde que uma corda liga ao anel de ouro fixado ao altar cúbico sobre o qual se ergue o Baphomet.

O pequeno sátiro e a pequena fauna representam as polarizações positiva e negativa do fluido universal neutro ou, mais exatamente, andrógino, como o indica o símbolo do hermafroditismo ☿ [52] que caracteriza a sexualidade do Grande Pan. Este se desdobra segundo os sexos em um rapaz e em uma moça, que formam ambos o símbolo do esoterismo, dobrando os dois últimos dedos da mão que deles estendem. O diabinho da direita eleva assim a mão esquerda, roçando a coxa direita do Satan, para lhe trasfegar do fluido positivo que ele transmite à diabinha da esquerda pelo laço que os une. Esta pequenina fauna verde (cor de Vênus) toca com a direita o casco paternal, a fim de restituir o fluido recebido em excesso. Este contado estabelece o circuito da escravidão mágica, cujos agentes são, de uma parte, o orgulho e o eretismo masculino sob todas as suas formas e, de outra, a lascividade feminina.

O pedestal do ídolo templário não é, como o trono do Imperador (IV), um cubo perfeito de ouro puro. Seu achatamento lembra o símbolo do Tártaro dos Alquimistas, substância que merece ser colocada em obra

52 O sinal ☿ une o sol masculino ☉ com a lua feminina ☾.

como a pedra bruta dos Franco-Maçons, ainda que ela não seja senão uma crosta inconsistente. A cor azul indica uma matéria aérea resultante da tensão de dois dinamismos similares, mas opostos, representados pela base e pelo platô do pedestal. A cor vermelha dos três degraus inferiores e de sua exata contraparte ao alto denota uma atividade ígnea, como se a polarização inferior provocada pelo fogo central fizesse apelo a um equivalente acúmulo de atividade atmosférica. O altar do Sabbat está construído segundo as leis ocultas que teremos interesse em esclarecer com maior precisão.

Os chifres e os cascos fendidos do Bode dos feiticeiros são dourados, porque tudo que emana do Diabo é precioso. Da cabra Amalteia que alimentou Júpiter provinha a famosa cornucópia da abundância, que proporcionava às ninfas tudo aquilo que elas desejavam. Aquele que possuísse um chifre do Diabo dele obteria tudo o que quisesse. Quais são, de outra parte, as virtudes do leite vertido pelas mamas da mulher de Baphomet? A tradição não nos diz; mas a cabra de Júpiter, que, acompanhada por seus dois filhotes aparece no céu nas costas do Pastor (Bootes), corresponde exatamente ao ternário do Arcano XV . O Cocheiro celeste que mantém o chicote e as renas que lhe permitem conduzir a animalidade; é Pan, o protetor dos seres submetidos à vida instintiva.

A décima quinta letra do alfabeto semítico é *Samek,* cuja forma é circular ס [53] em caligrafia hebraica usual. Alguns acreditaram reconhecer aí o Ouroboros, a serpente cosmogônica que morde a própria cauda; outros imaginaram, de preferência, o "tentador", causa da queda adâmica. Essas aproximações não se justificariam de modo algum, se o Tarô fosse tão velho quanto os caracteres alfabéticos. O *Samek* primitivo é, com efeito, uma tríplice cruz, como aquela que o Papa do Arcano V mantém. Se quiser explorar a ironia do simbolismo, poder-se-ia sugerir que o medo do Diabo confere sozinho ao governo da Igreja o cetro de seu poder executivo. Concluímos, de uma maneira geral, que ninguém reina sobre a Terra sem fazer aliança com o "Príncipe deste Mundo".

[53] Veja a Tabela da evolução do alfabeto semítico.

Interpretações Divinatórias

A Alma do Mundo, vista como o reservatório da vitalidade de todos os seres. É a luz astral dos ocultistas. A eletricidade vital em estado estático em sua dupla polarização ativa e passiva. Forças ocultas relacionadas à animalidade.

Artes mágicas, feitiçaria, hoodoo, fascinação, prática do magnetismo humano. Sugestão, influência exercida ocultamente. Ação sobre o estado inconsciente dos outros. Dominação das massas. Encantamentos, eloquência perturbadora. Estímulo de apetites, de instintos grosseiros e paixões básicas. Demagogia, revolução, tumulto, negação.

Perturbação, desequilíbrio, desordem. Superexcitação, loucura. Cio, concupiscência, luxúria, lubricidade, histeria. Intrigas, maquinações, emprego de meios ilícitos. Perversão. Abuso, cupidez, descomedimento sob todas as suas formas.

ARCANO XVI
A Torre

A Torre (Casa de Deus) do Arcano XVI é o primeiro edifício que encontramos no Tarô, onde construções semelhantes são mostradas apenas na Lua (Arcano XVIII). Ora, XVI, XVII e XVIII constituem o 6º ternário que corresponde ao corpo do Adão terrestre, ou seja, ao organismo construído da individualidade humana ou àquele da humanidade vista em seu conjunto. Temos em XVI o primeiro termo desse ternário, aquilo que se pode chamar de o "o espírito corporalizador" e, em XVIII, último termo da mesma tríade, o resultado da corporalização efetuada. Como nada se corporifica sem que haja aí condensação a príncipio etérica ou fluídica, sob uma influência restritiva e particularizadora que conveio atribuir ao Diabo, este último se torna o pai espiritual do menor átomo, não menos do que do mais incomensurável sistema cósmico, porque, na raiz de um como de outro, concebe-se um turbilhonamento louco em torno de um centro de atração necessariamente egoísta e monopolizador. Em pequeno, como em grande, tudo se concretiza em favor de um obscuro instinto de individualização, que se manifesta sob a aparência de uma revolta contra a ordem universal das coisas, de onde a lenda de Lúcifer e a do pecado srcinal, que devem ser revistas, porque Deus não é o velho *Apsou* dos caldeus, o abismo sem fundo, o infinito adormecido em sua infinitude, da qual ele se recusa a sair para criar. Renunciamos a essa divindade preguiçosa, mas metafisicamente consequente com ela mesma, para adorar a causa criadora que procede pela diferenciação e não inspira inquietude na insubordinação materializante, indispensável à realização de seu plano. Não introduzamos na Unidade necessária um dualismo ilógico. Tudo permanece UM, e nosso

Deus único assume sozinho a última responsabilidade por aquilo que é. Ele nos proíbe blasfemar contra sua criação que é boa e perfeita em seu ideal, cuja realização se persegue: a Grande Obra está em via de execução e não poderia ser julgada enquanto não estiver terminada. A beleza de um edifício não se manifesta senão após a retirada dos andaimes que permitiram sua construção. Não podemos admirar nosso mundo imperfeito e render-lhe justiça, senão concebendo a perfeição a qual ele tende.

Como tudo se constrói, perguntemos aos construtores os segredos de sua arte. Eles nos levarão para perto de duas colunas erguidas diante do Templo que eles edificaram à Glória do Grande Arquiteto do Universo. A primeira dessas colunas, aquela da direita, traz um nome hebreu, cuja inicial é um *jota* e que significa: "ele estabelece", "ele funda". Esta coluna é consagrada ao fogo interior que anima os seres para fazê-los agir por si mesmos, tomando todas as iniciativas, a começar por aquela de existir. É, pois, o poder criador individualizado que está representado sob um aspecto fálico nos monumentos que os antigos gostavam de erigir[54].

O Arcano 16 nos apresenta a imagem de uma edificação, semelhante a uma Torre atingida por um Raio, uma designação comum. Isso porque essa estrutura é menos um templo, uma Casa de Deus, do que um edifício sagrado de um corpo erroneamente identificado com Deus.

Essa identificação é a consequência do pecado original, que obscurece o espírito descido à matéria em vista de elaborá-la. A queda é consecutiva à encarnação, que não é forçosamente o resultado de uma falta primordial. O pecado de Adão é muito relativo e não existe senão em relação aos humanos cegos, que gemem por se verem condenados ao trabalho, sem compreender que eles se divinizam ao se associarem espontaneamente à obra eterna da criação.

Mas sua cegueira transitória é conforme o programa divino. No interesse do trabalho de transmutação que nos incumbe, é preciso esquecer de Deus para nos identificarmos com a matéria. Deus ordena a todos que, quando encarnamos; ele não quer que estejamos distraídos de nossa tarefa inicial pela nostalgia do céu. A criança não é, no início, senão um puro

54 O simbolismo de Jachin e Boaz é indicado anteriormente. A Torre Iluminada (XVI) lembra Jachin considerado isoladamente, portanto as únicas energias que o indivíduo extrai de si mesmo. Agora, nada duradouro pode ser estabelecido sem a Força consolidadora e mantenedora, cuja reserva está em Boaz. As duas colunas estão em frente ao Templo, um edifício permanente, que não é um abrigo temporário, como a Torre inspirada pelo egoísmo.

animal. Ela constrói seu organismo preocupando-se apenas consigo mesmo, com o egoísmo inconsciente mais absoluto. Seu edifício corporal ergue-se no espírito que animava os construtores da Torre de Babel, construção da qual o Arcano XVI apresenta uma imagem simbolicamente correta.[55]

Os tijolos que a compõem são, em seu conjunto, cor de carne, para indicar que se trata de uma construção viva, dotada de sensibilidade. É bem, a maior, a sociedade humana, e, a menor, o corpo individual de cada um de nós, ou seja, uma composição de células nascidas umas das outras para se agregarem em órgãos, como pedras de um edifício que fossem capazes de se formar e ajustar a si mesmas, obedecendo a misteriosas atrações. Os materiais da Torre que contornam as aberturas são de um vermelho vivo, como se a atividade devesse dominar naquilo que pede maior resistência e solidez.

Essas aberturas são em número de quatro: uma porta e três janelas, duas esclarecendo o andar do meio da morada do espírito e a terceira a câmara superior, o rés-do-chão, encontrando-se suficientemente esclarecido pela porta que permanece aberta.

A parte inferior, acessível sem esforço, corresponde às noções banais que se impõem à constatação passiva. No primeiro andar, a vista é mais ampla e a observação, pela janela da esquerda, torna-se agora consciente: é a ciência que se constitui pelo acúmulo dos frutos da experiência. Pela janela da direita entra a luz do raciocínio que coordena as noções adquiridas e tira delas uma filosofia. Mas é possível subir mais alto para atingir o santuário esclarecido por uma única janela, aquela da fé ou da especulação abstrata, ambiciosa de síntese.

Isso não é tudo. A Torre termina em terraço denteado de ouro, de onde se contempla o céu. Uma dupla arquitrave composta de duas camadas, primeiro, pedras verdes, depois tijolos vermelhos, sustentam o coroamento da Torre. O verde venusiano faz alusão à sentimentalidade mística e o vermelho aos ardores generosos que conduzem à visão beatífica e às contemplações transcendentais.

Há perigo em erguer-se muito alto. Somos advertidos disso pelo traçado de um raio que parte do Sol e que decapita a Torre. O Sol é aqui o símbolo da razão que governa os homens e opõe-se às suas extravagâncias.

---

55 A Torre babilônica era composta por sete cubos sobrepostos, pois a criação está sujeita à lei do setenário. São sete notas na escala da harmonia universal, harmonia que repercute no homem, mundo em pequeno (microcosmo). O edifício sagrado da Babilônia prestou homenagem ao macrocosmo, enquanto apenas o microcosmo está envolvido no colapso do edifício do Arcano XVI.

Quando nós perseguimos uma empresa quimérica, a catástrofe é fatal, provocada por nossa culpa, mas determinada, em sua realização, pela ação da luz que esclarece as inteligências.

Aquilo que é irracional, condena-se a si mesmo à aniquilação. Tanto pior para o ambicioso, que se dá a muito trabalho para se elevar bem alto, sem desconfiar que os cumes atraem o raio.

Os dois personagens do Arcano XVI sofrem o castigo de sua presunção; eles são precipitados ao mesmo tempo em que os materiais se desprendem da Torre. O primeiro é um rei que permanece coroado; ele representa o espírito imortal para quem foi construída a Torre. A silhueta que ele desenha lembra o *ayn*, 16ª letra do alfabeto sagrado; mas aqui se impõe a observação já feita a propósito do *Samek*. O *ayn* primitivo era um círculo, de onde deriva por uma série de alterações observadas pela epigrafia semítica, o caráter atual do hebraico quadrado.[56]

O Senhor da Torre usa uma roupa de cores discordantes, às quais é difícil assinar um significado. O azul domina como sinal de idealidade; ele se associa ao vermelho, atribuindo atividade ao braço direito, e ao verde, reservado à região do coração, sensível ao encanto feminino. Se, enfim, a perna esquerda é amarela, em oposição à direita que é azul, isso pode indicar uma marcha partilhada entre a piedade, fidelidade (azul) e a inveja que cobiça os bens materiais (amarelo).

Já o segundo personagem está vestido de vermelho, porque ele é o arquiteto da Torre, o construtor do corpo que morre com ele, recebendo na nuca um choque mortal. Esse construtor do organismo se identifica com sua obra que é transitória; mas se ele desaparece, não age menos de acordo com uma tradição duradoura, porque cada indivíduo se constrói não à sua fantasia, mas segundo o plano permanente da espécie. Este persiste graças à arquitetura vital que lhe é própria. Quando um gérmen se desenvolve, a organização progressiva se efetua, inspirando-se, primeiro, no tipo geral do gênero, depois nas particularidades da raça, do estilo ancestral e, enfim, do caráter individual. Nós somos assim, corporalmente construídos por um agente demiúrgico, o arquiteto de nossa Torre carnal, que se coloca a serviço de nossa realeza espiritual.

Resta fazer menção às esferas multicoloridas que a explosão da Torre parece haver projetado em seu ambiente, que são energias acumuladas pela vida, condensações que o vermelho designa como sulfurosas ou ígneas;

56 Veja a tabela das sucessivas transformações do alfabeto semítico.

a cor verde como vitalizadoras passivas na ordem mercurial; e o amarelo como energias mortas à maneira da palha, como cascas astrais salinas.

Essas formas fantasmáticas, das quais a vida ativa é retirada, são ruínas que subsistem como testemunhas do passado. Nós somos perseguidos por essas larvas que podemos animar, se nos esforçarmos para tanto, à maneira dos imprudentes que se deixam vampirizar astralmente.

Infeliz do ocultista vaidoso que imagina ser servido por entidades invisíveis! Seus servidores equivocados vivem às suas custas e o detém na medida em que os tem ele próprio. O ocultista pertence a eles da mesma forma que eles lhe pertencem. Há, pois, duas alienações de sua parte: ele se aliena no sentido próprio da palavra, e se expõem, além disso, a perder a razão, catástrofe com a qual o ameaça o Arcano XVI.

O sentido nefasto da Torre encontra sua correspondência celeste no Escorpião, constelação que precipita a queda do Sol nas regiões astrais e que desempenha, na mitologia, o papel de um pérfido envenenador. Este animal venenoso não é menos o suporte do Ophiuchus, o Serpentário, manipulador do fluido curativo, pois que ele eleva a serpente de Esculápio, que se recusa a rastejar na lama terrestre, alusão ao grande agente mágico, ou seja, ao fluido vital sublimado por seu desprendimento do império egoísta dos vivos. Quando dispomos, em favor de outrem, de nosso dinamismo fisiológico, praticamos a antiga medicina sagrada. Elevamos então, o Escorpião da instintividade, a Serpente geradora de toda energia animal.

Em seu conjunto, o Arcano XVI se relaciona ao princípio determinante de toda materialização e à tendência que leva a materializar. Essa tendência leva a adensar as formas que servem de veículo ao espírito. Assim nascem os dogmas autoritários, cascas opacas, que aprisionam e desfiguram a verdade viva. Daí também a rapacidade humana, fonte de todos os despotismos, manisfestando-se em grande ou pequeno, ou sob a forma desta exploração intensa da terra e das forças humanas da qual se vangloria nossa época. Como não compreender que o desdém sistemático a toda moderação nos encaminha em direção a um cataclismo social? Possa nosso orgulho humilhar-se diante da Sabedoria do Tarô!

A Torre é substituída em alguns Tarôs pelo Inferno representado por um monstro com focinho de porco, que devora os danados que o Diabo atrai com seu toque de chamada.

Interpretações Divinatórias

Materialização. Atração condensadora. Egoísmo radical em ação. Monopolização restritiva. Espírito aprisionado na matéria. Construção vital da qual resulta todo organismo.

Orgulho, presunção, perseguição de quimeras. Materialismo que se liga às aparências grosseiras, avidez de adquirir, obsessão pelas riquezas materiais. Megalomania, extensão abusiva daquilo que se possui. Ambições e apetites insaciáveis. Conquistas imoderadas. Exploração irracional. Excesso e abuso, levando à revolta e às perturbações.

Dogmatismo estreito, fonte de incredulidade.

Alquimia ignorante, aquela dos sopradores de ouro vulgares. Merecido fracasso de toda empresa insensata. Punição resultante do excesso cometido.

Doença, desorganização, sujeira, que era leve e viva. Ruína dos impérios constituídos e mantidos pela força brutal. Aniquilamento das Igrejas intolerantes, que se proclamam infalíveis. Erro do presunçoso que empreende acima de suas forças e não sabe deter-se oportunamente.

Quando este Arcano deixa de ser desfavorável, ele avisa quanto àquilo que ele ameaça. Temor salutar, reserva, timidez preservadora dos riscos desconsiderados; simplicidade de espírito a desviar da estupidez sábia, bom senso vulgar, sabedoria de Sancho Pança.

ARCANO XVII
AS ESTRELAS

Em nossa sede de existência e de autonomia individuais, desligamo-nos da vida universal do Grande Ser do qual continuamos a fazer parte. Nós vivemos nele, mas não da vida que lhe é própria, pois nos contentamos com nossa vida estreita, limitada ao domínio de nossas sensações. Aquilo que estas últimas nos revelam é ínfimo em relação ao insondável desconhecido que nos envolve. Estamos mergulhados em uma noite profunda, mas quando dirigimos nossos olhares em direção ao céu, vemos cintilarem as Estrelas.

Essas luzes do alto nos encorajam e nos fazem sentir que não estamos abandonados, pois os Deuses – chamados primitivamente de "os brilhantes" –, velam por nós. Eles nos dirigem à vista do cumprimento de nosso destino, porque temos uma tarefa em nossa vida limitada, ninguém é encarnado sem que seu programa, em grandes linhas, esteja traçado, sem que um objetivo esteja assinado ao viajante terrestre. Um misterioso mapa designa as etapas essenciais de nossa peregrinação, como se o tribunal dos Anunnaki[57] houvesse estatuído por nossa conta a fixação de nosso destino.

Se executássemos fielmente nosso programa, a vida seria para nós aquilo que ela deve ser. Mas nós a complicamos com nossa indocilidade que nos vale as durezas das quais nos lamentamos, porque a vida não é cruel em seu princípio, mas seu objetivo não é nossa aprovação: ela tem sua tarefa e pede-nos para cumprir a nossa. É uma Deusa doce e bela, como a jovem moça nua do Arcano XVII, que, ajoelhada às margens de

57 Veja nosso Poème d'Ishtar.

uma lagoa, despeja o conteúdo de um vaso de ouro de onde escorre um líquido ardente, vivificador da água estagnada. A esta ânfora mantida pela mão direita, corresponde uma outra inclinada pela esquerda, para espalhar sobre a terra árida uma água fresca e fertilizadora. Este segundo recipiente é de prata e, como o primeiro, é inesgotável. A irrigação constante mantém a vegetação, mais particularmente representada por um ramo de acácia e uma rosa desabrochada.

Mimosa do deserto, a acácia resiste à dissecação; sua verdura persistente manifesta uma vida que recusa a se extinguir, de onde seu caráter é um emblema de esperança e imortalidade.

Na lenda de Hiram, essa planta faz descobrir o túmulo do Mestre detentor da tradição perdida. Ela corresponde ao ramo de ouro das iniciações antigas. Conhecer a acácia é possuir noções iniciáticas que conduzem à descoberta do segredo do Mestrado. Para assimilar este segredo, o adepto deve fazer reviver nele a Sabedoria morta. Para essa finalidade, ele deve imitar Ísis, que percorreu toda a Terra à procura dos pedaços do corpo de seu esposo. Esses vestígios preciosos são recolhidos pelo pensador que sabe discernir a verdade escondida sob o monte de superstições que o passado nos legou. O cadáver espiritual de um Deus que outrora esclarecia o mundo, subsiste repartido entre as massas ignorantes, sob a forma de crenças persistentes, a despeito de sua oposição às ortodoxias admitidas. Longe de desdenhar esses restos desfigurados de uma sapiência perdida, o iniciado reúne-os piedosamente, a fim de reconstituir em seu conjunto o corpo da doutrina morta. Restabelecida em sua síntese, esta doutrina se torna revificável, como Hiram ou Osíris. Mas sem a acácia reveladora, como saber onde cavar o solo?

A discreta verdura que, no Oriente, enfeita os túmulos abandonados, contrasta com a rosa que desabrocha alegre nos jardins. Símbolo de tudo aquilo que embeleza a vida terrestre, esta flor de amor e de beleza se reflete no lago, reservatório dos fluidos vitais. A borboleta de Psique está pousada sobre a corola do suave perfume dos sentimentos delicados, esclarecidos por uma inteligência afinada, que chegou a se afastar de toda grosseria. A rosa do Arcano XVII é aquela dos cavaleiros do espírito, flor que será colocada sobre a cruz, cuja madeira é fornecida pela acácia. Quando a fé deixar de ser cega, a sentimentalidade religiosa e a meditação filosófica se harmonizarão, para a satisfação das almas ansiosas por acreditar com discernimento.[58]

Mas a aurora da compreensão reservada aos iniciados não dissipa ainda as trevas da intelectualidade humana, ainda que nós possamos ver empalidecerem as estrelas de nosso céu noturno diante do clarão de uma delas: Lúcifer, o portador da luz, ou seja, Vênus como estrela da manhã.

Este astro é a grande estrela do Arcano XVII, que projeta fogos verdes entre seus oito raios de ouro. A cor de Vênus alia-se assim à octoada de Ishtar, a Deusa por excelência dos caldeus. Estes últimos divinizavam as estrelas, ainda que em sua escrita primitiva o ideograma ✳ significasse "deus". Esse símbolo foi mantido pelos assírios como determinativo dos nomes divinos que ele precede, mas na estrela de oito raios permanece o emblema sagrado de Ishtar, divindade popular monopolizadora da mais fervorosa devoção dos mortais. Como seria de outro modo, já que os humanos acreditam dever a vida à terna e generosa Ishtar? Encantadora, ela inspira nas almas o desejo de tomar corpo. Suas seduções nos induzem a encarnar, para gozar dos prazeres da vida terrestre, aceitando afrontar as provas que ela impõe, porque Ishtar exige de seus fiéis a coragem de viver; ela quer que eles tomem com valentia a luta pela existência. Suas recompensas vão para aqueles que as merecem, aos enérgicos, não aos indolentes ávidos de gozar sem se dar ao trabalho. Ela dispensa, aliás, a cada um, as alegrias que eles se mostrarem capazes de apreciar; ao vulgo, os gozos animais passageiros; aos seres refinados, as satisfações duráveis mais maravilhosas e mais elevadas. O eleito de Ishtar diviniza-se, elevando-se acima da matéria para amar divinamente!

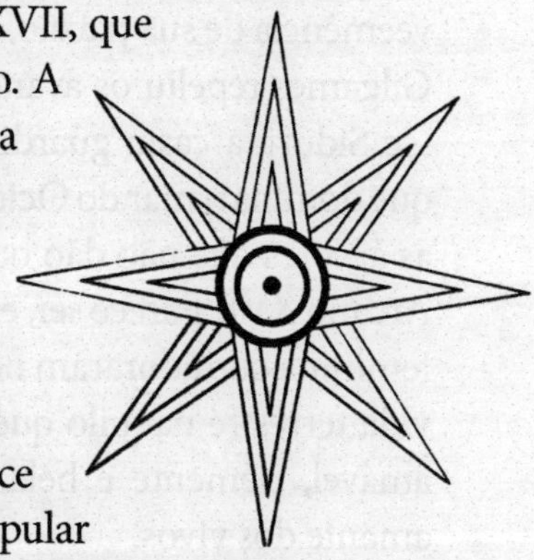

Notamos, então, que Ishtar é dupla: guerreira pela manhã e lânguida ao anoitecer. Matinal, ela desperta os adormecidos, sacode os espíritos de seu torpor e incita à revolta luciferina contra a tirania dos dogmas reinantes.[59] Ao declínio do dia, o astro de Ishtar reaparece da púrpura do

58 O simbolismo rosacruz não pode ser exposto aqui com todos os desdobramentos que ele acarreta: seria necessário um tratado especial.

59 Vênus não era considerada pelos gregos como a Deusa da Vida que começa com o despertar. Cabe a Mercúrio estimular nossa atividade: o galo anunciando o amanhecer é sagrado para ele.

poente. Sua luz é então de uma suave brancura apaziguadora. O homem fatigado contempla-a com gratidão; parece-lhe que a Deusa o convida ao repouso merecido, às efusões de ternura e à meditação serena. Não é ela a reveladora da beleza das coisas? Os poetas não veem mais nela, a esta hora, a amante fogosa, terrificante pela veemência de sua paixão, a Ishtar da qual o sábio Gilgamés repeliu os avanços. Não, a Deusa torna-se Siduri, a casta guardiã de um paraíso fechado que domina o mar do Ocidente, cuja brisa aí acaricia as árvores que não dão outros frutos senão pedras preciosas[60]. A jovem do Arcano XVII parece ser, ela também, uma encarnação da grande divindade feminina que adoraram nossos longínquos ancestrais. É a personificação da vida terrestre naquilo que ela tem de mais sedutor e atraente; é a natureza amável, clemente e bela, mãe eternamente jovem que se torna a terna amante dos vivos.

Esta vida terrestre que nós amamos mais que tudo, malgrado a escravidão material que ela nos impõe, deixa-nos mergulhados em uma noite que seria completa sem as luzes do firmamento. As estrelas simbolizam a obscura claridade da qual se beneficiam os humildes em suas aspirações espirituais.

As crianças da natureza se voltam em direção a um ideal com uma piedade espontânea que as reconforta à vista do cumprimento de sua tarefa terrestre.

Santificando aquilo que mantém a vida, eles a divinizam. Possamos nós apreciar a sã beleza de sua concepção religiosa, mais verdadeira em sua simplicidade que nossos sistemas ambiciosos, complicados por uma inquietante metafísica.

As Estrelas do Arcano XVII são em número de oito, o que nos conduz ao Arcano VIII (A Justiça), falando de outro modo, à inteligência coordenadora das ações e reações naturais. Mas aqui, oito conduz à unidade da grande estrela de um septenário de astros mais modesto, entre os quais quatro dispostos em quadrado são amarelos e três são azuis.

---

60 Ver a *Epopeia de Gilgamés*, poema caldeu de mais de cinco mil anos, canto X. Num conto, chamado "A Serpente Verde", que traduzimos e comentamos (Editions du Monde Nouveau, 1923), Goethe imagina um parque de árvores estéreis, luxuriantes com folhagens, mas desprovidos de flores e frutos. Ali reside a bela Lilia, beleza perfeita, cujo contato mata.

O conjunto se relaciona às influências que nossa personalidade sofre da parte dos corpos celestes; mas os ilustradores da Idade Média não ficaram embaraçados com noções atualmente clássicas em Astrologia. O septenário que eles subordinam a Vênus não é necessariamente aquele dos planetas que dão conta do horóscopo. Vênus está em exaltação na parte do céu onde Peixes vizinha com Andrômeda e com o Quadrado de Pégaso. As estrelas fixas deste quadrado, próximas ao brilhante ternário de Andrômeda, constituem, pois, um setenário ishtariano merecendo ser levado em consideração.

Abstração feita de interpretações astrológicas mais sábias, não nos inspiramos senão sugestões imediatas do simbolismo, e não visamos, em primeiro lugar, senão duas estrelas: a maior e a menor. Esta última brilha no centro da composição, sob a grande estrela e muito exatamente acima da cabeça loura da jovem nua, na qual é permitido ver Eva personificando a humanidade encarnada. Esse astro minúsculo e próximo representa uma estrela particular a cada personalidade, porque cada um de nós tem a sua própria estrela, que é o receptáculo através do qual as influências siderais se filtram para se concentrarem sobre nós.

Esta estrela pessoal é azul, do mesmo modo que os dois astros maiores colocados um pouco mais acima à direita e à esquerda. Estes são os condensadores das influências que se exercem sobre a alma que eles iluminam misteriosamente, a estrela azul da direita recolhendo aquilo que se endereça à razão (Sol); a da esquerda, as intuições do sentimento e da imaginação (Lua).

As estrelas amarelas partilham as inclinações atribuídas a Mercúrio, Marte, Júpiter e Saturno; mas a predominância de Vênus permanece tão marcada no Arcano XVII quanto o é em quiromancia, onde o monte de Vênus é muito maior em volume que os outros.

Como os Peixes do Zodíaco nadam no oceano celeste de Ea, o Deus caldeu da sabedoria suprema, esses habitantes dos espaços estelares são tanto menos estranhos ao Arcano XVII quanto a constelação de Andrômeda lhes é contígua. Ora, esta princesa, filha de Cepheus e de Cassiopeia, foi acorrentada nua a o rochedo batido pelas ondas, onde um monstro marinho a teria devorado sem a intervenção de Perseu. Trata-se da alma vivente ligada à matéria, logo,

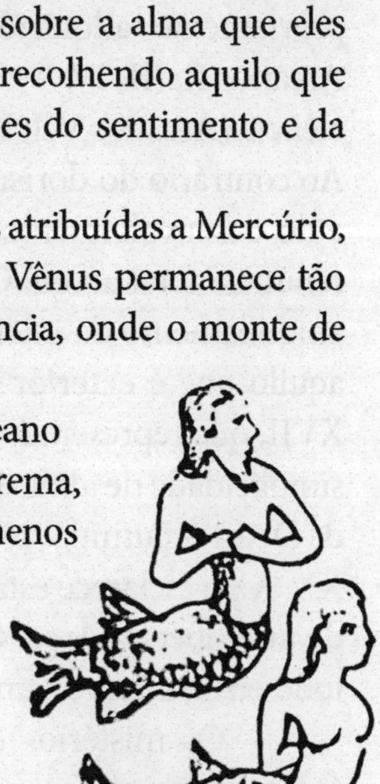

da Eva juvenil do Tarô, a mãe, rainha da Etiópia segundo a mitologia, na realidade, a Natureza produtiva figurada pela Papisa (Arcano II). Seu pai, o rei negro que reina sobre o abismo insondável do infinito, torna-se o Louco, cujo domínio escapa à razão humana. Perseu, que desposa Andrômeda, corresponde à alma espiritual (*Neshamah)*, cuja união com a vida da alma corporal (*Nephesh Haiah*), liberta-a através dos ares da espiritualidade.

O Arcano XVII ocupa o meio da segunda fileira do Tarô, onde ele marca – tudo como no Arcano VI que lhe é superposto – a passagem de uma fase de iniciação para outra. Ora, se no domínio ativo os Enamorados passa da teoria à prática, a alma do místico guiada pelas estrelas chega ao discernimento teórico após haver entrado praticamente em relação com o não eu. Do XII ao XVII, o esquecimento de si não é simplesmente preconizado ou ensinado, mas imposto em sua realização prática. Chegando ao XVII, o adepto não tem mais de escolher deliberadamente entre dois caminhos, como o jovem Hércules do Arcano VI, porque ele está predestinado: os astros lhe traçam uma sorte à qual ele não pensa subtrair-se, pois que ele se abandona docilmente às influências celestes que devem conduzi-lo à iluminação mística. Esta é a recompensa pelas obras realizadas segundo o impulso do coração, e não o resultado de um estudo metódico, tal como se impõe ao iniciado dórico, cujos atos se inspiram em um saber previamente adquirido. O Mago (Arcano I), instrui-se teoricamente Arcanos II, III, IV, V); depois, sofre a prova moral (VI) antes de aplicar sua ciência (Arcanos VII, VIII, IX, X), para atingir a plenitude de seu poder (XI). Ao contrário do dorismo – fundado sobre a posse consciente de si mesmo e do desenvolvimento integral da personalidade – o jonismo procede da renúncia total ao eu. O Dependurado (Arcano XII) leva o sacrifício até o aniquilamento da iniciativa individual (XIII?), a fim de comunicar-se com aquilo que é exterior a ele mesmo (XIV, XV, XVI); chegando, assim, ao XVII, que representa o estado de receptividade das crianças da natureza, a simplicidade de alma e o espírito fora da qual ninguém é admitido no reino de Deus. A iluminação mística, cujas etapas estão marcadas por XVIII, XIX, XX, XXI, esclarece esta sã ignorância, à qual não perturba nenhuma noção de um saber vaidoso. O céu instruirá a jovem nua, porque ela é virgem de todo ensinamento humano.

Os mistérios do Arcano XVII são aqueles do sono e da noite. Quando dormimos, nossa alma espiritual evade-se do corpo, que repousa abandonado ao funcionamento automático dos órgãos.

Quais são, ao longo da noite, as ocupações do eu afastado? Não vivemos nós, em parte, duplamente encarnados encarnados, e depois periodicamente emancipados dos liames da carne? Existe uma necessidade mais imperiosa que o sono? Nós não podemos viver sem dormir. Dividimo-nos entre duas existências, dentre as quais uma nos é desconhecida. A cada manhã retornamos de uma viagem da qual as peripécias nós ignoramos. Um eco disso nos resta, quando muito, sob a forma de sonho, quando nosso cérebro registra imagens, testemunhas de nossa atividade noturna inconsciente. Não levamos em conta essas reminiscências reveladoras, no mínimo, de emoções provocadas por distúrbios funcionais. Aquilo que um doente havia sonhado guiava, outrora, o médico em seu diagnóstico. Nos templos de Esculápio, onde os suplicantes vinham dormir, o Deus gostava de mostrar em sonho, aos interessados, o remédio mais adequado para curá-los. Em nossos dias, os indivíduos adormecidos mostram-se mais particularmente lúcidos quanto aos cuidados médicos que lhes são necessários. O sono é, pois, uma fonte de informação que não deve ser negligenciada. Para ele, a cortina do mistério afasta-se, autorizando algumas furtivas percepções, dando corpo aos muito vagos pressentimentos que nos fazem adivinhar um outro mundo. Os sonhos foram os primeiros iniciadores da humanidade.

O que se passa quando, fechando os olhos à noite àquilo que nos cerca, partimos para o desconhecido? Comparemo-nos ao mergulhador que, sua tarefa, remonta à superfície onde se despoja de seu escafandro. Que contraste entre a oposição do fundo das águas, onde a visão do escafandrista não tem senão um ínfimo alcance, e o vasto horizonte luminoso que se descobre para ele, desde que respire ao ar livre! Mas suponhamos que toda lembrança do alto se extinga para o mergulhador que retorne ao seu trabalho penoso na profundeza das águas. Nós representaremos assim nosso enevoamento em estado de vigília, comparativamente à emancipação luminosa que nos vale o sono. Nosso espírito não se entorpece como nosso corpo enquanto este último repousa, nossa inteligência permanece incorporeamente ativa. Daí resulta que a noite traz o conselho, em razão da clarividência adquirida por aquele que dorme, livre da carapaça escurecedora através da qual se exerce a sua atividade terrestre. Quando dormimos preocupados com uma decisão a tomar ou com um problema a resolver, ocorre que nos encontramos em sonho na presença de uma determinação tomada ou a conceber como evidente a resposta à pergunta que nos atormentava a vigília. Tudo é explicado pela intervenção de nossa pequena estrela azul, que foi capaz de questionar suas irmãs estrelas maiores.

Interpretações Divinatórias

A mulher consoladora que ergue o homem esgotado pelas lutas da existência. Eva a quem o redentor está prometido. A vida repartida entre as criaturas. A alma ligando a matéria ao espírito. A Natureza em atividade. A noite e seus mistérios. O sono e suas revelações. Imortalidade. Destino, predestinação. Ideal que a vida tende a realizar.

Beleza objetiva. Estética. Culto ao belo. Religião da Vida santificando aquilo que a ela se relaciona. Ishtar.

Esperança, ânimo, bom-humor, valentia que suporta alegremente as misérias da vida. Idealização da realidade. Poesia, belas-artes, música, sensibilidade, requinte, carinho, compaixão. Adaptação às necessidades, Caráter tranquilo.

Inocência, candura, ingenuidade, ignorância. Juventude, encanto, sedução, atração. Epicurismo, sensualidade, sonho, abandono, negligência. Confiança, resignação, fatalismo.

Astrologia, influências astrais, proteção oculta, intuições, premonições, pressentimentos. Curiosidade indiscreta. Pandora e sua caixa fatal.

ARCANO XVIII
A LUA

Para manifestar os esplendores do céu, a noite mergulha a Terra nas trevas, porque as coisas do alto não se revelam à nossa vista senão em detrimento daquelas de baixo. Aspiramos, todavia, relacionar o celeste ao terrestre por uma contemplação simultânea, tornada possível quando a Lua espalha sua pálida claridade. Este astro que está próximo às estrelas, sem subjugar completamente seu brilho, apenas ilumina metade dos objetos banhados em sua luz incerta e emprestada. A Lua não permite distinguir as cores; ela tinge de um cinza prateado ou de nuanças azuladas indecisas aquilo que seus raios atingem, deixando subsistir, aliás, o negro opaco das sombras da noite.

Como – observando os efeitos da claridade lunar – não pensar na imaginação, cujo modo de inspiração se traduz de maneira análoga em nosso intelecto? O visionário imaginativo vê as coisas sob uma falsa luz. Fascinado por Hécate, ele se desvia do cintilar poético das estrelas, para concentrar sua atenção sobre os contrastes do falacioso claro-escuro da Lua. Em metafísica, ele forja teorias errôneas, fundadas sobre oposições irreais, efeitos ilusórios de um jogo de ótica mental: do bem e do mal, do Ser e do Nada ele faz entidades objetivas e cai na armadilha de um dualismo fatal a toda apreciação sã da realidade. Enganado pelos contrastes aparentes, ele imagina a matéria densa, sólida, pesada e indestrutível, quando ela se reduz, em última análise, a ínfimos turbilhões de uma imponderável substância etérica. Os erros capitais do espírito humano derivam da imaginação que não pode se impedir de objetivar o subjetivo. Ora, como essa faculdade feminina se revela antes da razão masculina, nós imaginamos primeiro; depois, tratamos de raciocinar a seguir, prontos para, assim, construir logicamente com representações equívocas. O resultado não é brilhante.

Precisamos, todavia, conquistar a plena luz, explorando com nossos riscos e perigos o imenso espaço que a Lua não esclarece senão em parte e muito imperfeitamente. O terreno que nos é oferecido é irregular, onde tropeços são inevitáveis. Vamos esperar quedas frequentes, estando atentos às armadilhas e laços ocultos.

Outros, felizmente, já nos precederam nesta perigosa exploração. Seus passos traçaram um caminho marcado por gotas de sangue. Esta pista dolorosa conduz ao objetivo aquele que persevera, a despeito dos obstáculos e das ameaças.

O temerário que para aí se lança margeia primeiro um pântano onde coaxam as rãs. Sua balbúrdia atrai o viajante curioso por contemplar o reflexo da Lua; ele avança sobre um solo que se faz cada vez mais úmido, até o instante em que seus pés afundam. Temendo afundar, ele então recua para ganhar um outeiro de onde admira em segurança o jogo da luz noturna na superfície da água estagnada.

Aqui se faz alusão às produções imaginativas. Sua atração arrisca deter nossa marcha, detendo-nos na lama das concepções inconsistentes; também convém saborear o encanto das ficções, tomando o cuidado de manter-se em terreno sólido. O que imaginam os poetas lhes é sugerido por uma misteriosa realidade, eis que, por poderosa que seja sua fantasia, é impossível criar a partir de coisa nenhuma. Nada é radicalmente fictício: uma muito sutil primeira matéria – análoga àquela dos alquimistas – é colocada em obra pelo espírito que inventa. Mitos, fábulas e contos populares procedem de verdades muito profundas para serem expostas em linguagem direta. O pensador se deleita com isso, é claro, desde que saiba discernir o esoterismo além da aparência ingênua e grosseira. Rejeitar as superstições ao modo dos pretensos "espíritos fortes" é uma fraqueza, porque a credulidade jamais é inteiramente cega: uma lucidez instintiva se liga a verdades poderosas, mas muito difusas para que os raciocinadores possam compreendê-las.

Longe de se desviar, desdenhoso, do pântano da fé instintiva, o sábio se esforça, pois, para penetrar o mistério. Mesmo em pleno dia, ele nada perceberia daquilo que se agita nas profundezas das águas turvas, mas, à luz da lua, ele distingue um imenso caranguejo emergindo, imóvel, da onda estagnante. Esse crustáceo devora tudo o que está corrompido.

Graças a ele e ao seu policiamento, o pântano não desprende nenhum vapor mefítico. Seria funesto deixar subsistir crenças mortas, levando a práticas repreensíveis: o caranguejo feroz coloca aí boa ordem. Se ele anda para trás, é porque seu domínio é o passado, não o amanhã do qual ele foge. Aquilo que a ele se prende, forma uma carapaça petrificada, mas temporária, porque o animal a rejeita quando ela se torna muito pesada. Possa ele ensinar às crenças corporificadas a se renovarem, quando elas fizerem seu tempo! O caranguejo do Tarô é vermelho, não por estar cozido, mas ao contrário, em razão do fogo interior que lhe faz desenvolver uma incessante atividade para cumprir sua missão salubre.

Convém lembrar aqui a analogia dos contrários que, na dupla fileira do Tarô, superpõe o Arcano V ao XVIII. O Papa (V) recolhe as crenças para sintetizá-las sob a forma de dogmas positivos, enquanto o caranguejo procede por seleção negativa, devorando aquilo que se decompõe e não se mantém mais de pé perante o bom senso dos crentes. O crustáceo respeita aquilo que tem razão de ser, mas ele não se prende à escola nem se erige em doutor.

Os astrólogos aí reconhecem o Câncer na Casa da Lua. Quando, em seu circuito natural, o Sol atinge esta divisão no Zodíaco, ele começa a declinar, como se houvesse, subitamente, desistido de suas ambições ascensionais. O período do Câncer favorece, por analogia, o retorno sobre si mesmo, o exame de consciência e a conversão do pecador, como se, nas águas lamacentas da alma, agitasse um caranguejo purificador. Os egípcios substituíam esse animal por seu escaravelho zodiacal, símbolo da regeneração moral e psíquica[61].

Junto ao pântano onde reina Câncer, dois cães guardam o caminho que é, astronomicamente, aquele do Sol. São os latidos da Canícula, o grande e o pequeno cão da esfera celeste. Eles latem para a Lua, para impedi-la de franquear o limite dos trópicos, porque este astro fantasista se afasta constantemente da linha eclíptica traçada pela imutável marcha do Sol.

Os cães tornam-se os Cérberos prepostos à defesa das regiões proibidas, onde a imaginação se extravia. Seus uivos redobram à aproximação do audacioso que está desviado do pântano. Eles cuidam da manutenção daquilo que é admitido, tanto em relação à fé e ao sentimento, quanto em matéria de instituições políticas e sociais. O pequeno cão branco da

61 Veja Isaac Myer, *Scarabs*, New York, 1894.

esquerda gane com raiva contra os ímpios, que se recusam a crer naquilo que é admitido como verdade. Ele se mantém erguido sobre as patas, porque se sente a serviço de interesses espirituais. O grande cão negro da direita permanece deitado, em razão de seu positivismo que o liga a terra. Ansioso da boa ordem e dos intangíveis direitos de propriedade, ele uiva contra os revolucionários de projetos subversivos. Aquele que, em passo firme, avança desdenhoso entre os dois cães, impõe-lhes o temor e não é mordido por eles.

Mas eis duas massivas fortalezas, duas torres quadradas diferentes, por sua forma, da Torre do Arcano XVI. Os muros cor-de-carne fazem delas edifícios vivos, e seu coroamento em ouro, erguido sobre uma camada de tijolos vermelhos, assimila-as aos seres inteligentes, capazes de agir com discernimento. São corpos, ou melhor, corporações, colocadas como sentinelas para advertir o imprudente dos perigos que o ameaçam, se, depois de haver ultrapassado os cães, eles pretendem lançar-se na estepe pérfida onde a Lua atrai.

Da torre da direita, que está iluminada, vêm advertências racionais sobre a triste sorte das vítimas de Hécate, expostas a perder seu equilíbrio mental, sua razão, sua saúde física e moral, e mesmo sua vida.

A casa da guarda escura da esquerda não é mais tranquilizadora. Ela cumula objurgações místicas sobre a impiedade de ceder a uma curiosidade tentadora. Permaneçamos ignorantes, de preferência a comprometer a saúde de nossa alma. Sonhemos com o paraíso perdido e não desejemos o fruto da árvore de uma ciência maldita!

Se a irresistível atração do mistério superar a voz de ambas as torres, nada deterá o predestinado. Chamado para sofrer as terríveis provas da iniciação, ele entrará à noite em uma espessa floresta, onde fantasmas roçarão seu corpo; depois, será preciso escalar penosamente a uma altura de onde sua vista se estenderá ao longe sobre o plano argênteo. Mas um precipício o espreita; ele aí escorrega e cai machucado numa baixada, onde a lama amortece a queda do ascensionista que se ergue sujo, para ganhar, claudicando, um curso d'água purificador. É um rio de ondas rápidas que ele é obrigado a atravessar a nado, porque lhe é preciso ganhar a margem oposta, árida e queimada. É nesta solidão que ele deve errar até a aurora que lhe permitirá achar-se nas dunas, atrás das quais se erguerá o dia. O Arcano XVIII representa a Lua como um disco de prata sobre o qual se destaca o perfil de um rosto feminino de traços cheios. Deste disco partem longos raios amarelos, entre os quais aparecem breves clarões vermelhos. Essas cores não atribuem à Lua senão uma fraca atividade espiritual (vermelho), mas grande poder no domínio da materialidade (amarelo). Isso significa que a imaginação, faculdade lunar, favorece a visionariedade, objetivando as formas-pensamento; todavia, ela não ajuda em nada a compreender e a perceber a essência real das coisas. Ainda que Hécate seja enganosa, é-nos necessário passar por sua escola para aprender a não mais ser enganado por suas fantasmagorias. As gotas invertidas – vermelhas, verdes e amarelas – que a Lua parece atrair, correspondem às esferas de mesmas cores do Arcano XVI; porém, as emanações terrestres vão ao satélite que toma sem nada dar. A luz fria e o astro noturno tendem a reabsorver a vitalidade que o Sol concede, de onde vem a recomendação popular de jamais dormir exposto aos raios da Lua.

Um antigo Tarô põe em cena um harpista que, ao clarão da Lua, canta para uma jovem beldade seminua debruçada na sua janela, onde desembaraça sua cabeleira; uma porta solidamente fechada a protege da conquista daquele que por ela suspira.

Interpretações Divinatórias

A objetividade. As aparências exteriores. A forma visível. Aquilo que cai sob os sentidos. O contingente, o relativo, o teatro onde se representa a vida humana. Ilusões da materialidade. Maia.

Imaginação, caprichos, vontades, fantasias, extravagâncias, erros e preconceitos, preguiça de espírito, credulidade, superstição. Curiosidades indiscretas, falso saber, visionariedade. Passividade intelectual, impressionabilidade imaginativa, vidência, lucidez sonambúlica. Retorno sobre si mesmo. Conversão.

Viagens por água. Navegação, pesquisas longas e difíceis. Trabalho imposto. Escravidão material. Situação equívoca. Falsa segurança, perigos, obstáculos. Lisonjas, enganos, ameaças vãs. A Lua vermelha e seus efeitos desastrosos. Temperamento linfático, hidropisia.

ARCANO XIX
O SOL

As vicissitudes que nos proporcionou a Lua são as provas indispensáveis que nos conduzem à claridade solar. Nós não chegamos à luz senão após nos envolvermos nas trevas e nos debatermos com o erro. É preciso que nos enganemos dolorosamente, a fim de aprender às nossas custas a arte de discernir o falso do verdadeiro e nos orientarmos em direção ao ponto do horizonte de onde brilhará a lua. As provas da vida terrestre não têm outro objetivo senão que nossa instrução; saibamos aproveitar suas lições e a iniciação será nossa recompensa.

Para chegar aí, as purificações tradicionais se impõem. Elas visam a tornar transparentes nossas crostas opacas, para que a verdadeira luz do nosso mundo, aquela do Sol, possa nos penetrar. Em sua irradiação, este astro é de uma imutável fixidez. Sempre idêntico a ele mesmo, ele brilha para todos com imparcialidade. Se uns se aproveitam mais que outros de seus benefícios, é porque souberam afastar os obstáculos interpostos entre eles e a pura luz que esclarece os espíritos.

Não se trata mais aqui de uma clareza enganosa como aquela da Lua, que se presta aos equívocos e que não permite distinguir os objetos com toda certeza. O Sol revela a realidade das coisas que ele mostra tais quais elas são; despojadas do véu de toda ilusão. Diante dele, a neblina se dissipa e os fantasmas desaparecem. É nesse sentido que a alma encarnada encontra nele o Redentor prometido. A alma não está condenada à luta no seio da matéria, senão à vista de sua depuração, até tornar possível a união do espiritual aprisionado na carne com a espiritualidade universal.

Consideremos agora o Arcano XIX, cujo simbolismo é claro.

O jovem casal que se mantém enlaçado ao centro de um círculo verde salpicado de flores é a alma individual unida ao espírito, o sentimento desposando a razão. É o acordo e a harmonia realizando-se no pequeno orbe da personalidade humana para tender a realizar mais no conjunto da humanidade regenerada.

Quando os homens forem racionais, quando a luz redentora do Sol dos espíritos os houver libertado de seus erros, então eles encontrarão o paraíso, não aquele do inocente abandono primitivo, mas o Éden laborioso da civilização real, onde reinará a paz total com a ajuda mútua que aliviará todas as tarefas.

Este ideal não será atingido de imediato, pela ação de um milagre ou de uma proclamação. Sua realização deve se produzir primeiro individualmente. Que cada um de nós comece por se regenerar a si mesmo, antes de sonhar com a regeneração social e humanitária. Enquanto as pedras não forem talhadas de acordo com o Esquadro, nenhum muro sólido saberia ser construído. Ora, antes de edificar o grande Templo onde entrarão em comunhão todos os seres humanos, é-nos preciso erigir muros contra a barbárie permanecida brutal e rebelde à fraternidade. A elite que representa as crianças do Sol não pode confraternizar, senão ao abrigo de um recinto maçônico composto, segundo o Arcano XIX, de duas fileiras de tijolos azuis que ligam entre si três outras, cujas pedras são alternativamente vermelhas e amarelas. Essas cores atribuem a coesão social à idealidade sentimental (azul), à religião construtiva que se traduz em moral prática aplicada aos atos da vida. Pertence ao sentimento conciliar o antagonismo do vermelho e do amarelo, apaziguando os conflitos da energia ativa (trabalho – vermelho) e do saber adquirido com riquezas acumuladas (capital – amarelo). O espírito de fraternidade, que é o sedimento de toda construção humanitária, pode unicamente preparar as concessões recíprocas sobre as quais se funda uma civilização necessariamente arbitral e conciliadora; a força e a inteligência não poderiam chegar a tanto se entregues, unicamente, às suas tendências.

Possa o Tarô levar à Sabedoria os extraviados que esperam uma Idade do Ouro conquistada pela violência! Os ódios cegos mantidos pelos fanáticos da luta de classes não podem senão agravar a miséria humana. Somente o espírito solar da inteligência e da fraternidade realizará a felicidade terrestre pela cooperação harmoniosa dos antagonismos sociais conciliados com o discernimento da compreensão recíproca. Mas os argumentos que não se interessam senão à inteligência não têm o dom de comover as almas para aproximá-las até a fusão. Aquilo que "liga" é "religioso" e parte do coração mais que do cérebro, de onde vem a importância das fileiras de tijolos azuis no muro que cerca a civilização. Elas se relacionam à religião do Sol que professam os sábios que, não contentes de serem friamente esclarecidos, penetram-se do calor generoso, estimulante das ações com uma constante beleza moral.

A dupla ação luminosa e quente da irradiação solar está indicada pelos raios alternativamente rígidos ou chamejantes, dourados ou vermelhos, do grande astro animador. O número desses raios relaciona-os ao duodenário zodiacal, logo, à obra cíclica reguladora das estações e de toda a vida terrestre.

Mas o Sol não se contenta com iluminar os espíritos e vivificar os corpos aquecendo as almas, porque ele é, além disso, o distribuidor das supremas riquezas. Uma fina chuva de ouro não cessa de cair sobre o casal fraterno do pacífico jardim. Mais favorecido que Danae, ele recebe livremente os dons solares, porque o ouro do qual Júpiter toma a forma para fecundar a mãe de Perseu[62] não encontra nenhum obstáculo para chover em abundância no paraíso solar, enquanto não pôde penetrar na prisão da princesa mitológica, senão se infiltrando através de um espesso muro de bronze.

O Sol enriquece seus filhos espiritualmente. O ouro que ele lhes prodigaliza não é o metal que tenta os avaros; é o ouro filosófico dos verdadeiros discípulos de Hermes. Esses iniciados não têm nenhuma ilusão sobre o valor das coisas e tudo possuem, porque eles nada cobiçam. Eles não desejam senão aquilo que lhes é necessário à vista do cumprimento de sua tarefa, e eles recebem, a propósito disto, mais do que sonhariam pedir. Sua maior riqueza é, aliás, aquela do coração: amando todos os seres, eles se sentem amados pelos que os cercam. Tudo se embeleza assim para eles que são felizes sobre a Terra.

A felicidade da qual eles gozam não saberia lhes ser roubada, porque foram eles que a criaram. Longe de toda beatitude egoísta, eles admiram como artistas a obra de Deus e a ela se associam com todo seu ser, vibrando com tudo aquilo que é capaz neles. Discernindo o Belo, eles levam a luz redentora ao seio da confusão tumultuosa nascida do choque cego das

62 Veja anteriormente, onde a espiritualidade Filho da Joviana, considerada como a mais elevada, é assimilada ao princípio ativo da alma, que se exterioriza para realizar as ações mais elevadas do poder psíquico.

paixões humanas. Participando da Grande Obra da Redenção Universal, eles contribuem para erguer o homem de sua queda original (Arcano XVI) e trabalham para reintegrá-lo em sua dignidade de ser divino.

As crianças que confraternizam sob o Sol correspondem muito bem aos Gêmeos, constelação zodiacal que nos vale os dias mais longos. É verdade que Castor e Pólux eram do mesmo sexo, enquanto um menino e uma menina os substituem no Tarô. O simbolismo não está afetado, porque o novo Adão e a nova Eva do Arcano XIX poderiam muito bem se acomodar à Lira, principal atributo dos filhos de Leda, saídos do mesmo lugar que sua irmã Helena. Pode-se perguntar se esta rainha da Beleza não foi substituída pelos desenhistas medievais a um de seus irmãos; parece que a substituição se justifica simbolicamente.

Quanto à lira, sua ausência deve ser lamentada, pois é através dos acordes harmoniosos que um poderoso artista encontra sua inspiração, que as pedras tomam sua forma e se juntam por conta própria, como aconteceu na época da construção das muralhas de Tebas, a cidade sagrada, por efeito dos encantamentos de Anfião. O muro da cidade da paz construiu-se sozinho, com a ajuda de materiais animados, dóceis às solicitações musicais da Grande Arte, cuja Magia desperta o Homem-Obreiro adormecido no Homem-Matéria. Pedras Vivas, os homens conformam-se aos acordes da lira para se unirem harmoniosamente; de sua união nasce o edifício sagrado da civilização definitiva do conjunto dos seres humanos.

Trabalhando sobre a substância humana – matéria primeira efetiva da Grande Obra – as Crianças da Luz transmutam o chumbo vil dos baixos instintos em puro ouro moral e intelectual. De um ignorante estupidamente egoísta, eles se esforçam por fazer um sábio preocupado em entrar em harmonia com a vida, a fim de viver em beleza. Artistas apaixonados pela Arte, eles trabalham com alegria, felizes em produzir. Eles reconquistaram o Paraíso, porque amam o trabalho divino ao qual estão livremente associados, para contribuir com a ordenação do caos humanitário conforme as intenções criadoras. Nós reencontramos o Éden perdido, desde que aceitemos nossa tarefa de criaturas condenadas ao trabalho – não por punição –, mas por necessidade de progresso; porque não podemos nos erguer da decadência animal senão consentido em trabalhar com boa vontade, por gosto e por amor. De escravos constrangidos ou de quase mercenários, tornamo-nos Livres Artistas, Livres Construtores ou Franco-Maçons, realizadores

do plano do Arquiteto Supremo, pelo fato de nossa compreensão da inelutável lei da vida que é aquela do Trabalho.

O Tarô de Carlos VI e outros que se seguiram colocam sob o Sol uma graciosa menina, de pé ou sentada, que segura uma roca parecendo tecer para os homens um destino menos sombrio do que aquele com o qual as Parcas nos gratificam. Outras variantes oferecem a imagem de um cavaleiro apocalíptico lançado através de uma chuva de chamas, sob o abrigo da bandeira desdobrada da fé solar.

Interpretações Divinatórias

A luz primordial coordenadora do caos. O verbo que esclarece todo homem que vem a este mundo. A razão sobre-humana iluminadora de todos os espíritos. A claridade espiritual que dissipa a escuridão no seio da qual nos debatemos. Apolônio vitorioso da serpente Píton. O verdadeiro saber diante do qual se desvanecem as fantasmagorias da visionariedade. Iluminação genial. Poesia, Belas-Artes.

Fraternidade, harmonia, paz, amizade, aliança, arbítrio. Nobreza, generosidade, afeição, grandeza de alma. Éden reencontrado, felicidade calma e duradoura, casamento, alegrias conjugais, clareza de julgamento. Gostos e talentos artísticos.

Glória, honras, celebridade. Atenção àquilo que brilha. Vaidade, necessidade de fazer-se admirar, desejo de aparecer, frivolidade, afetação, pose, falta de senso prático.

Idealismo doloroso, incompatível com o sentido da realidade brutal. Artista ou poeta condenado a viver na miséria e cujo mérito não será reconhecido senão após a sua morte. Irritabilidade. Susceptibilidade.

ARCANO XX
O JULGAMENTO

Por mais resplandecente que seja a luz solar, ela para na superfície das coisas, sem chegar a nos revelar sua essência íntima que não cai sob os sentidos. Ora, as obras de pura beleza – quer sejam produzidas pela Natureza quer seja pela Arte – traduzem em sua forma exterior um esoterismo, ou espírito interior escondido, que cabe à inteligência discernir.

O Julgamento intervém com a finalidade de distinguir o espiritual do material, o significado profundo da forma expressiva, o verbo vivo da letra morta. Tudo é símbolo, porque tudo procede de uma ideia geradora que se relaciona a concepções transcendentes. Penetremos na profundidade das coisas onde dorme um pensamento que aguarda que nosso espírito o revele e o assimile. O gracioso conto da Bela Adormecida no Bosque desenvolve esse tema que inspira, por sua vez, o quadro do Juízo Final, tal como nos desenharam os autores do Tarô.

Longe de todo idílio, vemo-nos transportados ao vale de Josafá, onde um anjo apocalíptico faz ressoar o estrondo que desperta os mortos. Estes ressuscitam, não em corpo, mas em espírito, porque a ressurreição geral não é aquela da carne, a menos que esse termo não seja entendido alegoricamente, para significar aquilo que pode reviver. O passado não merece reviver senão na espiritualidade, enquanto permanecer incompreendida pelas gerações presentes. Preciosas verdades dormem no túmulo do esquecimento: elas estão mortas para os séculos que as ignoram. Mas nada se perde do domínio do espírito; uma memória fiel guarda em segredo aquilo que souberam os antigos sábios, a fim de que, com isso, sejam instruídos todos os homens à luz da compreensão universal.

Então a humanidade conhecerá o reino do Espírito-Santo, que realizará sua unidade religiosa fundada sobre o esoterismo comum a todas as religiões que não se opõem umas às outras senão por seu exterior (culto e dogmatismo), letra morta da qual convém fazer abstração em benefício do espírito vivificante, único universal, logo, católico no sentido grego da palavra. O Catolicismo efetivo se endereça aos espíritos esclarecidos que se abrem a tudo que é profundamente religioso. E a religião da sagrada família que, de mãos dadas, ouve sem terror a sentença suprema que pronuncia o Anjo do Julgamento.

O ternário humano que ressuscita representa a humanidade regenerada. Pai e mãe fazem face ao filho, no qual se reconhece o personagem principal do Tarô, o jovem louro já encontrado nos sucessivos papéis do Mago (Arcano I), dos Enamorados (Arcano VI), do triunfador do Carro (Arcano VII) e do Dependurado (Arcano XII). Trata-se do objeto da Grande Obra, o iniciável sofrendo as provas iniciáticas para finalmente conquistar o Mestrado.

Para possuir em espírito e verdade esse grau supremo é preciso morrer duas vezes e nascer três vezes. Renunciando à vida profana, o iniciado morre e renasce uma primeira vez. Ele entra, então, na carreira iniciática como em uma nova vida que inaugura seu novo nascimento. Todavia, ainda que permanecendo superior àquela da massa profana, esta vida dos iniciados do primeiro e do segundo grau não realiza ainda o ideal definitivo. O bom obreiro trabalha com uma docilidade inteligente sob uma direção que está fora de seu alcance, porque ele não foi admitido no conselho dos Mestres. Ele executa fielmente instruções das quais admira a sabedoria, sem se julgar capaz de formulá-las ele mesmo.

Com efeito, de geração em geração, a construção do Templo humanitário prossegue segundo luzes que não são simplesmente aquelas do dia em que vivemos. O amanhã não se improvisa arbitrariamente; não é sólido senão o que se realiza a partir de antigas aspirações, dando corpo aos fervorosos desejos daqueles que, durante séculos e sem desencorajar, sonharam com o melhor.

Os antigos construtores de uma humanidade melhor estão representados no Tarô pelos pais do jovem ressuscitado do Arcano XX. Colocado à direita, o Pai encarna toda filosofia construtiva do passado, tudo aquilo que a razão humana concebeu de profundo e sábio no que concerne à Grande Arte; arte esta que é aquela da Vida vivida com a plena inteligência de suas leis. À esquerda, a Mãe, correspondendo ao coração, ao sentimento religioso de amor que as almas verdadeiramente piedosas experimentaram sempre.

Herdeiro de seus pais, o Filho recolhe aquilo que vem da direita e da esquerda para agir como fiel executor testamentário do passado permanecido vivo. Ele se afirma Mestre na medida em que a eterna tradição construtiva, o legendário Hiram dos Franco-Maçons, encontra nele seu intérprete.

É possível que um corpo possa mudar de espírito? Podemos morrer para nós mesmos a ponto de abandonar nosso organismo, para que um espírito mais elevado que o nosso dele tome posse? Essas perguntas colocam o formidável problema do Espírito, sopro animador infinitamente múltiplo em suas manifestações, mas um em sua essência. Aproximando-se da unidade, nosso espírito, ainda que permanecendo idêntico a si mesmo, transfigura-se para divinizar-se proporcionalmente à nobreza à qual se eleva.

Tal é o ideal que a iniciação propõe; divinizar-se, aproximando--se, tanto quanto a natureza humana o permite, da perfeição divina. "Sede perfeitos como vosso Pai celeste é perfeito". Não se pode dizer melhor que o Evangelho. Todo o problema iniciático implica em uma espiritualização progressiva cada vez mais completa, mas não aspirando jamais se subtrair às obrigações do trabalho terrestre.

O iniciado não morre para desertar do campo de batalha, mas a fim de poder contribuir mais eficazmente com a luta em favor do bem. Se ele escapa ao conflito brutal para planar à maneira dos aviadores, é em vista de dirigir seguramente àqueles que se arriscariam a combater com pouca visão.

Mas a iniciação prefere imagens pacíficas. A vitória a obter é aquela do espírito que, por um trabalho inteligente e sem violência cruel, supera os obstáculos que a matéria lhe opõe. Esta última não deve ser tratada como uma inimiga que é necessário destruir, mas como substância que deve ser colocada em obra; ela aprisiona o espírito não para retê-lo indefinidamente, mas para obrigá-lo ao esforço libertador.

Enquanto permanecemos concentrados sobre nós mesmos, confinados à estreiteza de nossa vida individual, não participamos da grande vida verdadeira e comportamo-nos como mortos isolados em seu túmulo corporal. Despertemos, e, de pé, em nosso sepulcro aberto, respiremos o sopro do espírito universal; vivamos, nesta vida, a vida eterna!

O anjo do despertar dos espíritos estende, no Tarô, asas verdes, porque seu domínio é o da vida espiritual[63]. Sua túnica azul bordada de branco

63 Verde, para a Igreja, é a cor do Espírito Santo.

relaciona-se à pura idealidade celeste, inspiradora de uma ação incessante, como indicam os braços vermelhos do anunciador do Julgamento.

Vermelho também é a cor da flâmula que aparece na trombeta de ouro do mensageiro do despertar. Uma cruz de ouro também parte em quatro quadrados o campo que atribui à suprema espiritualidade, o poder realizador de uma quádrupla Pedra Filosofal.

Uma alternância de púrpura e de ouro caracteriza, aliás, as emanações do Anjo do Julgamento, cuja cabeleira dourada irradia-se sob uma coifa hemisférica de um vermelho vivo, análoga à calota do chapéu de abas largas, ao abrigo do qual se exerce a incessante atividade mental do Mago (Arcano I). Trata-se aqui do foco onde se condensa o pensamento inspirador exteriorizado pelo ouro das verdades imutáveis. Os cabelos do Anjo correspondem aos princípios transcendentes, dos quais decorrem noções inacessíveis à inteligência humana, noções figuradas pela glória luminosa encerrada no círculo de nuvens de onde partem raios vermelhos e dourados. Nossa visão intelectual é detida por esta nuvem circular, onde o abstrato se concretiza a nosso favor, a fim de manifestar-se sob a forma de proteções inspiradoras, das quais umas se traduzem, para nossa inteligência, em ideias geniais (raios de ouro), enquanto outras (raios vermelhos) encorajam as grandes e belas ações.

Línguas de fogo análogas àquelas de Pentecostes procedem de raios inspiradores permanentes. Essas faíscas são vermelhas, verdes e amarelas, porque elas outorgam individualmente dons espirituais aos heróis da ação generosa (vermelho), às almas ternas que se devotam ao serviço da vida (verde) e aos instrutores encarregados de repartir os tesouros do puro saber (ouro).

Na fronte do anjo brilha o signo solar ☉, marca de discernimento já encontrada como emblema da iluminação da Justiça (VIII) e da Temperança (XIV). Esta tripla aparição do ideograma do verbo coordenador relaciona-se, em primeiro lugar, à coordenação do caos físico, no seio do qual a lei do equilíbrio (VIII) realiza a estabilidade relativa que se presta à constituição dos organismos. A luz construtiva é, a seguir, inerente às manifestações vitais, porque a vida não se difunde cegamente: ela escoa com intenção, à vista de um objetivo determinado, de onde vem a iluminação do gênio das duas urnas (Arcano XIV). Mas a ordem e a clareza não se impõem menos no domínio espiritual, onde a plena iluminação não se faz senão em favor da entrada em comunhão do intelecto individual com a inteligência coletiva do gênero humano (XX).

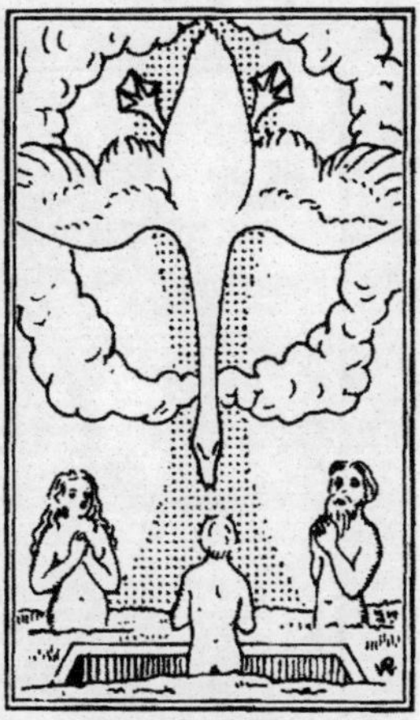

Para descobrir a constelação que mais afinidade apresenta com o Arcano XX, convém olhar o Cisne de Leda como o equivalente pagão da pomba do Espírito Santo. A espiritualidade sobre-humana figurada pelo Mestre do Olimpo metamorfoseia-se em um grande pássaro branco, para fecundar uma mortal que vai gerar os Gêmeos e sua irmã Helena, ou seja, a Fraternidade (XIX) e a Beleza (XVII). Júpiter personifica, além disso, o fogo celeste animador que se une às chuvas fertilizadoras que o jarro espalha (Ea, Indra, Júpiter pluvius), e que a terra absorve sob o signo de Peixes (XVII). Ora, o cisne celeste anuncia a primavera, o despertar da vegetação, logo, a ressurreição anual conforme o simbolismo do Arcano XX. É de observar, também, que o cisne abre as asas sobre a Via Láctea, caminho das almas atraídas pelo palácio de Júpiter, onde gozarão da imortalidade.

Interpretações Divinatórias

O Espírito Santo. O Enxofre inspirador que fecunda a inteligência para fazê-la discernir a verdade. Penetração espiritual, compreensão, assimilação do pensamento interior, esoterismo, espiritualização da matéria. Desligamento dos laços corporais. Sublimação alquímica. Despertar para a vida espiritual e participação nesta vida que é aquela do grande ser humano coletivo e permanente.

Inspiração. O homem em comunicação com o espírito divino. Divinação, profetismo, clarividência espiritual, previsão do amanhã, gênio literário ou artístico. Entusiasmo, piedade, religião espiritual, elevação do espírito e da alma. Poder de evocação que faz reviver o passado espiritual. Ressurreição dos mortos dignos de serem chamados à vida.

Retorno às tradições esquecidas. Renascimento de Hiram rejuvenescido na pessoa do novo Mestre. Segunda morte, porta da iniciação integral.

Recuperação, cura, restabelecimento da saúde física, moral, intelectual. Libertação, desprendimento, reparação dos erros sofridos. Julgamento justo pela posteridade. Reputação, renome, fama, ruído, publicidade, chamada, confusão atordoante. Pregação, apostolado, propaganda.

Exaltação, euforia, superexcitação natural ou artificial, falta de ponderação. Êxtase dionisíaco.

ARCANO XXI
O MUNDO

A construção do Tarô por ternários e quaternários dá ao número 21 um valor de síntese suprema. Ele corresponde ao conjunto daquilo que se manifesta, logo, ao Mundo, resultado da ação criadora permanente. A Realidade que cria esta ação não se limita àquilo que cai sob os sentidos, instrumentos adaptados, não ao verdadeiro Mundo real, mas unicamente à fictícia materialidade do pobre mundo sublunar no fenômeno alucinante no qual nos debatemos. Daquilo que existe, nós não percebemos senão a face moribunda composta de resíduos em via de se congelar e imobilizar relativamente em uma aparente e ilusória materialização. Nós ignoramos a essência viva das coisas e nossas concepções padecem disso.

Mais bem instruídos, veremos o Real menos grosseiramente. O Mundo é um turbilhonamento, uma dança perpétua onde nada para; tudo aí gira sem descontinuidade, porque o movimento é o gerador das coisas. Esse conceito, que não é renegado pela ciência mais moderna, remonta aos tempos pré-históricos, tanto quanto permite julgar a veneração ligada à suástica. Assim se chama a cruz gamada, com braços dobrados em esquadro ou curvados em gancho. 卍 卐

Este emblema, monopolizado pelos pangermanistas, encontra-se em toda parte sobre monumentos e objetos de prestigiosa antiguidade. Relaciona-se ao movimento da cúpula celeste, movimento que, aos olhos de nossos longínquos ancestrais, comunicava-se aos seres e às coisas, animando uns e movendo outros. Desse movimento decorria a vida que, primitivamente, era considerada "divina".

O Tarô inspira-se nessas ideias dez vezes milenares, quando nos mostra a Deusa da vida corrente em uma guirlanda verde, à maneira de um esquilo que faz girar sua gaiola.

Reconhecemos nessa amável divindade a jovem nua do Arcano XVII que, desta vez, está pudicamente velada por um ligeiro tecido vermelho, cor da atividade. Pelo efeito da corrida incessante, esta infatigável Atalanta permanece fixa em meio ao giro vertiginoso que sustenta, de onde sua atitude, menos distintamente, é verdade, que aquela do Imperador (Arcano IV), lembra o símbolo do Enxofre 🜍, porque sua cabeça e seus braços esboçam um triângulo, sob o qual a perna esquerda erguida por trás da direita indica a cruz. Assim, a ágil divindade animadora do Mundo aparenta-se ao fogo central que flameja sem repouso em sua fixidez. Plutão (Arcano IV) poderia ser seu pai, ainda que ela nada tenha de infernal em seu aspecto. É a alma corporal do Universo, vestal do fogo da vida que queima em todo ser. Este papel explica as duas baquetas que a sulfurosa jovem mantém em sua mão esquerda. Elas terminam em esferas, das quais uma é vermelha e a outra é azul. Pela primeira, captam-se as energias ígneas destinadas a se associarem ao fogo vital que enfraqueceria, caso não fosse constantemente reanimado pelo Enxofre aéreo que a esfera azul atrai. As forças captadas são transmitidas pela mão direita ao véu vermelho que ela segura.

O Tarô italiano prefere colocar em cada mão uma baqueta análoga àquela do Mago (I), o que Éliphas Lévi relaciona à ação magnética alternada em sua polarização, enquanto, segundo ele, as baquetas reunidas em uma única mão marcariam uma ação simultânea pela oposição e transmissão[64].

A jovem que maneja as baquetas mágicas representa a Fortuna Maior dos geomancistas. A este título, ela promete mais que os pequenos sucessos efêmeros da Fortuna Menor, cuja roda é aquela do Arcano X. Aqui, a Roda não é mais o circuito da vida individual que a Esfinge domina; ela se confunde com o orbe do Mundo, no exterior do qual se exerce a oposição cruzada das atrações elementares representadas pelo quaternário cabalístico do qual a Esfinge é a síntese.

64 *Dogma e Ritual da Alta Magia*, pág.172

O círculo vivificante que envolve todas as coisas é visto no Arcano 21 como uma guirlanda oval com três fileiras de folhas verdes mantidas juntas no topo e na base por fitas douradas. Os italianos adornam esta coroa com quatro rosas dispostas na forma de uma cruz. Essas flores adornam e espiritualizam a vida, graças ao sopro do espírito regenerador (Arcano XX), que se manifesta na própria vida (4 x 5 = 20).

Seu suave perfume encanta as almas, das quais ele exalta o ardor generoso, desviando-as da violência e da ferocidade. A rosa convém aos cavaleiros que colocam seu vigor e sua indomável coragem a serviço de um ideal de puro amor.

O quaternário cosmogônico da tradição religiosa recebe no Arcano XXI a figuração consagrada. O Boi de São Lucas, que representa a Terra primaveril, é negro, mas seus chifres são vermelhos, em consideração às energias ígneas inerentes à matéria e aparência passiva. Ao animal doméstico pesado e paciente que trabalha o solo sucede o impetuoso Leão de São Marcos, do qual a juba pintada de amarelo e de vermelho chameja como o Fogo devorador simbolizado pela fera que, como constelação zodiacal, nos vale o calor tórrido do verão, fatal às plantas verdes que resseca, mas indispensável à maturação dos cereais. Em diagonal com o Touro, a Águia de São João apressa-se em desdobrar suas asas que são exteriormente douradas, como seu bico e suas garras, enquanto o restante do pássaro é azul, cor do Ar. Entre a Águia e o Boi, coloca-se o Anjo de São Mateus que é, astronomicamente, Aquário, signo oposto ao Leão; é também o gênio da Temperança (Arcano XIV). Vestido de vermelho, este Anjo se envolve em nuvens acima das quais ele estende as asas de ouro. Elas se elevam à mais pura intelectualidade, da qual se impregnam os vapores sublimados que se condensam em torno dele, esperando que elas se transformem em chuvas espiritualmente fecundantes.

Representados no céu pelas estrelas de primeira grandeza situadas nos quatro pontos cardeais, estão o Anjo e os três animais sagrados: *Aldebaran*, ou o olho do Touro; *Regulus*, ou o coração do Leão; *Altair*, ou a Luz da Águia, e *Fomalhaut*, ou Peixe austral, que absorve a água vertida pelo jarro. Esses astros marcam as extremidades de uma cruz, cujo centro é a estrela Polar, que, por sua imobilidade em meio ao giro celeste, corresponde, no Arcano XXI, à jovem cercada por um oval verde que figura a zona eclíptica.

Em um Tarô impresso em 1500, o Mundo está representado por um globo análogo àquele que o Imperador (Arcano IV) mantém em sua mão esquerda. Os ramos da cruz pendente que encima este globo são cetros

que prometem o domínio sobre o quaternário dos elementos. A dupla oposição dos poderes geradores da matéria não está figurada por símbolos zodiacais dos equinócios e dos solstícios: Anjo-Leão; Águia-Touro, porque o Mundo é aqui sustentado pelo Enxofre dos quatro ventos do Espírito, como resultado do encontro das ações etéreas, exercendo-se em sentido contrário. Acima da esfera do Mundo, desenha-se uma grande mulher inteiramente nua, que ergue com a mão direita uma imensa cortina, cuja extremidade ela reúne em sua mão esquerda.

É a verdade manifestando-se sem reserva, afastando o véu das aparências para comunicar o segredo da essência das coisas. Possuir este segredo é dispor da ciência universal e do poder ilimitado que daí decorre; é realizar o ideal do adepto perfeito.

O que distingue o sábio é que ele não faz nenhuma ilusão sobre a falsa realidade que cai sob os sentidos. Perante sua visão espiritual, tudo se torna espírito. O Mundo aparece-lhe como o milagre da coisa única dos hermetistas. Conservando a Unidade radical daquilo que é, elevamo-nos à Gnose, recompensa suprema dos esforços consagrados à procura da Verdade. Este conhecimento direto (gnose), traduz-se em êxtase intelectual provocado pela contemplação da Papisa (Arcano V), que segura as chaves. Ninguém penetra no templo onde resplandece a pura luz do espírito; mas quando a matéria se desvanece perante nossa percepção mental, nenhum obstáculo se interpõe mais à nossa completa iluminação. Penetrado pela luz divina, o homem, definitivamente erguido da queda, torna-se luminoso e termina assim o ciclo de sua reintegração.

A 21ª letra do alfabeto hebraico é o *Shin* e não o *Tau*; no entanto, é esta última que convém ao Arcano marcado pelo número XXI, porque ela corresponde ao Todo completo e acabado ao qual chegam logicamente os sete ternários e os três septenários do Tarô. O *Tau* primitivo é uma simples cruz vertical + ou oblíqua. ✕

Interpretações Divinatórias

Cosmos. Universo coordenado. Reino de Deus. Templo ideal acabado. Totalidade. Reintegração. Perfeição.

Ciência integral. Poderosa soberania espiritual. Êxtase, apoteose, recompensa, incorruptibilidade. Integridade absoluta.

Êxito completo. Conclusão. Coroamento da obra empreendida. Ambiente. Meio favorável ao resultado decisivo.

Tudo ou nada. Círculo. Benefício obtido da coletividade. Homem de Estado, ministro, funcionário superior hostil. Obstáculo exterior intransponível.

ARCANO ZERO
O LOUCO

A ordem dos Arcanos dos antigos Tarôs está marcada com números romanos de I a XXI; depois vem uma última composição que se distingue das outras pela omissão de toda indicação numeral. Seu lugar é o XXII, mas seu valor simbólico equivale a Zero, porque o Louco é o personagem que não conta, visto sua inexistência intelectual e moral. Inconsciente e irresponsável, ele se arrasta através da vida como ser passivo que não sabe para onde vai e deixa-se conduzir pelos impulsos irracionais. Não se pertencendo a si mesmo, ele é possuído: é um alienado em toda força do termo. Sua roupa é colorida, para indicar influências múltiplas e incoerentes constantemente sofridas. O turbante cheio de fantasias é vermelho, verde, branco e amarelo, mas o vermelho é alaranjado, cor do fogo destruidor que sugere ideias perigosas. Esta cor é também aquela do bastão que o Louco segura com a mão direita e com o qual se atrapalha inutilmente, porque não o torna nem uma bengala para caminhar, nem um apoio, servindo-se dele menos ainda à maneira do Eremita (Arcano IX) que o utiliza para sondar o terreno sobre o qual avança. Com os olhos perdidos no vazio das nuvens, o insensato segue seu caminho ao acaso de seus impulsos, sem se perguntar para onde vai.

Com sua mão esquerda, o Louco mantém sobre o ombro direito uma pequena forquilha, grosseiramente desbastada, da qual pende uma sacola que encerra seu tesouro de idiotices e de insanidades sustentadas por uma extravagante idealidade, de onde vem a cor azul do segundo bastão.

As meias amarelas do Louco caem e descobrem aquilo que deveriam esconder. Esta inconveniente exibição faz pensar no que aconteceu com Moisés, desejoso de contemplar Javé face a face. Como o inefável nos escapa, o indiscreto precisou contentar-se com o espetáculo da criação que corresponde ao avesso da divindade. Devemos ser bastante razoáveis para não sair do domínio limitado da razão. O infinito não é de nossa competência e, quando tentamos abordá-lo, fatalmente enlouquecemos. Guardemo-nos, pois, de seguir o Louco que, mordido na barriga da perna esquerda por um lince branco, é obrigado a caminhar sem parar, porque o caminho desse judeu errante é sem finalidade nem objetivo.

Ele continua indefinidamente, como pura perda.

O lince, cuja vista é penetrante, expulsa o inconsciente rumo a um obelisco invertido, atrás do qual um crocodilo espreita, pronto a devorar aquilo que deve retornar ao caos, ou seja, à substância primordial da qual saiu o mundo coordenado. Símbolo da lucidez consciente e do remorso que se liga às faltas cometidas, o lince abrigaria um ser capaz de discernimento, mas, longe de deter o Louco, a mordida apressa seu encaminhamento rumo a seu destino inelutável.

Não está dito, todavia, que o insensato não possa recorrer ao bom senso, porque a tulipa de um vermelho púrpura, sugestiva da espiritualidade ativa, pende a seus pés uma corola que não está murcha. Se esta flor não está morta, é porque o espírito não abandonou inteiramente os irresponsáveis que são inocentes. O Louco traz, além disso, um precioso cinto de ouro que não combina com a pobreza de sua roupa miserável.

Este cinto é composto por placas, provavelmente doze delas, por analogia com o zodíaco, pois ele circunda o corpo de uma figura cosmogônica de extrema importância. O Louco representa, com efeito, tudo aquilo que está além do domínio inteligível, logo, o infinito exterior ao finito, o absoluto envolvendo o relativo. Ele é *Apsou,* o abismo sem fundo, o ancestral dos Deuses que o relegaram para fora do Mundo, quando resolveram criar para si um Império. Porque *Apsou* se comprazia com sua infinitude, deleitava-se com prazeres e recusava-se a deles sair. Ele jamais criaria o que quer que fosse, se sua união com a substância primordial não diferenciada não o houvesse tornado pai inconscientemente do primeiro casal divino. Esses primeiros nascidos, tendo-se um ao outro, puseram-se a dançar em círculo, ou melhor, a evoluir circularmente no éter, aí determinando o movimento gerador de todas as coisas. Mas abstenhamo-nos de todo antropomorfismo para imaginar o filho e a filha de *Apsou*, porque sua forma nebulosa liga-se àquela dos ofídios[65] e, sem dúvida, mais especialmente àquela do Ouroboros, a serpente que morde a própria cauda, e à qual a cinta do louco faz verdadeiramente alusão. O círculo formado pela cinta pode, aliás, relacionar-se mais simplesmente ao alume dos Alquimistas, cujo símbolo é um zero exatamente circular ○. Ora, o Alume é o sal princípio dos outros sais; em outros termos, o substrato imaterial de toda materialidade. É o pretenso nada que preenche o vazio primordial de onde tudo provém, substância passiva que personifica o Louco.

Este insensato adverte contra a divagação que espreita o espírito, desde que ele pretenda ultrapassar os limites do Real, do qual o Arcano XXI, *Aleph* e *Tau*, marca o princípio e o fim. O Arcano privado de número relaciona-se àquilo que não conta, ao fantasma irreal que evocamos sob o nome do Nada em oposição ao Todo-um, fora do qual nenhuma existência é concebível. O sábio não poderia ser enganado por palavras; longe de objetivar exteriormente à negação verbal do Ser, ele procura o Louco em si mesmo, tomando consciência do vazio da estreita personalidade humana que toma tanto lugar em nossas pobres preocupações. Aprendamos que não somos nada, e o Tarô irá nos confiar seu último segredo!

A constelação que melhor responde ao simbolismo do último Arcano do Tarô é a de Cepheus, rei da Etiópia, marido de Cassiopeia (Arcano II, Papisa) e pai de Andrômeda, a jovem nua do Arcano XVII. Esse monarca africano e negro, cor que damos ao Louco, ainda que os ilustradores não tenham pensado em fazer dele um negro, não mais que a Papisa, guardiã das trevas que planam sobre o abismo onde se perde a inteligência, filha de um pai negro e de uma mãe que, a rigor, poderia ser pelo menos morena, e não loura. Mas as aproximações astronômicas que nos são fáceis não estavam ao alcance dos autores do Tarô, cuja

65 As primeiras divindades caldeias nasceram duplas, divididas da mesma natureza em macho e fêmea. Duas entidades semelhantes a serpentes, portanto, originalmente animam a substância universal: são as duas serpentes do Hermetismo, geradoras de vida. Elas aparecem no caduceu e no ideograma do Câncer ♋ zodiacal. O culto da serpente, tão difundido na Antiguidade, é explicado pelo papel cosmogônico originalmente atribuído aos Deuses em forma de serpente.

obra restou perfectível em certos pontos. Na esfera celeste, Cepheus coloca os pés sobre a extremidade da cauda, traseiro da pequena Ursa que não saberia assim mordê-lo, ao contrário do lince lançado contra o Louco.

Interpretações Divinatórias

Parabrahma, *Apsou*, o abismo sem fundo, o Absoluto, o Infinito, *Ensoph*. O que ultrapassa nossa compreensão. O irracional, o absurdo. O vazio, o Nada, a Noite Cosmogônica. A substância primordial. Desintegração, aniquilamento espiritual. Nirvana.

Passividade. Impulsividade, abandono aos instintos cegos, aos apetites e as paixões. Irresponsabilidade, alienação, loucura. Inaptidão para dirigir-se, incapacidade de resistir às influências sofridas. Mediunidade, sujeição, perda do livre-arbítrio. Escravidão.

Nulidade. Jogo de forças ocultas. Desequilibrado influenciável. Indivíduo hipnotizável, instrumento de outrem. Inconsciência. Profano não iniciável. Cego levado à sua perda. Insensato abandonado aos seus caprichos. Insensibilidade, indiferença, displicência. Incapacidade de reconhecer seus erros e experimentar remorsos.

PARTE 3

RESUMO E RECAPITULAÇÃO

1 ESTRUTURA COSMOGÔNICA

O simbolismo de cada uma das vinte e duas composições do Tarô justifica-se nos mínimos detalhes: voltemos agora a todo o complexo, para descobrir seu espírito. Qual é a ideologia inspiradora da obra-prima simbólica dos ilustradores de imagens da Idade Média? Quando as doutrinas oficiais eram as únicas que tinham o direito de falar, as mentes mais ousadas se orientavam de boa vontade para uma filosofia secreta que era preciso saber adivinhar: esta era a origem de uma sabedoria misteriosa que se disfarça sob a máscara de dissertações, em aparência inconsistente, dos seguidores da Cabala e do Hermetismo, mas que nada pode trazer à luz melhor do que as imagens significativas do Tarô.

Como no campo das ideias nada se destrói, seria absurdo considerar como morte os conceitos aos quais os pensadores profundos estão ligados. O que foi vivificado por eles permanece vivo, embora nada disso se reflita nas ideias recebidas temporariamente. As modas intelectuais reinam; mas depois passam, mais cedo ou mais tarde, renovadas pelo que merece sobreviver do passado esquecido.

Vejamos agora como, à luz das tradições intelectuais trazidas à vida, podemos fazer o Tarô dizer de onde viemos, o que somos e para onde vamos.

I. Tudo remonta à atividade criadora, simbolizada pelo Mago, personificação da Unidade pensante que sugere a ideia de que ela deve ser concebida. O Deus do Tarô é o Mago, pai de todas as coisas, o eterno gerador da Palavra realizadora. Causa abstrata primordial, é o ponto matemático adimensional, cujo movimento gera todas as formas geométricas. É o centro subjetivo em torno do qual a objetividade é concebida. Seu símbolo gráfico mais simples é o traço vertical I (dígito I, o *Aleph* do alfabeto árabe, inicial de Allah), já que o ponto não é representável e deve ser concebido como a pupila do olho de Deus ⊙.

II. A objetividade se impõe, pois, uma atividade exercida no vácuo permanece inoperante. Na presença do Nada, Deus não é nada: sem criação não há Criador; sem o filho não há pai. É necessário, portanto, atribuir ao Pai Eterno uma noiva que participa de sua eternidade para dar à luz eternamente. É assim que a Natureza Naturante, mãe de todas as coisas, assume o aspecto da Papisa no Tarô. Nesta divindade feminina, o Deus criador masculino se opõe a si mesmo, para sair de sua unidade estéril; de fato, sem diferenciação, o Ser em si manteria seu caráter original de Ser-não-ser e, mesmo que fosse, seria como se não fosse.

A unidade rigorosa, idêntica a si mesma, nos escapa. Dizemos que é inefável, pois está além do que podemos conceber ou imaginar. Para aprender intelectualmente, devemos distinguir por contraste e, portanto, renunciar à unidade integral em favor do binário diferenciador. Todo conhecimento procede da duplicação do que é UM em si mesmo. Ísis é a grande reveladora, pois é a mãe da multiplicidade, na qual se reflete inteligivelmente a inconcebível unidade radical. Símbolos: a linha horizontal – o disco negro ●, ou as duas Colunas Binárias.

III. A distinção faz a ideia conceber. A Papisa tem como filha a Imperatriz, uma virgem alada, símbolo da Sabedoria que ela concebe. Essa rainha celestial da idealidade domina a criação. Ela coloca o pé na Lua, geradora de imagens concretas, pois as concepções do soberano imaculado estão ligadas às ideias puras, as formas-tipos, segundo as quais se dá a criação. Aquela a quem os construtores de catedrais chamavam de "Nossa Senhora" era aos seus olhos a mediadora que lhes comunicava o plano do Grande Arquiteto do Universo, isso explica a dedicação profissional que resultou em obras de arte destinadas a permanecerem Sagradas. Símbolos: o triângulo receptivo △, assim como o esquadro ⅂ (*Ghimel* ou *Gama* Γ).

IV. Para que o mundo seja construído, não é suficiente que ele seja concebido como um "ideal". A Sabedoria Conceitual conceberia e haveria esterilidade se ela não fosse casada com o Poder Executivo, o poder de realizar, do qual o Imperador é a personificação no Tarô. O monarca escuro se torna o esposo da Imperatriz, não como Plutão sequestrando

Proserpina, mas de certa forma misticamente análogo. A essência do infinitamente alto, etéreo e diluído pela força da sublimação, une, para criar objetivamente o que está fechado em si mesmo e concentrado ao mais alto grau. O Imperador condensa a atividade criadora em uma multiplicidade de focos opostos entre si, mas concordantes no trabalho coletivo. Ele é o Demiurgo, criador do Mundo. Deus, nele, desce às profundezas dos seres que anima, para que ajam conforme seu destino. Símbolos: o delta △, ou melhor, o triângulo com um olho no centro; o Enxofre 🜍.

V. Tudo é divino: como Deus é UM, o Deus vivo reside na multiplicidade do que é. Mas a divindade não se revela imediatamente aos seres animados. Nascemos inconscientes, como autômatos reagindo com uma fatalidade mecânica; então nos tornamos conscientes, a princípio confusos, pois ainda não entramos em plena posse de nós mesmos. Como temos que controlar nossos atos para nos governarmos, somos levados a discernir o bem e o mal. Concebemos o dever, uma expressão da lei moral à qual todos aqueles que agem devem se submeter. A obediência a esta lei associa esforços individuais que se unem para realizar a Grande Obra de construção universal. Quando a divindade se espalha na infinita multiplicidade de seus centros de ação, ela se lembra de si mesma. Essa memória se traduz nos sentimentos de piedade que fundamentam todas as religiões. Cabe ao Papa escutar a voz interior divina, fazê-la compreender pela personalidade ativa. Se este se recusasse a ser inspirado pelo divino, permaneceria na inconsistência e na desordem, sem contribuir para a obra da criação, para perceber quais seres existem. Portanto, é necessário agir religiosamente a fim de merecer a existência e não desaparecer no ar. Símbolo: o pentagrama ★.

VI. Deus que está em toda parte não pode se afastar de si mesmo. Penetrando nos seres, no entanto, ele parece escurecer neles, como se pretendesse poupar sua fraqueza recusando-se a se impor a eles.

Quando se conscientiza disso, todo ser deve escolher entre dois caminhos: apenas um deles leva à divinização. Hesitante, o Enamorado para na encruzilhada fatal. Ele se sente livre para escolher direita ou esquerda, a austeridade do dever ou o abandono aos prazeres da vida. Ele realmente quer viver ou é suficiente para ele vegetar? Cabe a ele responder e pronunciar a sentença de seu próprio destino. É a grande prova da liberdade: afastando-se da missão divina, o homem pode preferir o menor esforço, como o aluno que despreza ser educado, desde que se divirta. Símbolos: a letra Y, cara aos discípulos de Pitágoras (o *Vaf* primitivo) e o hexagrama ✡.

VII. Se estamos determinados a levar a vida a sério, o Carro se torna nossa recompensa. Este veículo representa o organismo com tudo conectado a ele. Aprendemos a dirigir bem nosso tiro de dupla e a permanecer mestres de todas as energias destinadas a nos obedecer. Mostremo-nos semelhantes a Deus no campo em nosso microcosmo: exercitamos a divindade no micro, coordenamos nosso caos para que reine em nós a perfeita harmonia! Nós nos divinizamos agindo divinamente. Símbolos: a cruz de Lorraine ☨ (o primitivo Zain) e o quadrado encimado pelo triângulo ⌂ ou ⧖.

VIII. Para agir de acordo com a intenção divina, devemos colaborar no trabalho criativo, que é eterno. Tudo é construído, e nós somos trabalhadores da construção civil. Cada um de nós trabalha em sua própria esfera, mas não isoladamente, porque a pedra que cortamos é destinada ao Templo que construímos em comum. Portanto, é essencial que todos nos conformemos às mesmas regras arquitetônicas, que não têm nada de arbitrário, porque derivam da lógica das coisas. Da sua rigorosa observação resulta a ordem, harmonia e estabilidade de cada construção, que só é sólida na medida da coesão dos seus elementos dispostos em equilíbrio. O equilíbrio indispensável é mantido no mundo pela Justiça, o poder executivo da lei criadora. Símbolos: o quadrado duplo ⊟ (o primitivo *Heth*), do qual o número 8 é originalmente tirado ⧖.

IX. Antes de tomar forma, o que está por vir já existe virtualmente. Para que um germe se desenvolva, as forças que atuam sobre ele devem se coordenar. Uma criação invisível precede uma que cai sob o domínio dos sentidos: o mundo se organiza em potencialidade, antes de estar efetivamente no lugar. Tudo é construído de acordo com uma imagem, um modelo da espécie. Uma criação típica impõe-se, portanto, como anterior à série de reproduções imperfeitas que compõem o universo físico. O misterioso artista que sonha com os tipos aparece no Tarô sob o aspecto do Eremita, um velho especialista que prepara o futuro, modelando-o no passado. Ele é o tecelão da trama imaterial permanente sobre a qual se borda a configuração transitória das aparências. Símbolos: o quadrado dividido em 9 ▦, a figura torna-se ⊞, de onde é retirado L9, forma esquemática do dígito 9 e ⊕, os primitivos *Teth*.

X. O que se combinou para tomar forma sofre a atração do turbilhão representado pela Roda da Fortuna. A Roda é dominada pela Esfinge imóvel que preside as gerações, cuja sucessão ininterrupta ela governa. Uma corrente irresistível atrai o espírito para a matéria, onde mergulha para ressurgir, completando seu trabalho evolutivo. A descida envolve o esquecimento do céu em um exclusivismo egoísta, constitutivo da individualidade desvinculada do Grande Todo. O ser que encarna existe apenas para si mesmo, até que tenha entrado em plena posse de seu reino terreno (*Malcut*). Essa fase de conquista corresponde ao crescimento corporal, completando a construção do instrumento que o espírito encarnado deve aprender a usar. Símbolos: a suástica ✢ e o padrão de zero anelado, que conta por dez ◇ ⊙.

XI. A personalidade floresce apenas para deixar de trazer tudo de volta a si mesma. A meta da vida não é a flor, mas o fruto: o verão segue a doce primavera, com seu calor e suas tempestades. O que então se desenvolve no indivíduo é a Força, isto é, sua energia de trabalho. Quando nossa elaboração pessoal estiver concluída, devemos nos preparar para a ação à qual estamos associados. Que trabalho poderíamos fazer se a animalidade humana não fosse forçada a trabalhar depois de domada? Símbolo: o pentagrama inscrito no hexagrama ✡.

XII. Para trabalhar bem, é preciso dedicar-se ao trabalho com abnegação, dedicando-se ao trabalho realizado. Cumprir uma missão sem gosto e sem amor significa trabalhar como escravo, não como arquiteto divino livre, animado pelo fervor criativo. O desinteresse faz o artista, que é um devoto da religião da arte. Em sua devoção, esse trabalhador criativo é exatamente o oposto do homem prático; não é sustentado de pé, solidamente plantado no solo terrestre, porque é mantido em equilíbrio entre o céu e a terra, sustentado pelo pé e pelo poder do Dependurado. É necessário aceitar a tortura para realizar a Grande Obra 🜍. O autoesquecimento permite que a pessoa aja divinamente no espírito do puro misticismo realizador. Símbolo: o sinal da realização da Grande Obra 🜍.

XIII. Quem aceita o sofrimento, dedicando-se ao trabalho divino, não teme a Morte. Sem esperar a desencarnação material, ele se apressa a morrer misticamente, separando-se de tudo o que é corruptível. Deste modo, torna possível a sua própria regeneração, o que o faz reviver uma vida mais nobre. Símbolos: o *Mem* primitivo ﹏ e de Saturno ♄.

XIV. Morrer é libertar-se da escravidão. Ao morrer voluntariamente para o inferior, erguemo-nos para nos beneficiar de uma vida maior e mais elevada. Esta vida não é limitada como a do organismo físico: é duradoura e inesgotável como a água da Temperança, que flui perpetuamente de um vaso para outro. Vamos nos banhar nessa onda de juventude e seremos regenerados. Nós então participaremos da vida eterna vivendo uma vida mais elevada, que não é mais apenas nossa. Símbolo: o signo de Aquário ♒.

XV. O Agente terreno da atividade criadora se perderia em uma falsa mística se esquecesse de sua tarefa material: incorporar-se a uma missão à qual deve permanecer fiel. O homem tem a tarefa de submeter as forças inferiores ao comando das superiores. O batismo das águas celestiais (XIV) lhe dá o poder de dominar o Diabo. As energias infernais têm que fazer o trabalho grosseiro da criação: sem elas seria impossível levantar as massas inertes. Não desprezamos nem o trabalhador inculto com músculos de aço nem o humilde animal de carga: usamos ambos igualmente para benefício da Grande Obra. Símbolos: o pentagrama invertido ⛧ e o primitivo Samek ǂ.

XVI. Usando as forças e materiais à nossa disposição, construímos nossa Torre de acordo com nossa conveniência. É apenas um edifício transitório, mas nada disso se perde, e não é em vão que trabalhamos honestamente. Ao aspirarmos ao ideal, cometemos o erro: artistas imperfeitos, multiplicamos os esboços dedicados à destruição. Mas nenhum fracasso desencoraja o espírito humano, que constrói e reconstrói incessantemente entre as ruínas de suas obras desmoronadas. Titã Indomável, ele não para de construir a torre que deve unir a terra ao céu. Símbolos: de Marte ♂ ou o de Escorpião ♏.

XVII. O trabalho humano não é amaldiçoado. Trabalhamos imersos na noite da ignorância e do mal-entendido, dando-nos mais a fazer do que o necessário. Mas não estamos entregues a nós mesmos: as Estrelas brilham acima de nós e nos ensinam a idealizar a vida. Nossa bravura nos assegura o afeto de uma Deusa que enfeita nossa prisão e alegra nossa existência laboriosa. Ela cultiva em nós o senso de beleza e nos faz amar a tarefa que nos é imposta. Graças a esta feiticeira, a prisão terrestre tende a se tornar o paraíso novamente. Símbolo: o hierograma caldeu ✳ ou a estrela de oito raios de Ishtar.

XVIII. Do sonho à sua realização, há um longo caminho desigual, mal traçado e sempre perigoso pelo qual a humanidade se lança. Ele serpenteia por regiões traiçoeiras, sobre as quais a Lua lança apenas um brilho enganoso. É o caminho da vida terrena, o das provações, quedas e mortificações, que leva ao discernimento do erro. Caminhando por ela, perdemos nossas ilusões e partimos em direção ao alvorecer da plena luz. Símbolos: Lua e triângulo ☿, o signo de Câncer ♋, o ovo cósmico fertilizado dos chineses.

XIX. O dia esperado é o dia da pura iluminação. Desviando-nos do erro, que primeiro devemos ter reconhecido, orientamo-nos para a verdade: discernimos o ilusório, e então o real nos será revelado. As aparências enganosas não prendem mais os Filhos do Sol, que habitam um jardim de delícias no centro de sua cidade de luz. Eles representam a humanidade, que se tornou razoável e benevolente, emergindo de uma barbárie inepta e feroz. Duplamente iluminado em sua inteligência e coração, cumpre o ideal de uma civilização completa. A felicidade terrena sorri para ela, pois ela conseguiu se redimir da queda original. Símbolos: o signo do Sol e do Ouro ☉ e o de Gêmeos ♊.

XX. Quando o espírito se abre à luz e o coração se abre ao bem, o vivente deixa de ser aprisionado no túmulo de sua carne. A trombeta do Juízo desperta os que dormem, para que ressuscitem e se comuniquem com os ancestrais, cuja atividade nunca se extinguiu. Os mortos não são os desaparecidos: somos nós que nos agitamos na escuridão do sepulcro carnal. Símbolo: a Cruz oblíqua atravessada por um traço vertical ✳.

XXI. A ordem sucede ao caos, a Grande Obra é completada, o Mundo realiza o plano divino, o X Templo é construído. No mínimo, percebemos o resultado da atividade criativa da qual participamos com todo o nosso ser. Os céus se abrem diante de nós e contemplamos profeticamente o cumprimento do devir eterno. Nosso êxtase não é em vão, pois procede da suprema lucidez que premia o fiel Trabalhador, admitido a se iniciar no segredo do Grande Arquiteto do Universo. Símbolos: o *Tau* primitivo + ou ✕ e a suástica 卐.

XXII. A imagem da multiplicidade coordenada nos traz de volta à Unidade rigorosa, que é ilimitada, enquanto somos estritamente limitados, de modo que tudo o que podemos conceber permanece lamentavelmente infantil. Para além do que podemos imaginar, estende-se uma imensidão vertiginosa, onde o nosso espírito se perde. É o abismo sem fundo do qual a Criação perpetuamente emerge e reentra. A razão, aqui, renuncia a seus direitos em benefício do Louco, personificação do Infinito inteligível que, colocado entre o início e o fim (I e XXI), humilha o pensador, tentado a se orgulhar do pouco que ele pode compreender dentro da incompreensibilidade irredutível. Símbolo: o *Alum* O, que lembra o zero da nossa numeração.

2 O PROGRAMA INICIÁTICO SEGUNDO O TARÔ

I. Aquele que vai se iniciar não deve depender de ninguém. Ele não sabe o que fazer com o conhecimento emprestado, com a ciência erudita pobre. Sem iniciativa intelectual, ninguém se aproxima da porta do Templo, onde é preciso ousar e bater com a energia de uma vontade indomável, para poder ficar em silêncio.

II. A ciência iniciática não é a dos objetos que caem sob nossos sentidos. Revela-se a quem sabe entrar em si mesmo. Afaste-se do reflexo cambiante das coisas: desça à noite interior, onde seu espírito se encontrará sozinho diante de si mesmo.

III. Suba! Suba ao mais alto dos céus! Aprenda a contemplar sem vertigem a imensidão do que está fora de você. Empurre a amplitude de suas visões ao extremo, para escapar da estreiteza de suas concepções.

VI. Pense na ação! Deixe os extremos e explore o terreno onde os opostos colidem. Tome posse de si mesmo, pegue o cetro que comanda sua personalidade: seja seu próprio Imperador![66]

V. Seja educado! Ouça os outros, mas acima de tudo ouça o que você fala. Medite para entender. Formule sua ciência para si mesmo e conceba em seu coração a religião que se impõe a você.

VI. Decida livremente seu destino. Você sente a coragem de lutar muito ou tem medo do esforço? Escolha entre uma carreira heroica e a vida

66 A planície do tilintar das espadas da segunda jornada ritual dos maçons.

fácil do mortal fraco. Saiba que nada se obtém de graça: se você quer ser forte, aceite sofrer: fugindo do sofrimento, você enfraquece. O que está enfraquecido é diminuído, mas todos são livres para diminuir e caminhar para o nada.

VII. Caminhe na direção que você escolheu e enfrente as provações que o aguardam com o coração firme. Mostre que você sabe se autodirigir e assumirá a direção das energias que se ligarão a você. Forças divergentes se conectam com sua personalidade: seja seu conciliador e deixe-se levar pelo caminho triunfal que se abre diante de você.

VIII. Desejando nada além do que é certo para que sua carreira seja cumprida de acordo com a lei, viva não para viver, mas para cumprir o propósito da vida: assim saberá viver e possuirá a vida, na qual tudo é rigorosamente compensado. Realize a justiça em si mesmo e você será estabilizado em equilíbrio.

IX. Coloque-se dentro dos seus limites! Concentre suas faculdades, aprofundadas em silêncio e isolamento. Desenhe em você a luz que ilumina o caminho que deve seguir. Deixe sua sabedoria se inspirar na missão que lhe pertence: avançar com cautela, para nunca ter que recuar.

X. Fortalecido por sua concentração, você sai da solidão preparatória para entrar no círculo humano. Fique no seu lugar e se entregue às fraquezas. Seja um homem para se tornar um Deus; não despreze o mais baixo, que você deve ajudar a subir. Sozinho, permanecerá o que é, sem fazer nenhum progresso. Você não pode viver e progredir se não se associar ao destino dos outros.

XI. Cada associação envolve uma ação comum e unânime que exige um esforço de disciplina de cada membro. A comunidade se beneficia da contenção que os indivíduos impõem a si mesmos. Ao dar rédea solta aos seus impulsos veementes, você mostra que é fraco, não forte. O forte é aquele que se doma contendo o ardor de suas paixões, sem extinguir seu fogo estimulante.

XII. Ninguém pode participar da Grande Obra se pretende trabalhar apenas para si mesmo. O desinteresse faz o artista. Atenha-se ao que não lhe trará nada e comporte-se de maneira oposta ao egoísmo. Ele dá sem pensar em receber.

XIII. Quando tiver dado tudo, terá se reduzido ao estado de um esqueleto ambulante. Você estará como se estivesse morto, e dir-se-á: a carne deixa os ossos. Ao cortar as ilusões do passado, você preparará o terreno para as colheitas futuras. Nas trevas sepulcrais, nascerá o Menino filosófico, chamado "Filho da Putrefação".

XIV. É preciso morrer para ressuscitar: ao perder a terra, você conquista o céu, cujas águas lavam e regeneram. A aliança com as forças superiores o revive, não mais como um servo recalcitrante ligado ao servo terreno, mas como um trabalhador livre, ambicioso de colher, para o bem de todos os famintos.

XV. Se o fogo do inferno não aquecesse a terra, a água do céu permaneceria infértil. Sem as forças inferiores, as superiores permaneceriam improdutivas. O Diabo em você não é um inimigo se souber reduzi-lo à escravidão. Sua animalidade não é amaldiçoada: ela lhe dá poderes ilimitados, de fato, desde que saiba como superá-la. A Magia não é uma ilusão para quem se deixa obedecer por instinto.

XVI. A arte é difícil. Na teoria tudo é simples, mas cuidado com as complicações da prática! Você teme ser vítima da imprudência de suas façanhas. Na aplicação delas, seus pontos fortes são limitados: saiba gerenciá-los e nunca fique sem eles. A moderação se impõe ao forte, ansioso por cumprir sua missão. Limites devem ser estabelecidos na busca da verdade, porque o erro está à espreita para atingir aqueles que querem saber demais. Seja medido em suas ambições e discreto em sua curiosidade legítima.

XVII. Não viva febrilmente; tenha o cuidado de se permitir o descanso que faz as forças e acumula as energias para usar. O sono coloca o dinamismo necessário ao serviço do seu negócio. Você não perde seu tempo dormindo ou desfrutando do encanto da doçura da vida. O mestre da arte de viver não é um asceta mal-humorado: usa o que lhe é oferecido e aprecia as dádivas do Céu na Terra, sem abusar de nada. Admire coisas belas e se apaixone pelo que é digno de ser amado.

XVIII. Para encorajá-lo a cumprir fielmente a tarefa que lhe foi imposta, a vida lhe concede prazeres que é sábio não desdenhar. Você tem direito a tudo isso, na sua luta contra os obstáculos que a materialidade o coloca. Forçados a lutar na penumbra do discernimento incerto, aprendemos apenas às nossas custas e progredimos apenas à custa de experiências dolorosas. Vítimas das aparências, nunca deixamos de nos enganar, caindo de um erro grosseiro em outro menos grosseiro, sem chegar ao verdadeiro conhecimento. Fundada em descobertas necessariamente incompletas, a ciência humana procede de probabilidades e ainda permanece ambígua.

XIX. A luz brilha nos espíritos. Quando passam pelo campo da materialidade, o Sol ilumina as inteligências que se elevam acima do nevoeiro das opiniões recebidas. A verdadeira iluminação é de natureza puramente moral. O Universo não revela seus segredos, mas você pode saber com certeza como deve se comportar neste mundo. Tenha a sabedoria de não querer ver claramente além de sua conduta. Aprendamos a nos compreender, a nos ajudar fraternalmente. Aspirando à felicidade terrena, nunca esqueça que ela só pode ser coletiva. Faça-se digno daquilo que não pode obter se não merecer.

XX. O espírito do homem iluminado se liberta da estreiteza dos laços corporais: ele se comunica com o sopro animado que ressuscita os mortos intelectuais e morais. A inspiração recompensa aquele que sai de si mesmo para participar de uma vida maior e mais elevada. Nada está perdido; o passado permanece vivo no que interessa ao futuro, e você pode evocá-lo para encontrar a palavra perdida dos antigos sábios.

XXI. O passado revela o futuro: concebemos o que será a partir do que foi. Ao elevar-se acima do presente, você se inicia à Grande Obra realizada: você entra no Cosmos, ou seja, no Mundo em poder de coordenação definitiva. É uma percepção subjetiva que não tem nada de quimérico. O homem é o atanor no qual o ouro filosófico puro amadurece. Realize em si mesmo o ideal da criação, para conformar seu Microcosmo à harmonia do Macrocosmo, pois este é o objetivo supremo do Sábio.

XXII. Quando tiver alcançado o cume de onde todos os reinos da Terra são contemplados, sua visão descerá além do concebível e você sucumbirá à vertigem do Infinito. *Ensoph*, o Abismo sem fundo, irá absorvê-lo, para conduzi-lo de volta ao ventre materno da Grande Noite, o gerador de seres e coisas. Aqui a razão se cala, diante do inefável Mistério dos mistérios, que é fatalmente silencioso. Conscientize-se do seu nada, pois sem humildade piedosa não há reintegração ao Todo primordial!

3 O TARÔ À LUZ DA FILOSOFIA HERMÉTICA

I. (O Mago ou o Operador). O Alquimista decidiu empreender a Grande Obra.

II. (A Papisa, A Reveladora dos Mistérios, Portadora das chaves da Grande Obra). A Prima Matéria dos Sábios, um enigma inicial que o operador deve resolver antes de chegar ao magistério. Esta misteriosa Matéria está em toda parte, é obtida a um preço vil, mas só os Filhos da Arte podem discerni-la. Sem ele, qualquer operação química é em vão.

III. (A Imperatriz, a água supraceleste, mãe das coisas). Na Matéria, que é uma, o Sal ⊖ se distingue, do Enxofre 🜍 e do Mercúrio ☿. Este ternário está ligado não a substâncias, mas a princípios de substância. O Sal ⊖ manifesta o estado estático da matéria-prima. Resolve em Água ▽ Celestial, gerador de formulários.

IV. (O Imperador, o Realizador Universal). O Enxofre 🜍 é o princípio do Fogo formador, como indica seu símbolo (△ Fogo, + conjunção fecundante, ação a ser exercida). Arde no centro dos seres, a quem garante fixidez. Sua irradiação se traduz em calor vital, que desaparece quando o Enxofre se extingue.

V. (O Papa, Instrutor dos Filhos da Arte). Mercúrio ☿, fluido universal de sutileza inconcebível, penetra todas as coisas e sofre a atração coagulante do Enxofre, do qual mantém a chama. Ele é o grande animador, graças a quem tudo é trazido do poder ao ato. O Alquimista que reconheceu Mercúrio é educado na teoria da Grande Obra e pode se aventurar na prática.

VI. (Os Enamorados, as duas estradas ou o jovem Hércules que escolhe sua carreira). Dois caminhos divergentes levam ao magistério: um é seco e o outro úmido. A primeira é racional e a segunda sentimental, pois o ouro filosófico pode ser obtido com o cultivo da inteligência e a aquisição de uma ciência cabal, ou com a sinceridade de um amor confiante que se abandona ao que o coração dita. De acordo com as disposições inatas do Operador, ele aborda a Obra como um filósofo ansioso por realizar o ideal por ele concebido, ou como um místico que aspira a se conformar com as intenções divinas. A Pedra Filosofal é prerrogativa tanto do verdadeiro Sábio quanto do verdadeiro Santo.

VII. (O Carro, veículo da Alma espiritual). O Trabalho é realizado metodicamente, não de acordo com o capricho do Operador. Ele deve saber como dirigir as operações se quiser atingir seu objetivo. Condutor do Carro triunfal de Antimônio, não deve desviar-se nem para a direita nem para a esquerda da estrada traçada. Se, incapaz de dominar sua equipe, deixasse se levar por um lado ou por outro, seu fracasso seria definitivo. O adepto procede em linha reta.

VIII. (Justiça, as operações da Lei da Natureza). A arte se coloca a serviço da Natureza, cujas leis são impostas ao artista, preocupado em não empreender nada que não se conforme à ordem imutável das coisas. Unido na intenção com a Sabedoria coordenadora do Universo, o bom trabalhador trabalha para executar um plano que não tem nada de arbitrário ou fantástico.

IX. (O Eremita ou o Adepto especialista). O trabalho transformador do Sábio se aplica ao que está por nascer, e não a produtos já formados. Em sua ignorância, o alquimista vulgar manipula as substâncias mortas, enquanto o digno Filho de Hermes influencia a vida antes mesmo que ela entre em vigor. Para agir com eficácia, não devemos esperar que o dinamismo ganhe forma influenciável. Nossa ação é fraca sobre o que se materializa, mas pode se tornar poderosa sobre o que está em formação. O futuro é modelado na imagem que dele faz o conspirador, que se isola do presente para criar virtualmente formas prontas para se objetivar.

X. (A Roda da Fortuna; a Gênese permanente). Embora o reino da objetividade não seja seu, o hermetista não desconsidera o turbilhão da vida terrena, sob o pretexto de que seu reino (*Malcut*) não é deste mundo. Para aguardar a oportunidade de intervir de forma útil, mantém-se afastado da corrente que arrasta as multidões. A sua iniciativa ocorre quando chega a hora: sabe esperar a oportunidade de intervir de forma útil, mantém-se afastado da corrente que arrasta as multidões. Sua iniciativa é produzida quando a hora bate: ele sabe esperar o sinal que ordena a ação.

XI. (A Força, ou a Mulher vitoriosa sobre Leão). Para poder agir no momento certo, você precisa ter energias acumuladas. Aqueles que se desperdiçam descuidadamente não têm mais nada para dar quando há um esforço a ser feito (*Parábola das Virgens Tolas*). O adepto deve ser forte. Isso é impossível se ele não souber se domar. A Força é prerrogativa de quem resiste à tentação de usá-la de forma inadequada.

XII. (O Dependurado ou o cumprimento em si mesmo da Grande Obra). As purificações sofridas prepararam a Alma forte para a realização da Grande Obra 🜄, o que exige um absoluto desinteresse por parte do operador. Se possui tesouros, deve espalhá-los em benefício daqueles que os colecionam. Renunciando ao senso prático apreciado pela massa dos humanos, ele deve ter a coragem de um autoesquecimento generoso e a devoção de um amor irresistivelmente ativo.

XIII. (Morte, fonte constante de renovação perpétua). O trabalho realizado na escuridão marca o sucesso da primeira operação, durante a qual o sujeito morre e se decompõe. A morte separa o sutil do denso: liberta o espírito da matéria. Enquanto permanecemos presos no corpo, julgamos apenas pelo testemunho de nossas sensações. Estes nos revelam apenas o exterior das coisas, sua casca morta, que não tem interesse na filosofia hermética.

XIV. (Temperança ou a Fonte da Juventude). O que sobe do sujeito morto se condensa no topo e cai como chuva sobre o cadáver decomposto, que dessa forma é lavado progressivamente e gradualmente embranquece. As águas da alma purificam e revivem aquilo que se abandona passivamente à sua ação. A matéria renasce para uma nova vida, como o catecúmeno quando sai da onda batismal.

XV. (O Diabo, grande Agente Mágico). A ablução não é realizada se o regime de fogo não for criteriosamente regulado, por meio de fases de intensidade medida, alternando com períodos intencionais de moderação que permitem que os vapores se desfaçam em chuva. O fogo à disposição do operador não é o do céu: é um ardor terreno que pode ser considerado diabólico, mas sem o qual o trabalho jamais entrará no campo prático. O artista usa o Diabo sem se vincular a ele com um pacto.

XVI. (A Torre atacada pelo Raio; a Alquimia dos Ignorantes). Ninguém pode reivindicar sucesso certo no que empreende. A prática da Arte também envolve tentativas infelizes que não devem ser desencorajadas. A experiência revela os erros a serem evitados. Muita ambição inevitavelmente prepara uma catástrofe. Abastecido de forma imprudente, o fogo provoca a explosão.

XVII. (As Estrelas; Influências Astrais, Astrologia). O Sábio não arde de impaciência: observa as estações e espera calmamente que a Natureza cumpra a sua parte na Obra que supervisiona. Se confiasse apenas em si mesmo, só obteria um resultado mesquinho. Sem a ajuda do céu estrelado, o homem se agita cegamente na noite terrena.

XVIII. (A Lua; fenômenos, a observação do que está sob o domínio dos sentidos; Materialismo e Superstição). As estrelas ficam pálidas quando a Lua lança sua luz. Esta estrela ilumina o espírito humano que luta para lidar com a matéria e com suas aparências falaciosas. Diana, como uma boa mãe, responde a todas as perguntas que lhe são colocadas pela curiosidade infantil. Suas respostas são verdadeiras, mas envoltas em um mistério que vai contra o seu exato entendimento. A Obra Branca corresponde à posse de uma preciosa verdade simbólica (prata), mas que ainda não manifesta o ideal supremo do puro ouro filosófico.

XIX. (O Sol; discernimento, a luz que ilumina os espíritos). O ouro simboliza a Verdade, assim como é concebível para o homem que se livrou de todas as ilusões enganosas. Para possuir a pedra dos Sábios, devemos transformar o erro em verdade. Os homens são enganados pela falta de discernimento: fazem o seu próprio mal por causa da falta de inteligência e compreensão. Quando a sã razão solar os iluminar, serão felizes, pois evitarão ferir-se mutuamente. A idade de ouro deve ser conquistada.

XX. (O Julgamento, a inteligência do passado, a tradição compreendida e revivida). Da inteligência e da plena compreensão do que é humano vem a religião do Espírito, na qual se revivem as crenças mortas. O Juízo Supremo justifica a Fé e reabilita as superstições desprezadas. A Verdade dispersa, incompreendida sob disfarces infinitamente variados, é liberada luminosamente e reintegrada à sua unidade. Como resultado da Projeção tudo o que é transmutável torna-se ouro.

XXI. (O Mundo; Realidade distinta das aparências enganosas). A Grande Obra está feita; o Mundo se conforma com a intenção divina, pois nele tudo funciona harmoniosamente. O Reino de Deus chegou, graças à Multiplicação que aconteceu.

XXII. (O Louco e seu domínio; o inacessível, o que está além da compreensão humana). Em última análise, de que é composto o ouro mais puro em sua inalterável fixidez? A substância que está na raiz das coisas, o princípio salino de outros sais, tem como símbolo um círculo ○ vazio, e é chamado de *Alúmen*. Tudo é feito do Nada e retorna ao Nada. Mas o Nada-Tudo é o Grande Mistério, o Arcano dos Arcanos, diante do qual a razão confessa sua própria impotência. O Louco humilha o orgulhoso que se gaba da própria Sabedoria.

4 AS CONCORDÂNCIAS MAÇÔNICAS DO TARÔ

Todo simbolismo é válido. O dos Maçons elabora alegorias construtivas dos fatos da iniciação, como expressado em termos de metalurgia pelos Alquimistas. O Tarô relaciona a mesma tradição ideológica a imagens coloridas escolhidas da seleção dos artistas populares da Idade Média. A comunidade dos Esotéricos nos autoriza a ler o Tarô de maneira maçônica. Portanto, agora, permita-nos testar a nós mesmos nele.

I. (O Mago, malabarista ou charlatão). Reconhecido postulante iniciático por suas aptidões e boas disposições.

I. (A Papisa, Ísis, mãe dos Iniciados). A ciência iniciática que se deve saber descobrir por si mesmo. Ísis confia a chave dos mistérios apenas a seus filhos, aos Filhos da Viúva, dignos de conhecer seus segredos.

III. (A Imperatriz, Senhora da suprema idealidade). A sabedoria que concebe. Depois de reentrar em si mesmo (Gabinete de reflexão), o neófito sobe das profundezas negras ao ideal sublime da Maçonaria. Se ele não assimila a ideia pura, da qual terá que buscar a realização, não poderá ser iniciado.

IV. (O Imperador, Centro dispensador do Poder iniciático). Das alturas etéreas do ideal, o aspirante a construtor é lançado no campo de ação (prova da primeira jornada simbólica). É o campo de batalha da vida: espadas o atravessam. Mas o futuro iniciado não se envolve nas lutas estéreis de opiniões e partidos: ele conserva sua energia para poder aplicá-la na preparação da Pedra Cúbica.

V. (O Papa, titular supremo da Ciência dos Iniciados). Sem uma formação teórica completa, ninguém pode se dedicar à prática real da Arte Diretiva. Para se tornar um Companheiro, o neófito deve ter prática no uso de ferramentas e não deve ignorar as regras da arquitetura. O Trabalhador que conquistou a luz percebe a Estrela flamejante e conhece o significado da letra G, pois a Geometria deve ser familiar para ele.

VI. (O Enamorado, ou o Iniciado do Primeiro Grau passando pelo teste no qual seu aumento de salário depende). A iniciação intelectual confere Liberdade. O homem educado faz o que quer: escolhe a direção que mais lhe convém. Se, com pleno conhecimento dos fatos, decidir consagrar-se à Obra dos Construtores, não poderá mais renunciar ao seu compromisso. O juramento que ele faz determina seu futuro.

VII. (O Carro, ocupado pelo Mestre que assume a direção do trabalho coletivo). O iniciado se submete à Equipe, que designa o Mestre escolhido para dirigir o trabalho. O líder eleito mostra-se conciliador, sociável, sempre preocupado em manter a harmonia. Do choque de opiniões contrárias, ele sabe tirar a conclusão que libera imparcialmente aquela parte de verdade que tais opiniões contêm.

VIII. (Justiça, lei igual para todos). O Nível afirma a Igualdade perante o Direito do Trabalho. Tudo existe apenas para cumprir uma função. Na ordem universal, cada um é obrigado a realizar sua tarefa. Vivemos para trabalhar, não para aproveitar a vida de graça. Os aumentos salariais recompensam o bom Trabalhador que, empenhando-se em viver melhor, beneficia-se do modo de existência superior ao que chegou.

IX. (O Eremita Sábio, cuja influência se exerce com discreta irresistibilidade, o Mestre que alcançou a Maestria plena). Enquanto trabalha, o iniciado reflete. Ele não aceita agir como uma máquina: o artista está interessado em seu trabalho, que ele entende e ama, porque o sente. A regra não se impõe a ele superficialmente, pois ele domina completamente sua justificação lógica. O fio de prumo dirigiu o seu espírito para o interior das coisas, para o Esoterismo que escapa ao profano.

X. (A Roda da Fortuna; o Aprendiz desdobrando sua iniciativa). No centro de si mesmo, o iniciado percebe o fogo ardente que corresponde à Coluna J. Seu salário de aprendiz se traduz em uma energia da fonte interior, que o impele a empreender atividades árduas, mas nunca sem oportunidades; na verdade, o pedreiro começa a trabalhar quando chega a hora de começar a trabalhar.

XI. (A Força; o Companheiro que se fortaleceu ao dominar sua própria pessoa). A Prova do Fogo exterioriza o ardor interno. O iniciado que a experimenta sente em si mesmo a atração vazia pelo agente dinâmico interior. Portanto, ele se aproxima da Coluna B, na qual desenha a Força que executa.

XII. (O Dependurado, ou a renúncia de si mesmo). A influência iniciática é exercida misteriosamente, sem recorrer a meios profanos. Passa despercebida, pois não se traduz em discursos ou atos que chamem a atenção. O iniciado voluntariamente se condena a uma aparente impotência, que lhe permite agir à sua maneira e com eficácia. O projeto que, em vez de ser uma agitação vã, amadurece na confidencialidade e no silêncio, adquire a força da realização. O sonhador desinteressado, que se apega desinteressadamente ao seu sonho, prepara o futuro esquecendo o presente.

XIII. (A morte iniciática que leva à condição de Mestre). O que é efetivamente sonhado é projetado na prancheta, da qual ninguém pode se aproximar antes de entrar na Sala do Meio. Ali, no negro em que se destaca a brancura dos crânios e dos ossos, toda ilusão se desvanece e o julgamento se ameniza. O iniciado morre para tudo o que é fictício e se prepara para receber a condição de Mestre.

XIV. (Temperança, ou o banho da onda vivificante). Segundo a concepção mais antiga que conhecemos, a fonte da vida jorra sob a pedra do santuário central da cidade dos mortos[67]. Você tem que morrer para ser trazido de volta à vida. Ao nos despojar de tudo o que nos retém em inferioridade, a morte nos eleva e nos faz participar de uma vida menos limitada. Viver só para si mesmo limita a vida, que se expande para o altruísta ambicioso de viver para os outros. A vida coletiva dá seu salário ao Companheiro que sabe trabalhar e que se mostra digno de se tornar um Mestre.

XV. (O Diabo, instrumento da arte iniciática). Toda energia é sagrada: não há ninguém para amaldiçoar, mesmo que seja prejudicial em sua aplicação. O Iniciado deve saber captar todas as correntes e canalizar sua impetuosidade. O Diabo está a seu serviço se, colocando-se sob as ordens do 2º grau, não assume atitudes vãs. Trabalhamos fervorosamente para a realização da Grande Obra e atrairemos a cooperação de todos que puderem nos ajudar.

---

67 *Poeme d'Ishtar.*

XVI. (A Torre atingida pelo Raio; obra de maus trabalhadores). Hiram cai sob os golpes dos três maus companheiros. A primeira personifica a Ignorância que, incapaz de apreender o espírito, materializa o ensinamento e espalha o erro gerado por todas as verdades mal compreendidas. A segunda representa o Fanatismo, que reduz o Templo às proporções de uma Casa-Deus exclusiva e fechada. A terceira retrata a Ambição que não sabe moderar-se na construção da Torre de Babel, que está destinada a ruir.

XVII. (As Estrelas que brilham na noite; a Idealidade que aspira à Verdade). O assassinato de Hiram interrompe todo o trabalho. A noite cai para construtores de condução particulares. Dilacerados, eles se espalham para procurar por toda parte o cadáver do Mestre desaparecido: um ramo de Acácia de repente lhes dá esperança, pois veem ali um penhor de perpetuação da vida e da ressurreição. O campo desolado em que vagamos não é árido: está coberto de uma vegetação reconfortante, sobre a qual o olhar repousa, fascinado. A beleza que ele adorna faz seu trabalho, e o artista se torna seu seguidor.

XVIII. (A Lua viaja no meio das miragens do erro). Os Mestres viajam, não mais isolados como os Aprendizes e Companheiros, mas em grupos, prestando-se ajuda mútua. Eles exploram o mundo sublunar, procurando os restos materiais de Hiram. Como dignos Filhos da Viúva, eles se inspiram no exemplo de Ísis, viajando por toda a terra para coletar os fragmentos dispersos do corpo de Osíris. Para reviver a tradição, coletamos cuidadosamente o que resta dela na forma de lendas, ritos incompreendidos e superstições.

XIX. (O Sol; a conquista da luz iniciática). Quando amanhece o dia do espírito, Hiram é encontrado imerso em um sono do qual os Mestres terão que acordá-lo. Para isso, reúnem-se para partilhar a sua inteligência e afeto. Hiram é trazido de volta à vida, porque seu pensamento encontra uma nova expressão (palavra perdida substituída) e porque suas aspirações construtivas animam todos os corações.

XX. (O Julgamento; a ressurreição do Mestre). O morto rejuvenescido revive no Filho da Putrefação. Tudo o que possui vida em si sai da sepultura do esquecimento, quando ouve a trombeta do grande Juízo. A experiência dos séculos dá aos homens a sabedoria do entendimento. Hiram resume a direção das obras que não serão mais interrompidas.

XXI. (O Mundo; a iniciação completa). O Templo está construído e concluído: nada lhe falta. O edifício é perfeito, em plano e execução. O ideal é cumprido, a Grande Obra realizada, o reino divino da inteligência e do amor é estabelecido no Mundo regenerado.

XXII. (O Louco; o Iniciado que não tem ilusões sobre a relatividade de seu conhecimento). O cumprimento só pode ser relativo, pois o trabalho continua indefinidamente. Se parasse, tudo desapareceria no ar. O que é resulta de uma atividade necessária, que não pode ser precedida ou seguida por uma passividade inconcebível. Ao opor o Infinito ao Finito, aproximamo-nos do domínio do Louco. O Compasso traça para nós os limites da razão; devemos saber nos manter dentro desses limites, respeitando o Mistério inefável que nos é vedado penetrar.

5 OS ARCANOS INTERPRETADOS PARA O BEM OU PARA O MAL

I. O Mago

O começo, a primeira causa, influência mercurial.

BEM: destreza, habilidade, diplomacia, eloquência, formas de convencimento, uma mente alerta, mente rápida, perspicácia nos negócios.
MAL: um fanfarrão persuasivo, ilusionista, intrigante, carreirista, político, charlatão, impostor, mentiroso, vigarista, explorador. Um agitador, falta de escrúpulos.

II. A Papisa

Mistério, intuição, devoção, influência passiva de Saturno.

BEM: reservado, discreto, tranquilo, meditação, fé, paciente, sentimentos religiosos, resignação, modéstia. Inação necessária.
MAL: intenções ocultas, dissimulação, hipocrisia, inação, preguiça. Hipócrita, guarda rancor, uma disposição indiferente, interesse no mundo místico.

III. A Imperatriz

Prudência, discrição, idealismo e influência solar intelectual.

Bem: compreensão, inteligência, instrução, charme, sociável, elegância, distinção, polidez. Dominação pela mente, abundância, riquezas. Servilismo.
Mal: afetividade, farsa, elegância, vaidade, pretensão, desdém, frivolidade, ociosidade, luxo, extravagância. Sensibilidade à bajulação, falta de refinamento, jeito de novo rico.

IV. O Imperador

Firme positivismo, poder executivo, influência saturnina-marcial.

Bem: correto, rígido, assertivo, ideias fixas, realização, perseverança, força de vontade, atua nas decisões. Protetor poderoso.
Mal: oposição tênue, teimosia, hostilidade, preconceito, opinativo, mau governo, altos riscos de fracasso. Tirania, absolutismo.

V. O Papa

Dever, moralidade, consciência, influência jupiteriana.

Bem: autoridade moral, respeitabilidade, ensino, bons conselhos, boa vontade, generosidade indulgente, perdão. Mansidão.
Mal: sentença papal, moralista implacável, professor rigoroso, teórico mesquinho, pregador bombástico. Um conselheiro com uma falta de senso prático.

VI. Os Enamorados

Sentimentos, livre-arbítrio, teste, dupla influência de Vênus ou mais exatamente de Ishtar, a estrela guerreira da manhã, romântico como as estrelas que caem.

Bem: determinismo voluntário, escolha, desejos, aspirações, desejos. Exames, deliberações, responsabilidade. Afeições.
Mal: passar por dúvidas e indecisão. Tentação perigosa, risco de ser seduzido, má conduta, libertinagem, fraqueza, falta de heroísmo.

VII. Carro

Triunfo, comando, superioridade, influência marcial-solar.

BEM: sucesso legítimo, avanço merecido, talento, saúde, aptidões colocadas em prática. Tato governamental, diplomacia, direção eficiente, apaziguamento. Progresso, mobilidade, viagens em terra.

MAL: ambição injustificada, falta de talento, situação usurpada, governo ilegítimo, ditadura, concessões nocivas, oportunismo perigoso, preocupação com o caminho a seguir, preocupações, excesso de trabalho, atividade febril sem descanso.

VIII. Justiça

Ordem, regularidade, método, equilíbrio, plácidas influências lunares.

BEM: estabilidade, conservadorismo, organização, funcionamento normal. Lei, disciplina, lógica, coordenação, adaptação às necessidades, opiniões moderadas, senso prático, razão, administração, economia, obediência.

MAL: burguesismo, submissão aos usuários, falta de iniciativa, escravidão aos livros, funcionalismo, papéis. Delegacia de polícia. Disputa legal, ação judicial, briga, exploração pelo sistema jurídico.

IX. O Eremita

Prudência, reserva, restrição, influência saturniana.

BEM: isolamento, concentração, silêncio, profundidade, meditação, estudo. Austeridade, continência, sobriedade, discrição. Doutor, ocultista discreto.

MAL: tímido, misantropo, mudo, exagerado circunspecção, falta de sociabilidade, caráter taciturno. Avareza, pobreza, celibato, castidade. Conspirador.

X. A Roda da Fortuna

Destino, instabilidade, influência lunar-mercurial.

BEM: sagacidade, um oportunista, sorte em todas as ações, sucesso fortuito. Espontaneidade, disposição inventiva, vivacidade, bom humor.

Mal: descuido, especulação, jogo, insegurança, pouco sério, o inesperado, personagem cigano. Situação instável, mudança repentina, ganhos e perdas. Aventuras, riscos, fontes menores.

XI. Força

Virtude, coragem, influência jupteriana-marcial.

Bem: energia moral, calma, intrépida. Mente sobre matéria. Inteligência vencendo brutalidade. Subjugação das paixões. Sucesso na indústria.
Mal: raiva, impaciência, entusiasmo imoderado, insensibilidade, crueldade, luta, guerra, conquista com violência, operação cirúrgica. Veemência, discórdia, fogo.

XII. O Dependurado

Autossacrifício, sacrifício aprovado, influência lunar-venusiana.

Bem: desinteresse, altruísmo, devoção, submissão ao dever, patriotismo, generosidade, apostolado, filantrópico, dotado. Dispersão de ideias.
Mal: boas ideias não executadas, projetos não realizados, bons planos permanecem teoria. Promessas não cumpridas, amor não compartilhado, exploração de bons sentimentos. Conquista infrutífera. Perdas.

XIII. Morte

Fonte inescapável, fim necessário, desencanto, influência saturniana ativa.

Bem: profundo, penetração intelectual, metafísica, desilusão, discrição severa, sabedoria desiludida, desapego, resignação, estoicismo.
Mal: falha inevitável. Desânimo, pessimismo, mudança absoluta, recomeçar de forma diametralmente oposta.

XIV. Temperança

Serenidade, frieza, adaptação, influência mercurial-lunar.

Bem: caráter acomodado, filosofia prática, feliz, descuido, aceitação do inevitável, inclinação às circunstâncias, sociabilidade, educabilidade, transformação adaptativa.

Mal: indiferença, falta de personalidade, mudança passiva, mudança de humor. Tendência a mudar com o ambiente, submissão à moda. Resultados que não atingem as aspirações, incapacidade de influenciar o fluxo da vida.

XV. O Diabo

Desordem, paixão, excitação sexual, conjunção de Marte e Vênus.

Bem: atração sexual, desejos apaixonados, ação mágica, magnetismo, poder oculto, prática de influência mística. Proteção ativa contra encantamento. Proteção contra feiticeiros.

Mal: problemas, superexcitação, amorosidade, luxúria, complicação, estupidez, intriga, uso de meios ilícitos, enfeitiçamento, fascínio, escravização dos sentidos, fraqueza resultando em uma situação embaraçosa, egoísmo.

XVI. A Torre

Explosão, destruição, queda, influência lunar-marcial.

Bem: entrega, crise salutar, desafio, medo resultante de empreendimentos imprudentes. Benefício dos erros de outras pessoas. Bom senso, detenção, timidez genuína. Apego à observância da piedade, materialismo religioso.

Mal: doença, castigo, catástrofe provocada pela imprudência, nascimento clandestino, escândalo, hipocrisia descoberta. Excesso, abuso, monopolização, presunção, orgulho. Empreendimentos fantasiosos, alquimia enganosa.

XVII. A Estrela

Idealismo prático, esperança, beleza, influência solar- venusiana.

Bem: candura, abandono a influências sensatas, naturismo, confiança no destino, estética, sensibilidade poética, pressentimento. Bondade, compaixão.

Mal: selvageria, imprudência, frivolidade, falta de espontaneidade, restrição artificial insalubre. Romantismo, aquele que se afasta da vida prática.

XVIII. A Lua

Imaginação, aparências, ilusões, influência lunar ativa.

Bem: a objetividade, o mundo sensível, a experimentação, o trabalho, a difícil conquista da realidade. Instrução pela dor, tarefa não proposta, trabalho meticuloso que é necessário. Visão passiva, lucidez. Navegação.
Mal: erros de sentido, falsas suposições, emboscadas, armadilhas, enganos, teorias enganosas, conhecimento fantástico, visionário, lisonja, ameaças, chantagem, perda, viagem, capricho, loucura.

XIX. O Sol

Luz, razão, harmonia, influência solar.

Bem: discernimento claro, clareza de julgamento e expressão, talento literário e artístico. Pacificação, harmonia, bom relacionamento, felicidade conjugal. Fraternidade, reino da inteligência e bons sentimentos. Reputação, glória, celebridade.
Mal: flagrante, vaidade, impostor, exibicionismo, orgulho, suscetibilidade. Artista incompreendido. Miséria oculta, blefe, falsa aparência, fachada assimilada, decoro de prestígio.

XX. Julgamento

Inspiração, golpe redentor, influência lunar-mercurial.

Bem: entusiasmo, exaltação, espiritualidade. Profecia, santidade, teurgia, medicina milagrosa. Ressurreição passada, renovação, nascimento. Propaganda, apostolado.
Mal: intoxicação espiritual e mental, iluminação. Recuperação, barulho, agitação sem motivo.

XXI. O Mundo

Conclusão, recompensa, deificação, influência jupiteriana-solar.

Bem: grande fortuna, sucesso completo, conclusão, realização. Intervenção decisiva. Circunstâncias muito favoráveis, atmosfera propícia. Integridade absoluta. Absorção contemplativa. Êxtase.

MAL: obstáculo enorme, atmosfera hostil, autopiedade. Distração, falta de atenção e concentração. Grande revés da fortuna, ruína, descaso social.

XXII. O Louco

Impulsivo, alienação, influência lunar passiva.

BEM: passividade, abandono absoluto, renúncia a toda resistência, descuido, inocência, irresponsabilidade. Instintividade. Abstenção.
MAL: nulidade, incapaz de racionalizar. Abandono ao impulso cego, inconscientemente indisciplinado. Extravagância, punição, atos tolos, remorso vão, aniquilação.

PARTE 4

O TARÔ APLICADO À ADIVINHAÇÃO

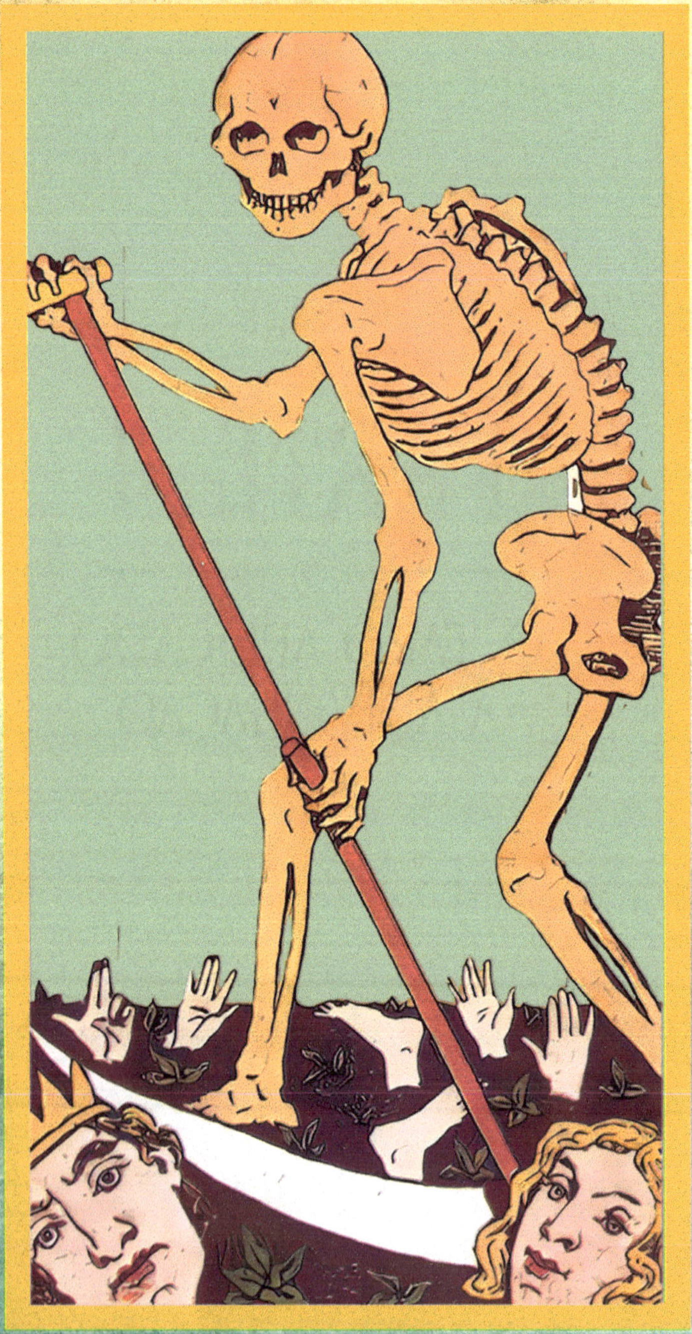

1 A IMAGINAÇÃO

Quando a lenda apresenta a humanidade como tendo caído de um estado original de iluminação espontânea, parece aludir às luzes do instinto desfrutadas pelos animais. A natureza cuida dos seres que a obedece passivamente e os faz realizar, sem erros, atos ordenados por seu programa de vida.

Enquanto permanecer docilmente obediente aos seus impulsos, a animalidade goza de privilégios que a criatura ambiciosa perde por se dirigir segundo seu próprio julgamento. Há uma revolta contra a ordem natural primordial quando a razão, ainda fraca, apodera-se do indivíduo. Então, a razão perturba a clareza do instinto, e daí deriva o estado de relativa decadência da criatura imperfeitamente razoável.

Um aprendizado extenuante nos é imposto, pois a razão se desenvolve apenas em detrimento do instinto, que se obscurece antes que triunfe em nós o pleno esplendor intelectual. Portanto, entre o reino do instinto e o da razão pura, estabelece-se um período de angústia. A transição seria terrível sem uma faculdade que não é nem instinto nem razão, mas que parece meio intermediária. E aparece quando a inteligência desperta: sua luz diverte antes de instruir. As imagens que ela nos mostra são inconsistentes, mas fascinantes, e dão origem a ideias. Essa faculdade é a imaginação.

Devemos ter o cuidado de não a desprezar: a ela, que foi tida em grande honra nos milênios anteriores à civilização grega. Devemos a ela o conhecimento fundamental da humanidade, a concepção original de nossas religiões e nossas ciências, pois os lampejos que carregavam um germe de clareza no cérebro humano foram captados pela intuição dos humildes primitivos.

Saindo do instinto, o homem certamente não pensa em colocar problemas filosóficos: diante do espetáculo da natureza, ele sofre impressões que abandona a si mesmo sem raciocinar. As coisas exercem, assim, um poder indiscutível de sugestão sobre sua imaginação.

Disso deriva uma extraordinária faculdade de imaginar, que nos surpreende quando a observamos em crianças ou em "sujeitos" trazidos de volta à mentalidade infantil. Essa mentalidade era a da humanidade primitiva, e ainda permanece a dos povos incivilizados.

Caracterizado pela incapacidade de formar ideias claras e precisas, o primitivo não pensa em falar com propriedades: ele sonha. Rebelde a qualquer esforço intelectual, é receptivo-passivo ao que lhe vem à mente: aceita-o e considera-o verdadeiro. Isso é muito perigoso. Entregue a si mesma, a imaginação deleita-se com a extravagância; não seria, portanto, judicioso aceitá-la como árbitro de nossas decisões.

No entanto, muitos povos, cuja civilização nos surpreende, ouviram a imaginação, consultando os oráculos e reverenciando os colégios de adivinhos encarregados de interpretá-los. Na origem dos primeiros grupos sociais não encontramos filósofos, mas muitos humildes Sacerdotes-feiticeiros, ancestrais das atuais tribos selvagens. Como a fé instintiva era absoluta, a autoridade dos súditos lúcidos foi imposta: tornando-os naturalmente reis-pontífices, como os primeiros governantes históricos do Egito e da Mesopotâmia.

Eles exerceram seu poder em nome da divindade que manifestou sua vontade por meio de adivinhos. A julgar pela sua duração, este regime não deu origem a mais abusos do que aquilo que lhe aconteceu. Os celtas nunca reclamaram de seus druidas, e mais de uma monarquia secular fez alguém lamentar o governo teocrático anterior.

É provável que tudo estivesse bem desde que os adivinhos fossem sinceros e as pessoas acreditassem. Quando havia dúvidas de ambos os lados, as coisas pioravam. A razão acordava, disfarçada de astúcia; os adivinhos tornavam-se cúmplices dos poderosos, em detrimento dos crédulos. A arte da adivinhação se perdeu e caiu em inevitável descrédito. Como prática pública oficial, está morta. No entanto, Richelieu recorreu ao conhecimento de um astrólogo, e a adivinhação privada nunca foi tão presente quanto atualmente.

Seria um sinal de decrepitude do espírito moderno? Será que voltamos à infância, depois de jurarmos, no século 18, tudo sacrificar ao culto da Região? Não é bem assim: progredimos intelectualmente à medida que descobrimos que a razão tem a imaginação como irmã.

Pretendemos continuar a raciocinar, mas sem nos proibir de cultivar nossas faculdades imaginativas.

Educados na escola da imaginação, os antigos adivinhavam coisas que nos escapam. Por que não devemos tentar encontrar sua Palavra Perdida?

Se esta é a nossa ambição, aprendemos a adivinhar. Mas como?

Instruindo-nos nas regras da arte da adivinhação, para colocá-las em prática experimentalmente.

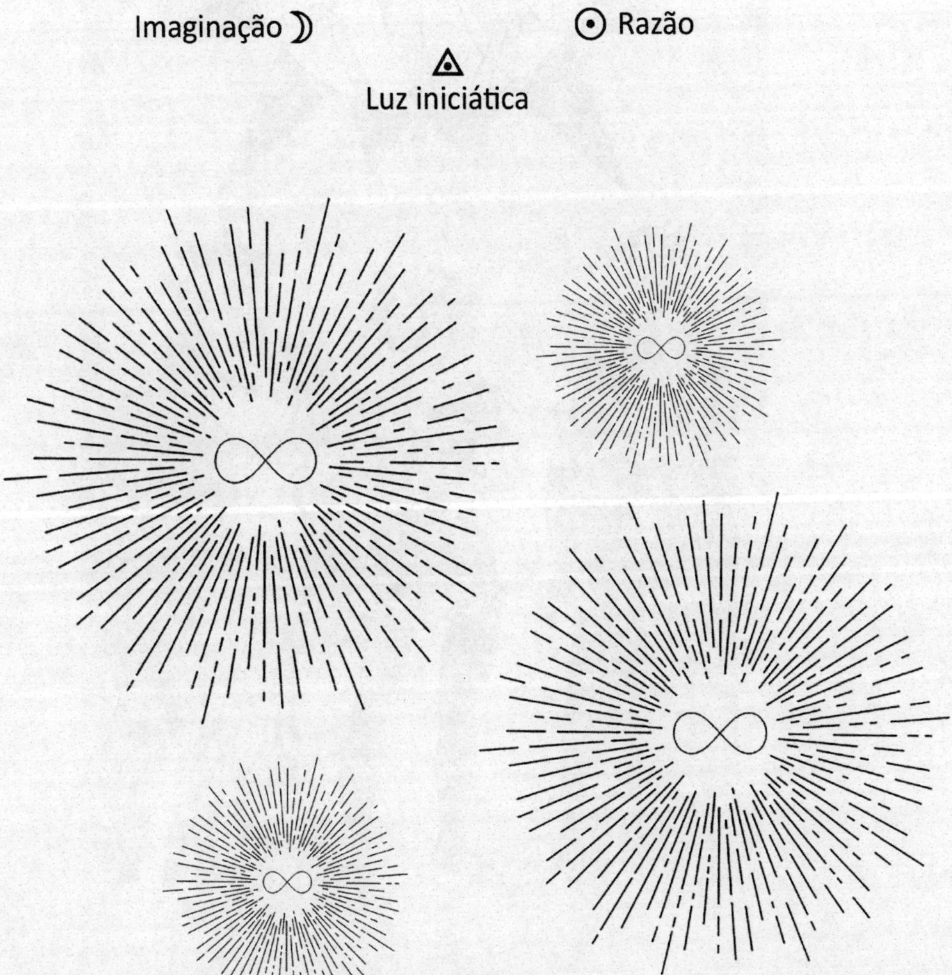

2 A ARTE DA ADIVINHAÇÃO

Apesar do positivismo de que se gabam, nossos contemporâneos muitas vezes são adivinhos sem saber. O fulano de tal tem sucesso na vida graças à sua "intuição", pois adivinha o que lhe é favorável e age de acordo. Outro é enriquecido pela lucidez que o lança em especulações afortunadas e o afasta dos infelizes. Alguns financistas construíram sua riqueza graças à intuição de suas esposas. E nossos soldados, eles não contaram que as balas explodiram nos lugares que tinham acabado de sair, empurrados por um impulso repentino?

Num caso como este, há uma adivinhação espontânea, que escapa às regras de uma arte divinatória consciente, que pode ser utilizada em caso de perplexidade. Mas existe realmente uma arte desse tipo, fundada no desenvolvimento da intuição e no cultivo racional de uma clarividência que ordinariamente se manifesta fora de qualquer educação preparatória?

A história e a arqueologia tornam impossível questionar a existência de tal arte no passado distante. É possível termos uma boa ideia e voltarmos aos seus princípios? É um empreendimento que não tem nada de quimérico. Tentemos demonstrá-lo à luz de nossa existência pessoal. A teoria é simples. Se lhe for oferecida uma imaginação viva, mas não desordenada, tente disciplina-la. Ensine-a a se acalmar e a se conter: e, ao mesmo tempo, purifique-a de tudo o que poderia perturbá-la, torná-la clara e calma, depois deixe-a refletir o que lhe interessa. É fácil dizer, mas na prática existem grandes dificuldades.

Para os agitados do século 20, o mais difícil é silenciar-se. Como silenciar nosso pensamento para nos tornar intelectualmente passivos? Nossos ancestrais distantes tinham apenas que fechar os olhos do corpo para abrir os olhos da alma quase que simultaneamente.

Eles estavam mais dispostos do que nós ao isolamento que nos separa do mundo sensível e que favorece a recordação imaginativa.

Pratiquemos o esquecimento do que nos cerca, para estarmos atentos às manifestações sutis que nos afetam.

Se fosse possível realizarmos o ideal de neutralidade receptiva, nossas impressões corresponderiam exatamente ao objeto em questão. Desse objeto vêm vibrações semelhantes às da luz, mas perceptíveis apenas por meio da imaginação, que desempenha para eles a função de chapa fotográfica.

Para o adivinho, trata-se de captar fielmente as imagens que vibram ao seu redor: é uma operação delicada, pois a imaginação-espelho é compensada com extrema facilidade. Emoções, desejos, afetos, ansiedades são elementos de perturbação e deformação. O simples interesse pela resposta do oráculo torna as condições desfavoráveis ao adivinho, que costuma ser mais lúcido em relação aos outros do que a si mesmo.

Se a imaginação do adivinho funciona como um dispositivo de gravação, é claro que a adivinhação não pode satisfazer a curiosidade do querente, exceto dentro de limites estreitos. Se não há nada vibrando, no que lhe diz respeito, é impossível comunicar-lhe uma mensagem. Insistir não é apropriado, pois significa provocar uma resposta que corre o risco de não ser de boa liga, do ponto de vista divinatório. Em geral, o que é anunciado espontaneamente merece mais atenção do que as revelações mais ou menos extorquidas ao adivinho.

A lucidez de um mesmo adivinho varia, por outro lado, de um consulente para outro. Há pessoas que se opõem ao funcionamento do mecanismo de adivinhação, tanto porque suas vibrações neutralizam as ondas que o adivinho deveria captar, quanto por outros motivos. Nesses casos, o adivinho sente-se desconfortável e muitas vezes irritado, e isso o torna incapaz de oficiar de maneira útil.

Pelo contrário, o consulente pode trazer uma atmosfera psíquica propícia à adivinhação. O adivinho torna-se, então, o intérprete das mensagens telepáticas que lhe são comunicadas pelo destinatário, como cartas que não foram abertas ou que permaneceram ininteligíveis em seu significado. As revelações mais sensacionais estão muitas vezes ligadas, portanto, à contagem de uma correspondência oculta guardada: e são produzidas quando menos se espera, não podendo ser tomadas como certas na prática divinatória atual e na previsão do futuro.

Pedimos à adivinhação apenas o que ela pode nos dar. Uma intenção firme, um projeto definitivamente estabelecido pode anunciar um ato ainda não concluído: o resultado é uma conjectura de que os acontecimentos confirmarão ou não, pois, em última análise, a execução pode ser dificultada por uma razão ainda não objetivada no momento da previsão. Portanto, é prudente reservar o futuro e não tentar adivinhar o presente, no que é desconhecido e útil conhecer.

O adivinho que cuida de suas antenas receptivas não pode captar nada além do que vibra: ele não é responsável pela ausência das mensagens destinadas ao consulente. Assim, seu amor-próprio não deve entrar em jogo se nada aparecer em seu campo de visão.

Ele deve, acima de tudo, evitar ser implacável na conversão dos céticos. Ninguém é obrigado a acreditar que os adivinhos podem dizer a verdade. Fornecer prova experimental disso não é de forma alguma o propósito da adivinhação.

Apesar de tudo, a adivinhação é um sacerdócio. Deslumbrar o querente não é de forma alguma o objetivo do adivinho possuído pelo fogo sagrado: ser útil, ajudar a sair da perplexidade, dar bons conselhos, estas são as razões deste confessor, que às vezes adivinha as faltas sem que ninguém as tenha confiado.

SOLVE
COAGULA

3 AS FERRAMENTAS DA ADIVINHAÇÃO

Parece que a forma mais antiga de adivinhação era a interpretação dos sonhos. As Chaves dos Sonhos abundam entre os tijolos cobertos com caracteres cuneiformes. Mas o sonho comum, que não goza de nossa devoção, não se presta à adivinhação a menos que o sonhador tenha o direito de adormecer à vontade e depois sonhar em voz alta, para benefício dos ouvintes. Este era o programa que as Pitonisas estavam fazendo.

Sem recorrer ao sono, outras pessoas mostram-se predispostas a sonhar em estado de vigília, por um simples fascínio pela imaginação. Assim nasceram muitos "*manzie*" (de *μαντεια*, adivinhação).

Cada um deles recebe o nome da ferramenta que dá à imaginação do adivinho um ponto de apoio material, que lhe permite fixar-se e aplicar-se em vez de se perder no vago.

Deste ponto de vista, a prosaica borra de café não tem nada de grotesco como instrumento de adivinhação. Espalhadas em um guardanapo, suas partículas desenham, de fato, inúmeras figuras, e constituem formações geométricas altamente sugestivas para um espírito sensível à linguagem das formas.

Combinações análogas, mas totalmente previstas, são encontradas na geomancia, uma forma de adivinhação extremamente antiga, baseada na interpretação de dezesseis figuras geradas por pontos, tomadas isoladamente ou em pares, e sobrepostas quatro vezes.

Os geomantes designam cada uma dessas figuras com um nome que as orienta em sua perplexidade divinatória.

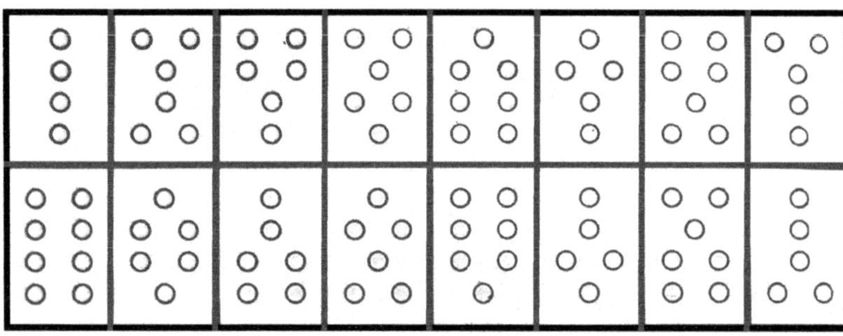

Oito números são positivos (os da primeira linha): eles foram batizados da seguinte forma:

Caminho, Conjunção, Grande Sorte, Aquisição, Alegria, Donzela, Branco, Cabeça.

Estes números correspondem, por oposição, aos números negativos (segunda linha):

Povo, Prisão, Pequena Sorte, Perda, Tristeza, Criança, Vermelho, Cauda.

Estes são os títulos de uma classificação em que o adivinho deve se esforçar para incluir tudo o que é capaz de conceber. Se ele conseguir, as figuras da geomancia o ajudarão a desvendar o caos de suas impressões e a realizar a função de um instrumento de adivinhação manuseado com grande virtuosismo[68].

68 O número 16 parece ter sido correspondente aos das letras do alfabeto primitivo. Pode-se perguntar se as figuras da geomancia são estranhas à gênese dos personagens de nossa escrita.

Mesmo a ferramenta de adivinhação dos chineses procede de elementos pares ou ímpares, representados não por pontos, mas por traços:

Três vezes sobrepostos, esses elementos dão os oito trigramas de *Fô-Hi*, assim designados:

Céu Vapor Fogo Trovão Vento Água Montanha Terra

Dois trigramas colocados lado a lado constituem uma das 64 mutações, comentadas pelo I Ching (*O Livro das Mutações*), que é o tratado clássico de adivinhação erudita de todo o Extremo Oriente.

Se esses esquemas numéricos, associações variadas e complexas do simples e do duplo, pudessem ser suficientes para que nossa imaginação a estimulasse e dirigisse, não saberíamos o que fazer com as ilustrações, em suma, grosseiras, como as do Tarô.

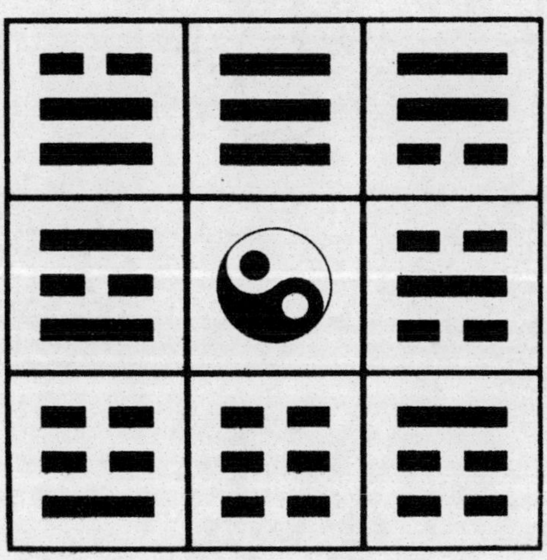

Mas temos que reconhecê-lo: menos metafísicos que os orientais, somos propensos ao antropomorfismo, e imagens familiares são mais aptas a nos inspirar do que combinações abstratas muito sutis. Admiravelmente adaptado à nossa mentalidade, o Tarô prepara-nos para a adivinhação de forma metódica e segura, se nos dermos ao trabalho de estudá-los conscienciosamente, com toda a perseverança necessária. Um conhecimento superficial do simbolismo de suas vinte e duas chaves não é suficiente, pois o adivinho deve possuir seu instrumento para se distinguir na arte da adivinhação. Ele tem que trabalhar, como um músico que realiza inúmeros exercícios irritantes: portanto, a ginástica imaginativa que prevemos na primeira parte deste trabalho é necessária.

Os Arcanos iluminam-se pela comparação: aproximados dois a dois e quatro a quatro, com três ou sete, acabam por revelar-se com uma eloquência inesgotável. Mas sozinhos, permanecem mudos: quando a imaginação dorme, nada significa quanto as imagens que a instruem quando desperta. O despertar às vezes é longo: sabemos, portanto, ser trabalhadores e pacientes.

4 CONSULTANDO O TARÔ

Quando você conhece a ferramenta, torna-se possível usá-la. Tentamos tratar o Tarô como um jogo de cartas vulgar e arranjar os Arcanos de acordo com o costume dos adivinhos, depois de misturá-los e tê-los cortados pelo consulente. Não há regra fixa, mas aprendemos com Stanislas de Guaita um método que lhe foi indicado por Joséphin Péladan, e que se destaca tanto por sua lógica quanto por sua extrema simplicidade.

Feita a pergunta, a resposta é dada por quatro Arcanos sucessivamente extraídos do baralho do Tarô, como será explicado a seguir.

O primeiro Arcano lançado é considerado afirmativo, intervém a favor da causa e indica de forma genérica tudo o que é pró.

Em contraste, o segundo Arcano retirado é negativo e representa o que é contra. O terceiro Arcano extraído representa o juiz que discute a causa e determina a sentença. A sentença, por sua vez, é pronunciada pelo último Arcano sacado.

Um quinto Arcano tem a tarefa de iluminar o oráculo, sintetizando-o, pois a resposta depende dos quatro Arcanos retirados. Cada um deles tem um número que marca seu lugar na série do Tarô. O Louco, que não é numerado, conta como 22. Tendo detectado esses números, basta somá-los para obter, seja diretamente ou por redução teosófica[69], o número de ordem do quinto Arcano (22 designa o Louco, 4 o Imperador, 12 o Dependurado, etc.).

---

69 Como visto anteriormente.

Passemos agora aos detalhes da operação.

Em primeiro lugar, convém abster-se do abuso de consultas imprudentes, repetidas para todos os fins, ao menor capricho e sem necessidade real. Aqueles que uma vez consultaram o oráculo não voltaram de mãos vazias. A regra deve ser observada, mas a indiferença por parte do adivinho é obrigatória. O consultor imporá, portanto, o sacrifício de uma oferta modesta, mas não totalmente insignificante em comparação com suas possibilidades. Uma caixa de esmolas, cujo conteúdo irá para os pobres, tornará a adivinhação menos frívola.

Este rito preliminar dá ao consulente o direito de receber uma resposta séria: equivalente à conclusão do pacto de adivinhação clássico; um pacto celebrado sob os auspícios da beneficência.

Mas o que o consultor quer saber? Fazer bem a pergunta é um fator de importância capital, quando a adivinhação deve levar a um objeto específico: não há necessidade de se jogar no campo nebuloso da boa fortuna. "Diga-me o que vai acontecer comigo" não é uma fórmula aceitável. O consultor deve sempre vincular a questão ao presente, tanto quanto possível. Você quer ser esclarecido sobre uma decisão a tomar? Está certo ou errado em perseverar nesse projeto em particular? Pode esperar ter sucesso no que empreendeu? Deve temer o fracasso e agir de acordo? Essa pessoa merece confiança ou não?

O consulente não é obrigado a explicar com precisão o que está perguntando, e o adivinho não exigirá mais informações do que o necessário sobre os segredos da consulta. A questão pode, portanto, ser formulada em termos gerais, sem trair seu objetivo preciso; no entanto, o adivinho deve saber o suficiente para não se enganar em sua interpretação.

Portanto, é do interesse do consulente falar sem reticências e facilitar a tarefa do adivinho limitando seu esforço de adivinhação.

Tendo resolvido a questão de acordo com o adivinho, ele embaralha as cartas, incluindo os 22 Arcanos, e convida o consultor a dizer-lhe o primeiro número que lhe vier à mente, igual ou inferior a vinte e dois.

O número ditado pela intuição do consultor serve para recortar o baralho, indicando a quantidade de cartas a serem retiradas do próprio baralho. A última carta é revelada: é o Arcano afirmativo. O número que ele carrega na ordem do Tarô é anotado (22 no caso do Louco). Em seguida, as cartas são colocadas juntas e embaralhadas pela segunda vez. O consultor designa um novo número, indicador, para o mesmo procedimento, do

Arcano negativo, cujo dígito é escrito por sua vez. Em seguida, o baralho, refeito passa por um terceiro embaralhamento, o consultor designa um terceiro número, que traz à tona o juiz da resposta oracular. Finalmente, o quarto e último turno determina a sentença arcana.

Soma-se então os números dos Arcanos divulgados (não confundir com os números que vieram à mente do consulente). Se o total obtido for igual ou inferior a 22, o Arcano-síntese é o Louco ou o Arcano ao qual corresponde a figura da soma na ordem numérica do Tarô. Se a soma exceder ao 22, seus dois dígitos adicionados designam o mistério da síntese (23 = 2 + 3 = 5, 57 = 5 + 7 = 12, etc.).

Os quatro Arcanos liberados e sua síntese constituem a resposta silenciosa do Tarô. Disposto na frente do querente, toma a forma de uma cruz.

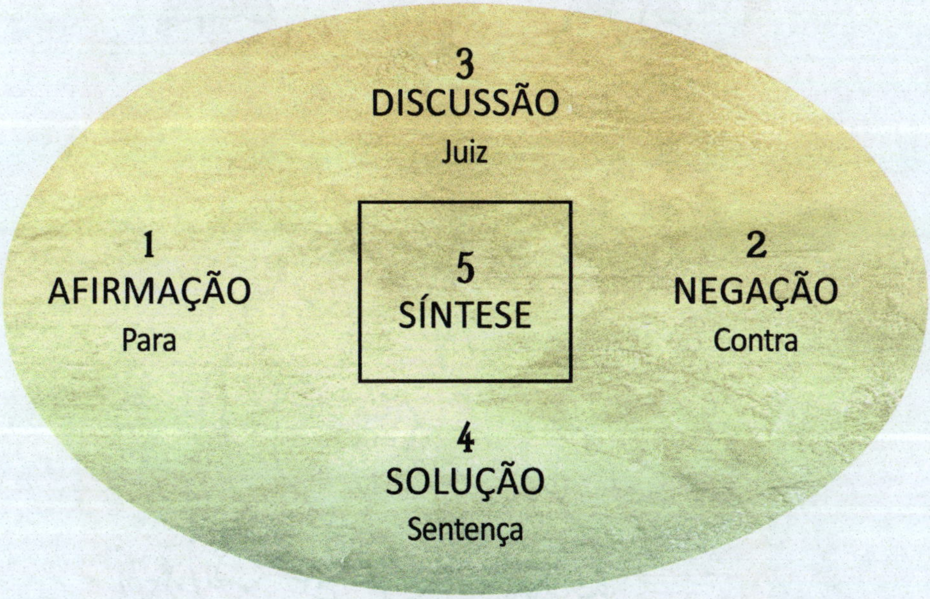

5 A INTERPRETAÇÃO DO ORÁCULO

Antes de falar, o adivinho deve tentar resolver algum tipo de equação. Ou seja, deve estabelecer em que a Negação se opõe à Afirmação, e justificar a Discussão que surge dessa oposição para provocar a Solução; então a Síntese deve repercutir em seus olhos nos demais elementos da resposta. Se ele enxerga claramente nesse complexo, tem alguma chance de estar certo, mesmo que isso se espalhe muito na exegese. Pode ser que ele não consiga especificar um pensamento em torno do qual vagueia, multiplicando as imagens, sem encontrar aquela que o satisfaz. Às vezes o querente se beneficia desse caos aparentemente digressivo, aprendendo maravilhosamente uma linguagem que dificilmente é inteligível para o próprio adivinho.

Após um momento de reflexão silenciosa, convém abordar a interpretação partindo do que é mais marcante ou do que parece mais claro.

A "Afirmação" põe no caminho do que é favorável e indica o que é útil fazer, a qualidade, a virtude, o amigo, o protetor com quem se pode contar.

Ao contrário, a "Negação" designa o que é hostil ou desfavorável, o que deve ser evitado ou temido, o defeito, o vício, o inimigo, o perigo, a tentação perigosa.

Logo, a "Discussão" lança luz sobre a decisão a ser tomada, sobre o tipo de resolução que deve ser adotada, sobre a intervenção que será decisiva.

"A Solução" permite antever um resultado levando em conta o "a favor" e o "contra", mas especialmente a Síntese.

Este último está, com efeito, ligado ao que é de capital importância, aquilo de que tudo depende.

As respostas do Tarô nem sempre são muito claras: há algumas desencorajadoras, que resistem a qualquer tentativa de interpretação sensata. Elas não devem ser levadas em consideração, pois as boas respostas sempre se distinguem pela lógica e pela minimização da ambiguidade inerente aos oráculos.

A imprecisão oracular, que é proverbial, opõe-se de fato às respostas categóricas. A adivinhação tem prazer em indicações vagas, apenas o suficiente para o beneficiário lucrar acrescentando as suas. Nada de prescrições imperativas, mas sugestões discretas, advertências veladas, advertências destinadas a nos fazer refletir, indícios de um erro inevitável: e nunca o anúncio de um evento fatal, pois tudo fica condicionado ao cumprimento possível e não há nada absolutamente certo.

Não devemos nos atrasar diante de uma resposta indecifrável: é melhor renovar a pergunta, esforçando-se para fazê-la com maior precisão, ou mudando o ponto de vista. Nesse caso, é realizada uma nova consulta, cujo resultado pode ser mais satisfatório.

Muitas vezes a segunda resposta ilumina e esclarece a primeira. Acontece que os Arcanos lançados são, em parte, os mesmos, ou oferecem uma surpreendente afinidade de sentido, como se as cartas não saíssem ao acaso. Por outro lado, a prática da adivinhação leva a duvidar da chance de encontros às vezes singulares.

A habilidade de adivinhação se desenvolve com o exercício. À força de estudar os enigmas simbólicos, a imaginação se torna mais elástica e acaba por adquirir uma lucidez interpretativa que começa, de modo geral, com as sutilezas do simbolismo, permitindo penetrar no esoterismo das obras de arte, dos poemas mitológicos e das religiões.

6 EXEMPLO DE INTERPRETAÇÃO

O que deve ser aconselhado ao aspirante a adivinho? Esta é a pergunta que fizemos ao Tarô, procedendo mais tarde da maneira já descrita. Os Arcanos liberados são 4, 18, 2 e 14. Os números adicionados dão 38, ou seja, 3 + 8 = 11. O oráculo, portanto, parece-se com isso:

Surpreendidos pela Síntese XI, tentamos nos orientar. A mulher que doma o leão parece fazer a adivinhação depender da coragem, da energia moral, da virtude. É necessário, portanto, dedicar-se ao estudo do Tarô com heroísmo, conquistando um tesouro semelhante ao lendário Tosão de Ouro?

Ao fazer essa pergunta, vamos dar uma olhada nos Arcanos que emolduram a Força. Sendo pró, o Imperador se coloca a serviço da Força, abandonado pela Lua, que é contra. A Papisa intervém, por outro lado, para trazer a Temperança. Sem perder de vista esse complexo, passemos ao exame detalhado do oráculo.

	II A SACERDOTISA	
IV O IMPERADOR	XI A FORÇA	XVIII A LUA
	XIV A TEMPERANÇA	

O Imperador, que está em conjunção com a Força, opõe seu positivismo rigoroso à Lua. Sua fixidez conglomera e solidifica a fluidez temperamental. Dominando o que é necessidade interior e inata, ele faz com que os sucessos divinatórios dependam de talentos particulares que o futuro adivinho deve possuir em germe. As boas disposições naturais são indispensáveis: mas devem ser cultivadas com perseverança, por isso é necessário o fogo sagrado representado pelo Imperador (Enxofre dos Alquimistas). O aprendizado necessário requer iniciativa individual (Arcano IV), pois a sabedoria divinatória não é assimilada como um conhecimento emprestado. O adivinho é chamado a desenvolver suas próprias noções: o que ele encontrou sozinho será muito mais precioso para ele do que os dons dos outros. Ele deve fazer uma conquista: a do poder gerador de ideias tiradas de si mesmo. Um colegial que recitasse a lição aprendida de cor seria um papagaio brincando de cartomante. Para revelar, é preciso descobrir, e para fazer descobertas é preciso possuir discernimento divinatório.

Em suma, para praticar a adivinhação é bom ter nascido adivinho, mas as indispensáveis disposições propícias devem ser desenvolvidas com método e vontade.

A oposição da Lua é surpreendente, porque a imaginação, à qual a Estrela alude, é o agente que adivinha: imaginamos o que adivinhamos. A Lua deve, portanto, ser a favor e não contra. No entanto, o Tarô está certo, pois a imaginação é perigosa, se não for contida e severamente disciplinada: abandonada a si mesma, ela se entrega aos caprichos e vagueia à vontade. Para que se mostre sábio, deve ser domado como o leão da Força, por um domador positivo que só admite concepções medidas e sólidas, como a pedra cúbica que é o trono do Imperador. Nós tendemos a imaginar bem quando nossa imaginação é retida. Caprichos e sugestões erradas formam um obstáculo na divinação, daí o que é "contra". Conquistar este inimigo, o Imperador é indispensável, pois ele personifica o espírito dedutivo e matemático

O adivinho, que permanece intelectualmente ativo e domina sua própria imaginação, por mais exuberante que seja, distingue-se do visionário incapaz de exercer o controle. Caprichosa, fantástica e rebelde ao trabalho aplicado, a Lua deve ser escravizada pela Força, em benefício do Imperador. Este é o significado evidente dos Arcanos IV, XI e XVIII.

Os outros dois confirmam a lição, pois a intervenção do II como juiz, que formula sua sentença por meio do XIV, tem por finalidade instruir o aspirante a adivinho. Encorajado por uma imaginação ígnea, e ao mesmo tempo refreado por um sábio espírito de pensamento racionalista, arriscaria ser imobilizado, sem a ajuda da Papisa. A arbitragem da Papisa concilia o esforço imaginativo com as exigências de uma razão serena e metódica. Se pensa como filósofo, o poeta que vaticina guia o divinatório Pégaso a seu bel prazer. Mas quem se torna adivinho não pode permanecer profano: inicia-se os mistérios entrando no Templo da Papisa.

Ele não pode cruzar o limiar sem estar convencido da natureza sagrada da adivinhação. Divino é diferente de calcular ou especular profanamente. Quando o espírito busca iluminação e não há ninguém ao seu redor que possa fornecer, ele entra em oração. O recurso só é concedido se o adivinho for digno do sacerdócio que exerce. A prática divinatória desenvolve um sentimento religioso particular. O discípulo de Ísis sabe que nada sabe de si mesmo, e sabe que só pode dizer a verdade, tornando-se o intérprete de uma divindade misteriosa.

Detentora dos segredos do destino, esta divindade reserva suas confidências ao sábio, que realiza o ideal de serenidade proposto pelo Arcano XIV. O dom da clareza é concedido apenas ao espírito sereno, não agitado ou perturbado pela embriaguez. Diante dos ardores, paixões, febres e tragédias da vida, o adivinho deve ter a alma de um médico cheio de compaixão, mas também deve ter um grande sangue frio. Se ele se deixa contagiar pela ansiedade do consulente, como poderá decifrar corretamente a linguagem dos símbolos? Desejos compartilhados com muito fervor influenciarão suas interpretações, que devem ser inspiradas apenas pela neutralidade benevolente.

Uma virtude na adivinhação, a indiferença é professada pelo Anjo da Temperança. É um desapego que se eleva acima da miséria humana e domina as contingências; é um modo de ver muito amplo e sempre indulgente. Aquele que entende nunca condena: ele se curva sobre as feridas morais e as trata com carinho. Ele não atribui culpa ao erro cometido, mas o recorda para nos ensinar a evitá-lo no futuro. Sua missão não é pregar uma moral abstrata, mas dar conselhos práticos, adaptados às possibilidades de realização. Exigir o inatingível, apelando para uma virtude ausente, seria um erro do qual o tato divinatório deve salvar o adivinho. O conselho útil não é o que teoricamente seria o melhor, mas o que o interessado seguirá para realizar o bem relativo de que é capaz, Esta tarefa eficaz é proporcional ao grau de evolução em cada um de nós.

A Temperança, que o adivinho deve alcançar, proíbe-lhe qualquer excitação artificial, pois sua imaginação não será fielmente impressionada se for influenciada de forma mórbida por excitações ou narcóticos. O café não é recomendado e muito menos o uso excessivo de tabaco: por outro lado, o vinho natural não faz mal, desde que bebido com moderação. Uma libação leve, depois de uma refeição frugal, pode de fato preparar o sacerdócio divinatório, favorecido por uma sensibilidade recolhida. Aqui nenhum êxtase dionisíaco é possível, apesar do adágio *in vino veritas*, pois a Temperança se opõe a toda brisa e a todo torpor, mesmo o mais leve.

Em caso de dormência cerebral momentânea, cansaço ou má disposição, é melhor não tentar nada e esperar uma oportunidade melhor. Nós nunca forçamos nosso talento de adivinhação, mesmo quando ficarmos tentados a fazê-lo. Não persistamos se nada aparecer; O adivinho que nada vê deve se resignar com calma. Isso o beneficiará quando os elementos da visão realmente acontecerem.

7 A REALIDADE DA ARTE DIVINATÓRIA

O leitor tem o direito de se perguntar se nosso exemplo de interpretação tira seus textos de arcanos realmente escolhidos de um baralho que foi embaralhado e cortado de acordo com o número que veio à mente. Estes arcanos respondem à pergunta (feita) tão bem que parece que foram escolhidos de propósito para se adequar ao caso.

Mas não é assim; o Tarô realmente falou por si mesmo e melhor do que poderíamos ter feito se escolhêssemos os arcanos. Essa escolha nos deixaria perplexos e confiamos na divinação, que não nos traiu. Tínhamos preconceito contra a adivinhação quando, interessados apenas na decifração de símbolos, publicamos o nosso primeiro Tarô em 1889[70]. Aos amigos, que então nos pediram para prever a sorte, não pudemos opor uma recusa, e mostramos como é possível consultar o Tarô.

Não nos ocorreu acreditar nas respostas dadas a título de exemplo; mesmos nossos primeiros consultores nos causaram um pouco de dor quando disseram que o Tarô dizia a verdade: sua fé na cartomancia influenciou seu julgamento. Mas e os céticos que expressaram seu espanto?

Fomos obrigados a constatar coincidências desconcertantes, sobretudo pela sua repetição, que não era proporcional às indicações do cálculo das probabilidades.

Por outro lado, o oráculo tinha uma predileção por certas pessoas, respondendo-lhes com uma clareza que recusava a outras. A maneira de fazer a pergunta obviamente tinha algo a ver com isso, até certo ponto:

70 Editado pelo impressor iniciado Georges Poirel.

uma pergunta frívola ou vaga, deu uma resposta irônica ou dispersa; a uma pergunta indiscreta, recusou-se a responder; a uma pergunta séria e precisa, deu uma resposta adequada.

Tornou-se assim impossível recusar uma psicologia ao Tarô divinatório: revelou-se um personagem enigmático. Seria apenas uma questão de duplicação de nossa personalidade? Nossa superconsciência não se manifestou em combinação com a do querente? O campo deve permanecer aberto a hipóteses.

No que nos diz respeito pessoalmente, a observação objetiva dos fatos nos converteu à adivinhação. Ao descartar toda diabrura, longe ou perto, reconhecemos o efeito muito normal da entrada em ação de nossas faculdades imaginativas. Adivinhar é imaginar da maneira certa. Todo o segredo da adivinhação consiste na educação da imaginação, que deve ser disciplinada para ser usada racionalmente.

Reabilitemos esta arte e a cultivemos com discernimento, em vez de nos abandonarmos ao empirismo dos simples ou à astúcia dos exploradores das fraquezas humanas.

Por outro lado, a exploração da credulidade tem seus limites, pois tudo tem um limite, até a estupidez humana. Se os nossos adivinhos profissionais fazem uma clientela duradoura, é porque a satisfazem. Devem, por isso, demonstrar certa lucidez, apesar das condições desfavoráveis em que exercem a sua atividade. Evitamos qualquer mercantilismo numa arte que, como todas as outras, e mais ainda, deve ser considerada sagrada. Não a praticamos muito bem, a não ser quando a praticamos com espírito religioso, com consciência e animados por um desejo sincero de nos tornarmos úteis. O adivinho exerce um sacerdócio que é o ancestral venerável de todos os outros. Devemos estar cientes disso quando vamos deixar o Tarô falar.

Não tratamos a prática da adivinhação como um esporte intelectual infantil ou como um passatempo sem consequências, pois o talento da adivinhação pode levar muito longe. Até onde pode ir o pensador que sabe adivinhar no campo filosófico? Ao libertar-se de um racionalismo muito estreito, ele não permite que Voltaire bloqueie o caminho do passado. À medida que volta através dos séculos, ele entende os antigos sábios e rejuvenesce suas concepções.

É preciso adivinhar para compreender e adquirir a clarividência de que, em sua cegueira, priva-se o mesquinho racionalista, que se arrisca a assumir o passo pesado de um sábio bruto.

CONCLUSÃO

Após homenagear a memória de Stanislas de Guaita e sua fonte de inspiração no início deste livro, é indispensável expressar, antes de concluí-lo, nossa gratidão a Éliphas Lévi, o pioneiro na revelação da importância do Tarô. Em sua obra capital, este autor comenta os vinte e dois Arcanos do ponto de vista das tradições mágicas. Os dois volumes dedicados ao *Dogma e Ritual da Alta Magia* abundam em perspectivas inéditas e distinguem-se pela eloquência do estilo.

Seria um desperdício não incluir neste ponto as passagens que têm ligação direta com nosso tema. Aqui estão elas, na ordem em que as encontramos na 5ª edição (1910) do Dogma:

"Que coisa singular! Entre os livros sagrados dos cristãos há duas obras que a Igreja infalível não pretende compreender e nunca tenta explicar: a profecia de Ezequiel e a do Apocalipse, duas chaves cabalísticas, sem dúvida reservadas no Céu para os comentários dos Magos; livros fechados por sete selos para os crentes fiéis, e perfeitamente claros para os infiéis iniciados nas ciências ocultas. Há também outro livro: mas este, embora seja em certo sentido popular e embora possa ser encontrado em todos os lugares, é o mais escondido e o mais desconhecido de todos, pois contém a chave de todos os outros; e é imensamente popular sem ser conhecido pelo público; nunca se pensa em encontrá-lo onde realmente está, e perderia mil vezes o tempo procurando-o onde não está, se suspeitasse de sua existência. Este livro, talvez mais antigo que o de Enoque, nunca foi traduzido e ainda está escrito em sua totalidade em caracteres primitivos, e em páginas destacadas, como as tábuas dos antigos. Um famoso cientista revelou, sem ser notado, não exatamente o segredo, mas a antiguidade e a conservação singular; outro cientista, mas com um espírito mais fantástico do que judicioso, passou trinta anos estudando este livro e apenas suspeitou de sua total importância. É, de fato, uma obra monumental e singular, simples e forte como a arquitetura das pirâmides e, portanto, duradoura como as próprias pirâmides; livro que resume todas as ciências e cujas infinitas combinações podem resolver todos os problemas; livro que falava fazendo você pensar; inspirador e regulador de todas as concepções possíveis; talvez a obra-prima do espírito humano e, certamente, uma das coisas mais belas que a antiguidade nos deixou; chave universal, cujo nome só foi entendido e explicado pelo iluminado cientista Guillaume Postel; texto único, cujos primeiros caracteres foram suficientes para levar ao êxtase o espírito religioso de Saint-Martin, e deram razão ao sublime e infeliz Swedenborg. Sobre este livro falaremos mais tarde, e a sua explicação matemática e rigorosa será o complemento e o coroamento do nosso trabalho consciencioso." **(Dogma, página 71).**

"A chave de todas as alegorias mágicas encontra-se nas folhas que indicamos e que acreditamos serem obra de Hermes. Em torno deste livro, que pode ser chamado de 'Pedra Angular' de todo o edifício das ciências ocultas, estão alinhadas inúmeras lendas que são a tradução parcial ou o comentário constantemente renovado em mil formas diferentes." **(Página 89).**

"O segredo da antiga Iniciação não foi ignorado por Homero, que traça o plano e as principais figuras no escudo de Aquiles, com minuciosa precisão." **(Página 92).**

"A Bíblia, com todas as alegorias que contém, expressa apenas a ciência religiosa dos judeus de forma incompleta e velada. O livro ao qual nos referimos, cujos personagens hieráticos serão explicados, é denominado por Guillaume Postel como Gênese de Enoque. Este livro certamente existia antes de Moisés e dos profetas, cujo dogma, fundamentalmente idêntico ao dos antigos egípcios, tinha por sua vez seu esoterismo e seus véus." **(Página 97).**

No entanto, é preciso ir até o capítulo X, dedicado à Cabala, para encontrar os Tarôs mencionados em todas as cartas. A ressalva ainda é observada na página 236, onde está escrito.:

"Todas as religiões conservaram a memória de um livro primitivo escrito em algarismos pelos sábios dos primeiros séculos do mundo, e de quem os símbolos, simplificados e vulgarizados mais tarde, forneceram as letras às Escrituras, os caracteres à Palavra, os misteriosos sinais e pentáculos à Filosofia Oculta.

Este livro, atribuído a Enoque, o sétimo senhor do mundo depois de Adão, pelos judeus; a Hermes Trismegisto pelos egípcios; a Cadmo, o misterioso fundador da Cidade Santa, pelos gregos, era o resumo simbólico da tradição primitiva, mais tarde chamada ***Kabbalah*** ou "Cabala", palavra hebraica que equivale à 'tradição'."

Mas na página 243, a palavra está finalmente escrita:

"Devemos falar aqui do Tarô do ponto de vista cabalístico. Já indicamos a fonte oculta de seu nome. Este livro hieroglífico é composto por um alfabeto cabalístico e uma roda ou círculo de quatro décadas, especificado por quatro figuras simbólicas e típicas, cada uma das quais tem como raio uma escala de quatro figuras progressivas representando a humanidade, homem, mulher, jovem e criança; mestre, amante, lutador e manobrista. As vinte e duas figuras do alfabeto representam, em primeiro lugar, os treze dogmas, depois as nove crenças autorizadas da religião judaica, uma religião forte baseada na razão suprema.

Aqui está a chave religiosa e cabalística do Tarô, expressa em versos técnicos, à maneira dos antigos legisladores:

1 א Tudo anuncia uma causa ativa e inteligente.
2 ב O número é a prova da unidade viva.
3 ג Nada pode limitar aquele que tudo contém.
4 ד Antes de qualquer começo, ele aparece em todos os lugares.
5 ה Ele é o único senhor, o único a adorar.
6 ו E seu dogma merece ser revelado aos puros.
7 ז As obras da fé são governadas por uma cabeça,
8 ח E temos apenas um altar e uma lei;
9 ט Nunca, nunca o Eterno mudará sua base.
10 י E dos céus e dos dias Ele governa cada fase.

11 כ Rico em misericórdia, poderoso em punir,
12 ל Ele promete ao seu povo um rei no futuro.
13 מ Para uma nova terra cada túmulo é uma saída, a morte por si só tem um fim. A vida é imortal. Estes são os dogmas puros, eternos e consagrados; Completamos a série de números reverenciados.
14 נ O anjo bom é aquele que tempera e dá amor,
15 ס Enquanto os ímpios é um espírito de orgulho e fúria.
16 ע Deus ordena as regras do relâmpago e do fogo.
17 צ Héspero e o orvalho devem-lhe a fé eterna.
18 ע Ele coloca a sentinela da lua sobre nós.
19 ק Seu sol é a fonte que renova tudo.
20 ר Ao seu sopro, a poeira sobe das sepulturas.
0 ou 21 ש Onde a humanidade incessantemente desce em bandos.
21 ou 22 ת Agora sua coroa cobre o suplicante, Sua brilhante glória desce sobre os querubins.

Com a ajuda desta explicação puramente dogmática, as figuras do alfabeto cabalístico do Tarô já podem ser compreendidas. Assim, a figura nº 1, chamada 'o Mago', representa o princípio ativo na unidade da autoconstrução divina e humana; a nº 2, comumente chamado de 'o Papa', representa a unidade dogmática fundada nos números, ou seja, a Cabala ou a Gnose personificada; a nº 3 representa uma Espiritualidade Divina sob o emblema de uma mulher alada que segura a águia apocalíptica em uma mão e o mundo suspenso em cima do cetro na outra. Os outros números são tão claros e fáceis de explicar quanto os anteriores."

Éliphas Lévi explica, sempre no mesmo capítulo, como, segundo ele, os antigos papas de Israel "leem as respostas da Providência nos oráculos do Tarô, que em hebraico eles eram chamados *Seraph ou Seraphin*, como o sábio cabalista Gaffarel, um dos Magos credenciados do Cardeal de Richelieu, foi o primeiro a adivinhar". Outros detalhes e documentos completos sobre o maravilhoso livro do Tarô são então anunciados pelo autor que, ao final do Ritual, pretende demonstrar que o Tarô "é um livro primitivo, a chave de todas as profecias e dogmas, em uma palavra o livro inspirador dos livros inspirados, como Court de Gébelin não o havia imaginado com toda a sua ciência, nem Alliette ou Etteilla com suas intuições singulares".

Em seguida, falamos sobre as duas maneiras de interpretar os alfabetos cabalísticos: dessas maneiras os rabinos "fazem duas ciências, chamadas respectivamente de Gematria e *Temurah*, e as fazem a conhecida arte, que basicamente nada mais é do que a ciência completa dos símbolos do Tarô e sua complexa e variada aplicação à adivinhação de todos os segredos, tanto da filosofia, da natureza quanto do futuro".

No que diz respeito à adivinhação, Éliphas Lévi é bastante extenso, pois dedica o capítulo 21 do Dogma. Vamos nos contentar em citar as seguintes passagens:

"Segundo o sentido vulgar da palavra, *divinar* significa 'conjecturar o desconhecido'; mas o verdadeiro significado é inefável e extremamente sublime. Divino (divino) é exercer a divindade. A palavra *divinus*, em latim, significa mais do que a palavra *divus*, cujo significado equivale a 'Homem-Deus.'

"Ser adivinho, segundo a força desta palavra, é, portanto, ser divino, e algo ainda mais misterioso." (Dogma, páginas 371 e 372).

"O Tarô, este livro maravilhoso, inspirador de todos os livros sagrados dos povos antigos, é, graças à precisão analógica de suas figuras e números, o instrumento de adivinhação mais perfeito que pode ser usado com total confiança. De fato, os oráculos deste livro são sempre rigorosamente verdadeiros, pelo menos em um sentido, e quando não prediz nada, revela coisas ocultas e dá aos consulentes os conselhos mais sábios." (Dogma, página 378).

No Ritual, no capítulo XXI, dedicado à ciência dos profetas, é tratada diferentes formas de adivinhação. Na página 344, lemos:

"De todos os oráculos, o Tarô é o mais surpreendente nas suas respostas, porque todas as combinações possíveis desta chave universal da Cabala dão como solução oráculos de ciência e verdade. O Tarô era o único livro dos Magos antigos: eles são a Bíblia primitiva..."

Mas é tratando do livro de Hermes, no último capítulo do Ritual, que Éliphas Lévi entra nos detalhes mais copiosos sobre o Tarô. Na página 368 e seguintes, encontramos a descrição dos vinte e dois Arcanos, cujo significado é resumido assim:

1 א Sendo, o espírito, homem ou Deus; o espírito compreensível! A unidade mãe dos números, a primeira substância.

2 ב A Torre e o homem, o santuário, a lei, a gnose, a cabala, a igreja oculta, a pista, a mulher, a mãe.

3 ג O verbo, o ternário, a plenitude, a fecundidade, a natureza, a ge ração nos três mundos.

4 ד A porta ou o governo segundo os orientais, a iniciação, o poder, o tetragrama, o quaternário, a pedra cúbica ou sua base.

5 ה Indicação, demonstração, ensino, direito, simbolismo, filosofia, a religião.

6 ו Encadeamento, gancho, emaranhado, *phallus*, união, abraço, luta, antagonismo, combinação 'equilíbrio'.

7 ז Arma, espada flamejante do querubim, setenário sagrado, triunfo, realeza, sacerdócio.

8 ח Libra, atração e repulsão, vida, medo, promessa e ameaça.

9 ט O bem, o horror do mal, a moralidade, a sabedoria.

10 י Princípio, manifestação, louvor, honra viril, falo, fecundidade masculina, cetro paterno.

11 כ A mão no ato de pegar e segurar.

12 Exemplo, ensino, lição pública.

13 מ O céu de Júpiter e Marte, dominação e força, renascimento, criação e destruição.

14 נ O céu do Sol, temperatura, estações, movimento, mudanças na vida que é sempre nova e sempre a mesma.

15 ם O Céu de Mercúrio, ciência oculta, Magia, comércio, eloquência, mistério, força moral.

16 צ O céu da Lua, alterações, subversões, mudanças, fraquezas.

17 ט O céu da Alma, emanações do pensamento, influência moral da ideia nas formas, imortalidade.

18 צ Os elementos, o mundo visível, a luz refletida, as formas materiais, o simbolismo.

19 ס As misturas, a cabeça, o pico, o príncipe do céu.

20 ר O vegetativo, a virtude geradora da terra, a vida eterna.

21 ש O psíquico, a carne, a vida transitória.

22 ו O microcosmo, o resumo de tudo em tudo.

Na página 378, diz do Tarô:

"É uma autêntica máquina filosófica que impede que o espírito se perca, deixando-lhe a iniciativa e a liberdade: é a matemática aplicada ao absoluto, a aliança do positivo e do ideal, é uma loteria de pensamentos que são rigorosamente certo como os números; e, finalmente, é talvez aquilo que o gênio humano concebeu de mais simples e de maior.

"A maneira de ler os hieróglifos do Tarô consiste em organizá-los tanto em um quadrado quanto em um triângulo, colocando os números pares em antagonismo e depois reconciliando-os com os números ímpares. Quatro símbolos sempre expressam o absoluto em qualquer ordem e são explicados por meio de um quinto. Assim, a solução de todas as questões mágicas é a do pentagrama, e todas as antinomias são explicadas pela unidade harmoniosa.

"Assim arranjado, o Tarô constitui um autêntico oráculo, e, eles respondem a todas as questões possíveis com maior clareza e infalibilidade do que o Androide de Alberto Magno: tanto que um prisioneiro sem livros poderia em poucos anos, se tivesse apenas um baralho do Tarô e se soubesse usá-lo, adquirir uma ciência universal, e poderia falar de tudo com uma doutrina inigualável e uma eloquência inesgotável. Este caminho, de fato, é a verdadeira chave da oratória e da grande arte de Ramon Llull: é o verdadeiro segredo da transmutação das trevas em luz, é o primeiro e mais importante de todos. Os Arcanos da Grande Obra."

Não nos preocuparemos aqui em destacar o que há de questionável nos julgamentos de Éliphas Lévi, cujo lirismo ignora todas as ressalvas científicas. O leitor poderá realizar os ajustes necessários sozinho.

Se fizermos uma crítica, certamente não será dirigida ao entusiasmo destemperado do pensador original a quem continuamos gratos devedores. O Mestre nos parece respeitável mesmo quando exagera: mas aqueles que se chamam seus discípulos não têm direito à mesma indulgência de nossa parte.

Esses adeptos da chamada ciência oculta nos escandalizam imediatamente pela maneira com que desprezam a ciência pura e simples, pela modéstia que a impede de pretender decifrar todos os enigmas. Ter resposta para tudo, em nossa opinião, significa dar prova não de iniciação, mas de grande tolice e pretensiosa ignorância profana. Esses ocultistas para quem não há nada mais oculto, eles se curvaram diante da Papisa? Ao assimilar de uma vez por todas uma síntese, a chave do Conhecimento universal, esses noviços impacientes negligenciam o esforço de estudos lentos e metódicos para dogmatizar com confiança, descaradamente confiantes na infalibilidade de sua acuidade intuitiva. Infelizmente, eles são apenas vítimas de uma imaginação indisciplinada, que tem o cuidado de não domar: assim, essa imaginação os leva a considerar verdadeiras todas as fantasmagorias conformes ao sistema de sua escola. Fascinados por sua fé em doutrinas que tiveram ocasião de seduzi-los, juram em nome de Mestres cujo pensamento profundo não compreenderam e que consideram os Padres de sua igreja oculta.

Os tradicionais Mestres da Ciência Oculta gozam de tal prestígio, que ninguém se atreve a atacar seu dogma. Eles são levados em palavras, mas permanecem incompreendidos, porque foram "assassinados" pelos discípulos que afirmam ser seus sucessores. Não se deve cometer um assassinato, nem mesmo um ritual ou uma efígie; ao contrário, é preciso matar a doutrina recebida para revivê-la completamente renovada. Todo verdadeiro Mestre aspira ser "morto" dessa maneira para o benefício de uma ciência que só pode permanecer viva ao ser renovada. Estagnação significa morte. O que se repete sem ser aprofundado até ser dissociado, portanto "morto", não é transmitido ao estado de ressurreição. O erro abunda em tudo o que é humano: se não corrigirmos o que recebemos, o falso rapidamente suplantará o verdadeiro.

É por isso que os livros se sucedem, copiados uns dos outros e enriquecidos cada vez mais por fantasias construídas à vontade sobre declarações que outrora poderiam ter sido avançadas, mas que hoje, mais bem informados, somos obrigados a retificar com base no estado atual do nosso conhecimento certo

Para renovar o ocultismo, não devemos ter medo de "matar" os velhos mestres. Prestamos um serviço a Fabre d' Olivet quando purificamos sua metafísica de todo o falso cientificismo que a desfigura. A mesma piedade solidária nos permitirá tomar definitivamente posse de outras heranças preciosas, que devemos aceitar com o benefício do inventário.

Na elaboração deste trabalho, o resultado de quase quarenta anos de pesquisa e de meditações, qual é a nossa ambição suprema, senão sermos lealmente "mortos" por nossa vez? Será nosso verdadeiro discípulo quem mostrará onde nos enganamos e dirá o que não conseguimos explicar. O que ele confirmará, depois de ter revisto tudo com severidade, será nosso monumento duradouro de glória, pelo qual lhe agradecemos a partir de agora...

Sonhamos, portanto, contribuir para a renovação de um Ocultismo que saiba adivinhar metodicamente, disciplinando a imaginação. Deveria ser feita uma verdadeira Paleosofia, que ensinasse a sabedoria dos Antigos, que tinham a adivinhação como sua fonte essencial.

Vamos aprender a divinar! Se não fossemos capazes de fazê-lo, teríamos sempre de sofrer a tirania sectária de um pseudorracionalismo impotente. Chegou a hora de associar, em prol do progresso humano, Imaginação e Razão. As duas irmãs devem se apoiar mutuamente para espalhar a grande luz redentora sobre o mundo.

APÊNDICE:

Indicações sobre o Simbolismo dos Pantáculos que Acompanham o Texto da Obra

Os Pantáculos

Um grafismo, seja ele qual for, é significativo: mas não se torna um pentagrama se não colocar o espírito no caminho das reflexões que tendem a sequestrá-lo num início de êxtase intelectual. À vista de um pentagrama, devemos entrar em meditação e descobrir por nós mesmos o todo (*pan*), o mundo dos pensamentos, ao qual ele se conecta. No estado de natureza, o homem é acessível à sugestão de formas, e o ideografismo torna-se espontaneamente sua escrita: ele pode ler e escrever sem ir à escola. As combinações de linhas, que instruíram nossos ancestrais distantes, infelizmente não dizem mais nada ao escolástico moderno, que não conhece nada além de seu ABC, graças ao qual as palavras são compostas, as únicas permitidas a reinar, com exceção dos símbolos, considerado escuro e nebuloso.

Nossa educação prática nos torna surdos a tudo o que não afeta os tímpanos: portanto, precisamos de uma preparação que nos permita compreender os pantáculos. O leitor que nos acompanhou até aqui certamente adivinha o significado das figuras que não tivemos oportunidade de comentar. No entanto, acreditamos que devemos oferecer-lhes uma rápida explicação do simbolismo que lhes atribuímos: portanto, este Apêndice é dedicado aos investigadores do misterioso campo das imagens faladas.

Círculo, Hexagrama, Suástica

O Tarô dos pintores de imagens é colocado sob a égide de uma roda, cujo aro é encimado pelas seis pontas de dois triângulos unidos pela cruz gamada, chamada *suástica.*

Esta cruz 卐 sim se conecta ao movimento cósmico, revelado aos observadores pré-históricos pela rotação das estrelas em torno do centro polar. Vendo o céu girar, consideraram-no como o motor universal, fonte de toda animação; mas como a vida é acompanhada de calor, tiveram a ideia de um fogo vivificante que dividia a cruz giratória, marcada na abóbada celeste por quatro estrelas particularmente brilhantes:

ALDEBARAN: Olho de Touro: primavera
REGULUS: Coração de Leão: verão
ANTARES: Coração de Escorpião: outono
FOMALHAUT: Cabeça do Peixe do Sul: inverno

Este quaternário sideral dá à cruz o seu significado primitivo, o que justifica a ligação à suástica, emblema religioso observado pelos arqueólogos entre os povos mais antigos da Europa, Ásia e América.

Este sinal sagrado nunca foi encontrado, até agora, fundido de uma só vez com o duplo triângulo ✡ do Selo de Salomão. Por ocasião da

fundação da revista Le Symbolisme, permitimo-nos, em 1912, um anacronismo, casando os dois símbolos, um de prestigiosa antiguidade e outro que remonta apenas ao judaísmo e à cabala. Nossa intenção era trazer os triângulos binários do Espírito-Fogo △ de volta à Unidade e Água da alma ▽, na resultante de sua combinação, que é a vida universal, eterna e constitutiva do ser existente.

O círculo adicionado para desenhar a roda, ROTA ou TARO, não era essencial. No entanto, justifica-se como símbolo do rio oceânico que carrega formas, cobra-píton das Pitonisas, orbe de luz astral em que os adivinhos colocam sua iluminação.

Aqui, o que acabamos de expor torna menos abstrusa a *Chave do Grande Arcano*, que Éliphas Lévi comenta com muita sobriedade. Escondido atrás de Guillaume Postel, ele nos deixa perplexos com o belo pentagrama que tomamos emprestado da *Chave dos Grandes Mistérios* (página 316).

Desistimos de decifrar o enigma da praça central, onde lemos:

S A T O R
A R E P O
T E N E T
O P E R A
R O T A S

Este jogo também pode ocultar um abismo de profundidade cabalística, mas preferimos nos ater ao que menos tortura o espírito. Detenhamo-nos, portanto, na imagem relativamente modesta da união fecundante de Deus-Pai e Mãe-Natureza, que se realiza *in aeternum* no carrossel cósmico, mantido em rotação pelo quaternário de animais de Ezequiel.

Atribuídos aos evangelistas, esses animais correspondem no simbolismo hindu aos quatro Vedas. A Águia, cujo olhar penetra todas as coisas, confere um conhecimento que nada perde. Touro associa a criatura ao poder gerador supremo, pois

Leão a faz participar da força ilimitada do Universo. Quanto ao Anjo, que mantém aberto o livro em que os iniciados leem, é o Instrutor de quem sai a serpente Amanta, munido do botão da sedução, que todos mordemos quando aspiramos a elevar-nos acima da animalidade instintiva, incapazes de distinguir o bem do mal. O discernimento nos torna como os Deuses, que são conscientes e responsáveis.

Sem formular o princípio da conservação da energia com precisão moderna, os Antigos tiveram a intuição, quando, identificando movimento e vida, pensaram que nada para ou morre no Todo, um circuito eterno, representado como a Serpente que se morde; o Ouroboros. Um simples círculo assumiu, no Hermetismo, o mesmo significado, como prova o ideograma do *Alum* ○, Sal de sais ou Substância de substâncias. Não é nada além de vazio, mas um vazio animado, embora escuro e caótico em essência.

No entanto, não é o Caos, cujo hieróglifo seria um disco preto ●, representado não por uma cobra real, mas por um crocodilo ou um dragão, do qual deriva o Ouroboros de quatro patas dos manuscritos gregos, citado por Berthelot em *Origins of Alchemy*. Os quatro membros correspondem aos Elementos, como os quatro chifres que coroam a cabeça do réptil. Suas pernas são verdes, como a barriga e como as partes do corpo destinadas ao contato com a materialidade. Agora, essa cor é salina em relação ao amarelo mercurial e ao vermelho sulfuroso da barriga e da região dorsal do monstro. Normalmente interno, o Enxofre 🜍 se exteriorizou para se colocar

à disposição do alquimista, que se utiliza do Fogo da Natureza extraído da matéria-prima simbolizada pelo Ouroboros.

Essa Velha Serpente, na qual a substância viva primordial gira impetuosamente, é o suporte do mundo ao qual fornece tanto os materiais para sua construção quanto a energia construtiva da qual a Inteligência coordenadora se beneficia.

Isso se divide em Mente-Razão ☉ e Alma-Imaginação ☾, que combinam sua ação para desinflar o Tártaro, material que se presta ao ciclo de transmutações causado pela Arte Hermética. Isso explica os símbolos traçados no globo cósmico, justamente dominado pela cruz formada por quatro cetros que permitem comandar os Elementos para alcançar o Ordo além do Caos.

O Crocodilo recebe uma cabeça humana para enrolar no globo terrestre, segurando a Virgem Imaculada, da qual damos aqui um esboço representando a Madona espanhola conservada em Paris, na sacristia de São Tomás de Aquino. Do ponto de vista esotérico, aqui é o demônio do egoísmo que a Feminilidade sublimada deve vencer.

Nosso monograma dos planetas está ligado ao Diabo que explora os instintos inferiores, mas indispensável para o funcionamento de um mundo decadente pela pura espiritualidade. O amálgama do Sol ☉, Lua ◡ e Mercúrio ☿ domina a cruz da qual Júpiter ♃ faz parte e Saturno ♄, enquanto Marte ♂ se prende à esquerda, na forma de uma cauda de ferrão. Chifres e ganchos contribuem para dar ao complexo um aspecto ameaçador, muito justificado, já que estão envolvidos os sete pecados capitais. A Alma é chamada a triunfar sobre eles, de acordo com a promessa feita a Eva, cuja posteridade deve finalmente pisotear a cabeça da Besta inimiga.

O Adversário (Satanás em hebraico) que se opõe à obra divina é representado nas formas mais extravagantes. Um baralho de Tarô do Gabinete de Impressões (Kh 34 d) faz dele um Argo, que tem olhos distribuídos alea-

toriamente pelas várias partes do corpo, assim como os dos rostos que aparecem na barriga e nos joelhos. Nada escapa a esse Diabo que tudo vê: mas suas mãos são patas rudimentares, incapazes de reter alguma coisa. Seus pés também não se prestam muito a caminhar, pois terminam em brotos de plantas. Quanto às asas de morcego, sua decoração lembra os olhos da cauda do pavão: os chifres, enfim, assemelham-se aos do veado, mas são eretos como as asas do Pégaso de Mercúrio. A que a figura inteira se refere? Fluido dos magnetizadores? Agente da lucidez sonâmbula?

Hermetismo

O dragão alado já não é mais apenas um simples anfíbio do período geológico anterior à era seca. Este réptil voador cospe fogo de tal maneira, que nos parace mais como a síntese dos quatro Elementos que encontram nele uma coordenação orgânica inicial. Não deveríamos, portanto, nos surpreender ao encontrar esse monstro pesando sobre o globo alado da substância etérea da qual se extrai a Matéria inicial da Grande Obra, uma substância estranha ao mesmo tempo una, dupla, tripla e quádrupla, como indica as figuras inscritas no círculo voador, o que nos lembra a importância do quaternário fundamental da ideografia hermética:

○ + △ □

O pantáculo que estamos analisando é muito antigo, provavelmente anterior à xilogravura, embora tenha sido preservado pelo tratado Azoth, ou *le moyert de faire* ou *caché des Philosophes*, que foi impresso em 1659, após *Douze Clefs de la Philosophie traictant de la vraye médecine* metálico. Basilio Valentino, o autor da obra, não oferece comentários sobre as gravuras, que parecem ter sido acrescentadas pela editora a partir de antigos manuscritos de alquimia. Qualquer interpretação, por outro lado, devia ser supérflua para os adeptos da Filosofia Hermética. Eles conheciam de fato o REBIS, a Coisa Dupla, que sob a aparência de um andrógino de duas cabeças, eleva-se acima do dragão. É a Humanidade, masculina e feminina, encarregada de realizar a Grande Obra de coordenação planetária dentro do Ovo do Mundo. Ser chamado para resolver o caos na Terra seguindo o programa de criação na esfera moral, o artista bissexual controla seu trabalho com o esquadro e a bússola para manifestar o cubo perfeito da Pedra Filosofal. O septenário dos planetas, cujos signos o cercam, guia o mestre que está atacando o grosseiro e pesado Saturno-Chumbo ♄, com o objetivo de aliviar o metal depreciado que, através de lavagens e sublimações, é elevado gradualmente à dignidade do Júpiter-Estanho ♃, uma etapa no caminho em direção à Humidade que leva ao Trabalho em branco da Lua-Prata ☽ através do intermédio do Mercúrio-Vivo ☿, um agente indispensável em todas as transmutações. Os metais macios, Chumbo e Estanho, alinham-se à esquerda da personificação do REBIS, enquanto os metais duros, Bronze-Vênus ♀ e Ferro-Marte ♂, ocupam seus lugares à direita, onde determinam a via seca, cujo resultado é o Ouro-Sol ☉, a coroação da Arte Hermética.

Os planetas se distinguem dos metais por sua natureza celestial. Externos aos seres que influenciam, agem por repercussão no setenário metálico do microcosmo, onde as localizações tradicionais colocam a Razão-Ouro ☉, o Prata-Imaginação ☾ e Mercúrio-Discernimento à direita, à esquerda e no topo da cabeça. A Propulsão-Ferro ♂ e a Sensibilidade-Bronze (que determinam a reação) ♀ residem no Sol e no lado direito, enquanto a Tonalidade Orgânica-Bronze ♃ e o Embasamento Estabilizador-Chumbo ♄ são relegados para a esquerda.

Basil Valentine nos apresenta um Arcano mais complicado, que, no entanto, comenta muito brevemente para nos oferecer uma ajuda decisiva para decifrá-lo. Éliphas Lévi o reproduz na página 408 de seu livro *História da Magia*, sem se dignar a dedicar uma única linha ao que chama de "Grande Arcano Hermético". Não queremos merecer a mesma censura.

aspas

Uma imagem estritamente quadrada, emblema do que é perfeito na ordem material, sustenta no centro de sua base a ponta de um grande triângulo equilátero que um vasto círculo divide em três pequenos triângulos, nos quais estão inscritas as palavras ANIMA, SPIRITUS, CORPUS, acompanhado da imagem do Sol, da Lua e de um Cubo. Acima do Sol chamas e um braseiro que contém uma salamandra (difícil de ver e muitas vezes esquecida pelos copistas). A Lua e a palavra *Spiritus* atraem a Pomba do Espírito Santo.

São os emblemas do Fogo 🜂 e do Ar 🜁, Enxofre 🜍 e Mercúrio ☿, um dos quais mantém o outro queimando. Os cantos opostos devem hospedar logicamente a Terra e a Água. E de fato é assim, pois do lado ígneo nos aparece uma montanha, domínio de um rei solar sentado sobre um leão, enquanto a seus pés rasteja uma fera indefinível, que sai das profundezas do solo cuspindo chamas. A parte aquática nos mostra Diana, sentada nas costas de um monstro marinho que ela guia pelas ondas. O quaternário dos Elementos é assim dividido entre um direito masculino (Jachin) e um esquerdo feminino (Boaz), e também no inferior corporal e no superior espiritual.

O círculo, superado apenas pelas pontas do grande triângulo, é dividido em sete partes iguais por uma estrela, em que cada ponta carrega uma figura e o símbolo de um planeta. A ponta do meio inferior é preta, então o número 1, o símbolo de Saturno ♄ e o quadrado perfeito do sal □ destacado em branco. As outras seis pontas são brancas; a 2ª corresponde a Júpiter ♃, a terceira a Marte ♂ e o Enxofre 🜍, a 4ª ao Sol ☉, a quinta para Vênus ♀, a sexta a Mercúrio ☿. Como planeta metal e como princípio ternário da unidade Trina 🜍, 🜔 e ☿; em último lugar vem a Lua ☾.

Entre as pontas da estrela, sete medalhões lembram as operações da Grande Obra. O Corvo de Saturno é o emblema da cor preta que deve ser obtido no início da atividade, isso se deseja ter alguma esperança de sucesso. Entre ♃ e ♂ vemos uma luta implacável entre dois pássaros: o preto devora o branco e, portanto, o cinza, que levará à brancura. Mas dois pássaros, um branco e outro vermelho, intervêm entre ♂ e ☉; eles se enfurecem contra o vencedor, que "extingue espiritualmente", como diz Basile Valentin, "para que todas as cores sejam equalizadas". O triunfo leva aos vingadores uma coroa, que eles erguem ao mais alto céu, entre ♀ e ☉. Então eles descansam em uma árvore, sem dúvida uma oliveira, entre ♀ e ☿, como se o Trabalho agora só precisasse se realizar. Entre ☿ e ☾, a árvore floresceu e sombreia um unicórnio que descansa pacificamente na grama, enquanto prepara o caminho para o Rei. O ciclo é completado por uma criança que ganha vida e reinará sozinha, vermelha e muito pura. O círculo que envolve os medalhões tem esta legenda:

*VISITA **I**NTERIORA **T**ERRAE **R**ECTIFICANDO **I**NVENIES*
*OCCULTUM **L**APIDEM*

As iniciais destas palavras juntas formam Vitriol (Vitríol), o misterioso setenário, que, acredita-se, revela o segredo da Grande Obra. Acrescentamos que a Pedra está em nós, no centro de nossa personalidade. Quem sabe descer em si mesmo, retificando, descobre o tesouro supremo da sabedoria humana. Ela aprende sobre o Homem, cujo rosto aparece em uma espécie de mansarda no centro da estrela das sete transformações. É o Grande Hermes, que o adepto deve fazer viver em si mesmo, como o verdadeiro Mestre Maçônico deve ressuscitar em si o arquiteto Hiram, como o cristão que emergiu da onda batismal uma vez aspirou fazer Cristo renascer em si mesmo-Espírito. Não podemos duvidar que este homem é Mercúrio, porque as asas do Deus superam o círculo além do qual a mão direita estende a tocha que ilumina os espíritos, enquanto a esquerda segura as sementes da vida. Aqui o leitor certamente voltará ao Arcano XV, e comparará o Diabo do Tarô à personificação alquímica do fluido mercurial, agente universal de estimulação intelectual e renovação vital.

O mistério da Pedra Filosofal resume-se graficamente num quadrado que encerra o ternário Enxofre 🜍, Sal ⊖ e Mercúrio ☿ dominada por uma cruz que lembra a de Antimônio ♁, mas que é o hieróglifo de uma mulher alada, vitoriosa sobre tudo o que é inferior. Asseguramos a vitória da Alma em nossa personalidade, não somos mais escravos de nada e possuiremos riquezas em relação às quais os bens materiais não têm valor.

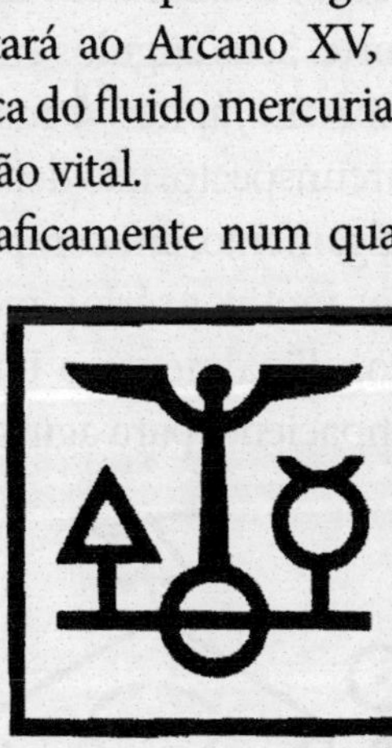

O Enxofre que neles arde preserva a vida dos indivíduos, que viveriam indefinidamente se sua reserva de Enxofre não tendesse a se esgotar. Renova-se graças à alternância de descanso e atividade, como a natureza nos exige, pois possuímos dentro de nós uma Fênix que renasce continuamente de suas próprias cinzas, caso contrário, a fadiga entraria em colapso definitivamente.

Agora renascemos dinamicamente, após cada uma das mortes parciais que chamamos de "sono". Se o organismo não se desgastasse, nada nos obrigaria a nos separar dele; mas ele deteriora-se irremediavelmente, e devemos saber concordar com o destino. Viveremos melhor se, esquecendo a estreiteza de nós mesmos, começarmos a viver uma vida mais impessoal. Aos Enxofres impuros que queimam em nós, devemos substituir gradualmente o Enxofre filosófico.

Realizando este ideal, o indivíduo torna-se fixo, pois o ardor constante o eleva acima de tudo o que é mesquinho, baixo ou infernal no sentido latino da palavra. Ele não vive mais como um acumulador egoísta de vitalidade emprestada, mas como um possuidor legítimo da Vida universal. Encontrar esta Vida e associar-se a ela é a ambição suprema do verdadeiro Sábio.

No cubo, cujas três faces visíveis trazem os sinais do Sal ⊖, Enxofre 🜍 e Mercúrio ☿, o Hermetismo reconhece a misteriosa Pedra, criadora de harmonia para a perfeição de seu corte. Seus ângulos emprestam aos planetas as virtudes opostas aos pecados mortais. Júpiter ♃ inspira um orgulho generoso, que Saturno ♄, positivo e circunspecto, não deixa degenerar em prodigalidade. O Sol ☉ ilumina com julgamento, em comparação a Vênus ♀, que julga com o coração e se excita por motivos sérios, mesmo que a razão nem sempre seja capaz de discerni-los. Finalmente, a Lua ☾, inspiradora de sonhos, tempera Marte ♂, que impaciente para agir o desperta quando ele cochila na inação.

Cada um dos planetas tem seu papel: se ninguém falha em seu dever, tudo funciona harmoniosamente na economia geral: a saúde, a paz, a felicidade são alcançadas.

Ainda temos que falar do globo alado dos egípcios que, aos olhos dos hermetistas, representa sua Matéria em estado de sublimação. As duas serpentes são as do caduceu: manifestando as polarizações antagônicas do grande agente mercurial.

Rosacrucianismo

Visto como um todo, o emblema do Pelicano, que decora os Maçons Rosacruzes, lembra o ideograma da conclusão da Grande Obra $\overset{+}{\nabla}$ e envolve, para a Alma, a obtenção de suas purificações sublimadoras. A Alma é branca e sem reservas em sua abnegação, como o pássaro que alimenta seus filhos com seu próprio sangue.

A Rosa unida à Cruz anima a madeira morta das crenças aceitas descontroladas, tornando-as a vida do discernimento compreensivo. O Rosacruz não é um fiel que se submete cegamente à tradição do dogma: é um pesquisador independente, a quem estudos e reflexões instruíram nos mistérios da religião. Ele interpreta os símbolos sagrados à sua maneira e propõe diferentes fórmulas, aplicando às iniciais INRI, como *Igne Natura Renovatur Integra*, "a Natureza integral (incorrupta) é renovada por meio do Fogo". O Fogo renovador é o que é dividido entre todos os seres. Diz-se também: *Ignem Natura Regenerando Integrat*. "A Natureza purifica o Fogo regenerando-o". Desta vez, o Fogo é representado como suscetível à corrupção, se não perpetuamente renascer, como a Fênix.

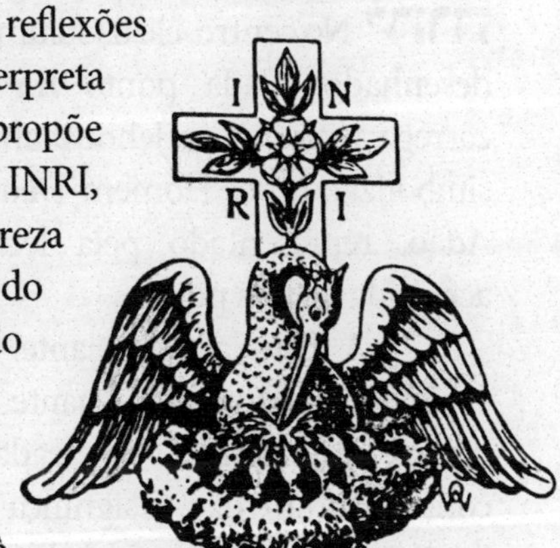

Mais misteriosamente ainda, foi sugerido: *Igne Nitrum Roris Invenitur*. "Por meio do Fogo, descobre-se o Nitro do Orvalho". A Água celeste, que se condensa durante a noite, contém um sal ativo, que o Fogo dos Filósofos põe em sua posse. De fato, é muito importante captar a energia difusa que, condensada pelo Adepto, vai lhe permitir fazer maravilhas.

Finalmente, os judeus pensaram em *Iam*, *Nur*, *Ruach*, *Iabaschah*: "Água, Fogo, Ar, Terra", ou mais exatamente "Mar, Relâmpago, Alento, Sal".

Localizado no centro de uma cruz grega composta de cinco quadrados, o duplo de rosa de cinco pétalas afirma o quinário, que traz o quaternário da objetividade de volta à unidade subjetiva. O espírito humano concebe como aquele que se manifesta sob o aspecto de quatro: daí deriva a ideia da quintessência, a base das coisas abstratamente inteligíveis, como a Alma em relação ao Corpo.

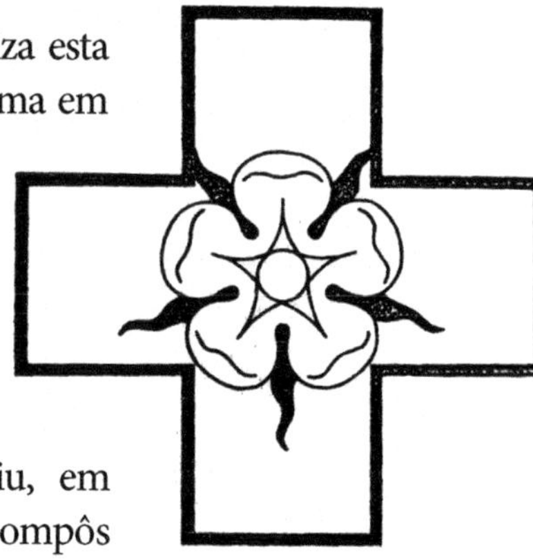

A Rosa, com seu aroma sutil, simboliza esta misteriosa entidade. O pentagrama que se forma em seu centro é uma alusão ao aspecto mais elevadamente humano no homem. Como emblema de cavalheirismo e misticismo sentimental, ela é especialmente apropriada para o Iniciado do Amor, um fervoroso adepto da Grande Obra da pura abnegação suprema.

Quando Stanislas de Guaita decidiu, em 1888, reconstituir a ordem da Rosacruz, ele compôs um novo Pantáculo, com os braços da cruz marcados pelas quatro letras do tetragrama divino יהוה No centro, ele usou um pentagrama desenhado. Cada ponto do pentagrama carrega o nome de Jehoushah יהשוה simbolizando o Homem-Deus, o Divino Adão, representado pela letra ש(shin) acrescida de três pontos.

A Estrela Flamejante dos maçons é simbolicamente semelhante à Rosa. No centro, uma letra G prateada se destaca contra o fundo roxo. G significa "Geometria" e "Gnose", ou seja, conhecimento iniciático. A Estrela aparece à noite, quando se apagam os fogos do pôr do sol: ela substitui o Sol desaparecido, esperando o nascer da Lua. Sua luz é discreta, mas penetrante, pois ilumina o interior das coisas, como convém à estrela dos Filósofos.

A letra G não se enquadra no estilo dos pantáculos, exceto quando se aproxima do ideograma do Sal ⊖, símbolo de discernimento, bem como o Gamma Γ é um esquadro, e assim é o fenício *Ghimel* ᒣ.

A Estrela que guia o Companheiro em suas viagens não brilha mais na câmara do meio, santuário da desilusão, onde o pensador

cai no escuro absoluto. O esquadro e o compasso não lhe revelam senão a extensão de todas as vaidades: tudo está morto para ele e nele.

Na secura do deserto, porém, ele encontra um galho verde, que o faz descobrir o cadáver de um passado glorioso. O sábio devolverá vida aos mortos reunindo o espírito que anima o Mestre misticamente ressuscitado.

O Mestre Trabalhador do século 15, extraído do livro *Jeanne d'Arc*, de Gabriel Hanotaux (página 324), cuja imagem reproduzimos aqui, representa Berneval, a quem devemos a janela de vitral de Saint-Owen em Rouen.

Astrologia

O simbolismo astrológico é baseado nos doze signos do Zodíaco, no setenário dos Planetas e no quaternário dos Elementos. As divisões do Zodíaco são feitas em grupos de três, alocados a cada um dos Elementos. A distribuição dos Planetas é feita de acordo com o regente e o local de exaltação. É por isso que o Sol é regente de Leão e a Lua é regente de Câncer. Os outros Planetas têm duas casas, uma principal e uma secundária. Marte tem ♈ e ♏;Vênus ♉ e ♎; Mercúrio ♋ e ♍ ; Júpiter ♐ e ♈; Saturno ♄ e ♒. Os signos diametralmente opostos aos das regências dos mesmos Planetas marcam seus lugares de exílio.

Por outro lado, cada Planeta é exaltado em um signo, cujo regente o recebe com honra. Então Marte celebra o Sol em Áries e Vênus celebra a Lua em Touro ♉. Mercúrio é exaltado em Virgem ♍, que é sua Casa, enquanto Vênus é exaltada por Júpiter em Peixes ♓, como Júpiter é exaltado pela Lua em Câncer ♋.

Fogo	♈	♌	♐	Terra	♉	♍	♑
Ar	♊	♎	♒	Água	♋	♏	♓

Quanto a Marte, ele está favorável em Capricórnio ♑ na Casa de Saturno, que por sua vez é bem recebido por Vênus, exaltado em Libra ♎.

Os signos opostos aos de poder e alegria implicam queda e tristeza para os planetas em questão. Assim como Libra ♎ precipita o Sol declinante no outono, Escorpião ♏ é visto como sendo hostil à Lua. Peixes ♓ não combina com Mercúrio, e Vênus está em desacordo com Virgem ♍. O ardor de Marte se extingue nas águas de Câncer ♋ e Júpiter não brilha em Capricórnio ♑; por fim, Saturno sofre em Áries ♈, onde Marte está muito inquieto e não lhe oferece repouso. .

Essas distinções permitem atribuir um significado a cada um dos signos do Zodíaco. O leitor se beneficiará se o praticar, caso aspire à adivinhação.

As estações e tudo o que as acompanha são a base do simbolismo macrocósmico das divisões zodiacais. O homem, como microcosmo, por outro lado, determina o sentido ligado às casas do horóscopo. Aqui os doze signos não se referem mais ao ciclo do ano, mas ao das vinte e quatro horas de rotação da Terra. Essas horas são tomadas de duas a duas, segundo o costume dos caldeus que, em seus poemas sagrados, contavam horas dobradas. O céu do nascimento é, portanto, dividido em doze casas, a primeira das quais começa no ponto preciso da eclíptica que coincide com o horizonte leste. A criança nasce sob a influência do signo do Zodíaco que surge quando se rompe o vínculo que fisiologicamente o unia à mãe.

Este signo, no entanto, possui apenas a 1ª Casa: as outras onze caem sob o domínio dos outros signos.

Por outro lado, as doze Casas estão ligadas, muito engenhosamente, a tudo o que interessa ao indivíduo. Aqui estão as atribuições:

I. Vida, temperamento, tendências inatas. O que o indivíduo traz ao mundo ao nascer. *Vita.*

II. O que tem o poder de se fazer por si mesmo, alimentando-se, depois comprando bens e riquezas. *Lucrum.*

III. Adaptação ao meio ambiente. As influências formativas sofreram. Educação familiar. Irmãos e irmãs. *Fratres.*

IV. Intervenção misteriosa e profunda do atavismo, Relação, Pai. Genitor.

V. Produção. O que o indivíduo exterioriza. Obras, especulações, filhos. *Filii.*

VI. Tarefas, materiais a serem colocados em prática. Dificuldade para vencer. Subalternos para serem governados. Cuidados exigidos pelo corpo. Higiene, Saúde. Vale tudo.

VII. Atenuação da individualidade através de combinações com outros. Associação, lutas, acordos. Casado. *Uxor.*

VIII. Desmaterialização, desapego, espiritualização. Velhice. Morte. *Mors.*

IX. Intelectualidade. Educação. Exploração do desconhecido. Busca pela Verdade. Religião. Iniciativas espirituais.
Viagens. *Peregrinatio.*

X. Objetivo vital. Ambições. Carreira, honras, dignidade. *Regnum.*

XI. Laços de amizade, amigos. *Amici.*

XII. O que escapa ao indivíduo e o ultrapassa. Tudo o que ele é, um prisioneiro indefeso. Fatalidade, doença, inimigos. *Inimici.*

Antigos astrólogos representavam as Casas como doze triângulos emoldurando um quadrado. Esta disposição destaca as Casas principais que correspondem ao Ascendente 1, na profundidade do céu noturno 4, ao pôr do sol 7 e ao centro do céu diurno 10.

Os signos cardinais do Zodíaco ♈ ♋ ♎ e ♑ correspondem a essas Casas. Além disso, há uma analogia entre as Casas do Microcosmo e os signos relativos ao Macrocosmo.

No desenho anterior, os doze signos do Zodíaco circundam o pentagrama do cumprimento da Grande Obra, de acordo com o simbolismo do Arcano XII.

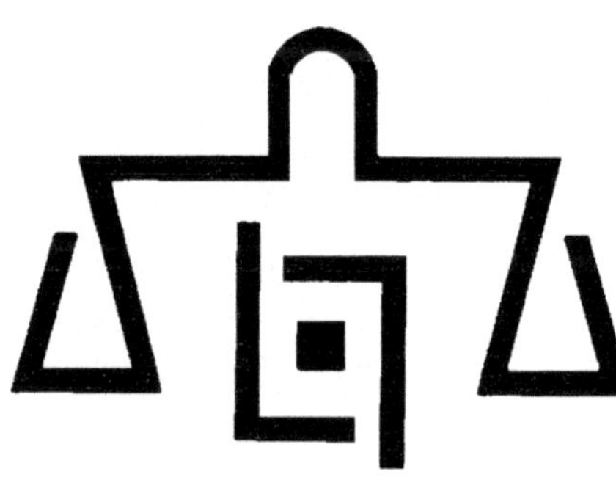

Libra é o signo do Equinócio de Outono, que traz o Sol de volta ao plano do equador da Terra, de onde divide igualmente sua luz entre os dois hemisférios, Norte e Sul. Mas o equilíbrio é alcançado apenas para que seja quebrado: o Sol continua sua descida e os dias se encurtam rapidamente, enquanto as noites se tornam mais longas. As energias construtivas, que na juventude superam as forças destrutivas, só se estabilizam por pouco tempo, na idade madura, que precede o declínio. Grandes coisas são realizadas, no entanto, quando o organismo parou de se desenvolver e quando ele dá tanto quanto recebe. Estabelecer o equilíbrio entre o interior e o exterior significa assegurar o benefício da harmonia do ritmo vital. O *Heth*, especialmente em sua forma primitiva, é a letra da vida consolidada pelo seu uso criterioso. Duas equipes formam um retângulo aberto à influência animadora, que circula livremente em torno de um ponto fixo vital. Este é o esquema do homem justo, cuja força, mesmo do ponto de vista psicológico, é constituída pela equidade.

Mitologia

Para o Iniciado, Ísis se torna a reveladora de coisas ocultas. Ela espera pelo discípulo diante do santuário, onde um véu mascara sua entrada. Com as duas mãos, a Deusa faz o sinal do esoterismo, indicando, com os dois dedos cruzados, que não é possível dizer tudo. O que é exprimível traduz apenas o aspecto grosseiro das coisas, cuja beleza sutil permanece oculta.

O gesto de Ísis, porém, ensina que uma analogia secreta nos permite conjecturar o que está em cima pelo que está embaixo, e o que é invisível pelo que é visível. O que nos é mostrado nos ensina todas as coisas, se soubermos compreender. Entenda todos cujo espírito você alimenta, pois Entendimento é sinônimo de Gnose! Grande Ísis, conceda a seus filhos a luz do discernimento profundo!

Cibele, a noiva do velho Saturno, personifica o poder animador do nosso globo planetário. Graças a ela, os eventos estão ligados à inteligência e tendem à conclusão de um trabalho coordenado e construtivo. A coroa da Deusa é composta por torres que aparecem sob um amplo véu, aludindo aos mistérios do trabalho produtivo das coisas. Cibele gera formas, como indica o crescente que parece seguir seu cetro de fecundidade. Este sinal de comando se estende sobre uma estrela, cujo setenário se reflete, de cabeça para baixo, na roda do Carro cúbica arrastada por dois leões domados.

Sete é o número da harmonia, que se realiza idealmente na fixidez dela, antes de repercutir nos raios da roda giratória, suporte da materialidade. Os leões domesticados lembram a veemência das energias regidas pela Natureza, que os obriga ao esforço aplicado do qual deriva o progresso.

A Deusa semita que usa a tiara real na cabeça corresponde a Ishtar, a grande Deusa babilônica, doadora de energia vital. E é ela que faz os mortais beberem o líquido vivificante extraído da fonte contida na pedra do umbral sagrado, superada apenas pelos *Annunaki*, espíritos das profundezas e juízes dos mortos chamados a reviver. À direita, esta divindade segura o anel que representa o circuito ininterrupto da Vida. Nada morre, assim como nada para, e tudo gravita eternamente.

Ishtar não é a mãe que suaviza o caminho de seus filhos, evitando-lhes qualquer sofrimento; ela é uma educadora que visa forjar gerações robustas, corajosas e preparadas para enfrentar as adversidades da vida. Ela é uma guerreira, já que a luta é a lei da existência objetiva. Para viver, concordamos em sofrer. Ishtar pode não ter sofrido toda a tortura quando desceu voluntariamente para o Inferno para merecer subir novamente em glória entre os vivos? A alma dela não teria que provar resistência antes de ser permitido a ela reencarnar? Os caldeus pensavam que os prazeres da vida são desfrutados na Terra, e que nada prazeroso nos aguarda depois da morte. Mas os prazeres deste mundo são a recompensa dos nossos esforços corajosos na realização de nossa tarefa de vida. Ishtar nos ama na medida em que pagamos sua honra; ela valoriza o herói, mas despreza o covarde.

A vida tem seus encantos para aqueles que a são privados. Por que o Outromundo não retém permanentemente as entidades espirituais que sentem a necessidade de reencarnação? Isso seria proibido a longo prazo? A beleza das filhas dos homens seduz os filhos do Céu, que são irresistivelmente atraídos para a Terra. A magia usada é atribuída à sereia, cujo canto confunde o ouvinte para causar sua queda no oceano da vida das multidões agitadas. Esta sedutora deve seu poder às formas mutantes e renovadoras, como a Lua, cujo crescente brilha na testa da Deusa de grande ancestralidade e grande beleza. Esta é a Deusa que Basile Valentin mostra quando nascida do Mar do Filósofo.

Tradicionalmente o unicórnio recebe um corpo branco, uma cabeça vermelha e olhos azuis. Sendo ágil, infatigável e orgulhoso, ele escapa do caçador que o persegue em vão, enquanto uma virgem pura e imaculada doma o animal selvagem que está muito disposto a se estender obedientemente a seus pés. Com um unicórnio a cada lado, a sereia já não é mais a sedutora que causa uma queda. Ela é uma musicista que encanta com sua música, mas seus braços erguidos para o céu em um gesto de adoração fazem dela uma Sacerdotisa da arte, que seduz espiritualmente ao orar o sentimento religioso para contribuir para a expressão da Beleza.

Nosso pentagrama anuncia a religião que seduzirá a humanidade cansada de dogmatismo e revelações fictícias. A Natureza-Ísis-Ishtar-Sereia falará novamente para nos ensinar a fé que está em nós, a do coração e da sensibilidade, à qual retornarão as almas simples, acessíveis às virtudes da estética.

O Deus de duas faces simboliza o princípio de permanência pelo qual o passado e o futuro formam um. Este Um não é estável, exceto na instabilidade das mudanças perpétuas sobre as quais o crescente em formação preside. Tudo é preservado, apenas mudando constantemente. As coisas nascem e renascem a cada momento: a criação é contínua, eterna, incessante. O Iniciado se destaca, porque se associa à Grande Obra em plena consciência e sabe o que está fazendo quando está trabalhando na execução do plano do imutável Arquiteto.

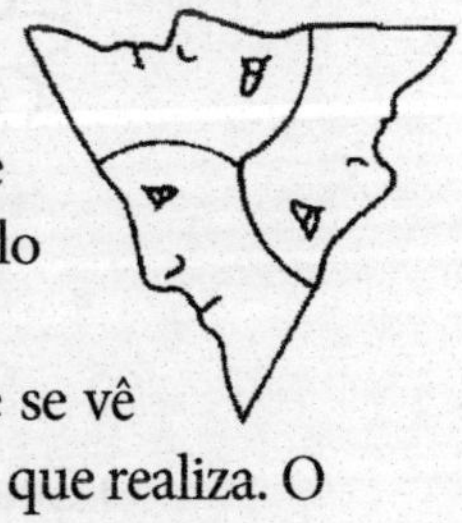

Os povos nórdicos não ficaram satisfeitos com um Janus de duas caras, que olha para a frente e para trás. Eles representavam sua trindade com um triângulo giratório composto de três faces.

Na realidade, seu pentagrama é o da Inteligência que se vê tríplice, distinguindo o agente, o ato ao qual se dedica e a ação que realiza. O agente é tal, apenas porque age, e não poderia agir sem que houvesse ação; mas a distinção é subjetiva, já que ele realmente tem a Tri-unidade. Os termos do ternário podem ser vistos separadamente por conveniência da análise verbal, mas cada um deles não é nada sem os outros dois. Criador que cria e criou a criação são um com a atividade criadora necessariamente permanente. Essa era a teologia dos druidas, que transmitiam concepções mais profundas da tríade do que as do dogmatismo de nossos seminários contemporâneos.

Tarô

Remetido à sobriedade dos ideogramas, os 22 Arcanos podem constituir um alfabeto simbólico, fácil de traçar em cartas numeradas, que o adivinho manuseia com mais vontade do que os Tarôs pintados e iluminados. É bom que a ferramenta de adivinhação seja o mais pessoal possível: isso explica o apego dos adivinhos a baralhos usados ou, melhor ainda, a cartas que eles mesmos desenharam e coloriram, de acordo com seu gosto.

Aos 22 Arcanos primitivos foram adicionadas 56 cartas de baralho, divididas em 4 séries de 14, cada uma, designada por um emblema muito significativo. Bastões, Taças, Espadas, Moedas constituem de fato um quaternário mágico, no qual o Bastão, Varinha ou Cetro, corresponde ao poder de comando, a Taça ao êxtase dionisíaco, fonte de inspiração divinatória, a Espada ao discernimento que distancia o erro, e o Dinheiro ao suporte que os Pentáculos oferecem ao pensador que não ignora seu significado.

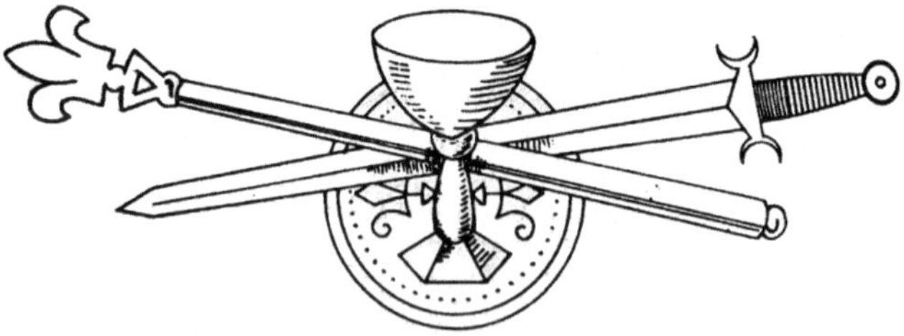

O Cetro é coroado com uma flor de idealidade; a Taça é baseada no hexágono macrocósmico; a Espada se lança como um raio do pomo do sol que domina as foices adversárias da guarda; quanto ao Dinheiro, objetiva no Quaternário o ideal do Cetro. A posse dos quatro instrumentos confere o status de Adepto ou Mestre do ocultismo.

Dispostas em cruz oblíqua, as quatro letras que compõe a palavra TARO podem ser lidas ROTA ou ATOR, e podem se prestar a outras combinações cabalísticas, sobre as quais não há necessidade de me deter.

Inscrevemos estas letras nos braços de uma cruz reta, composta por quatro pentágonos ligados a um octógono central, onde a chave Isiaca está incluída, graficamente semelhante ao símbolo de Vênus ♀. A alça do *Tau* lembra a forma do triângulo invertido ∇ de intelectualidade receptividade, a taça que recolhe a água do céu; pode assim tornar o coração a pensar de maneira acessível às verdades sentidas, mas que seria impossível exprimir com palavras.

A estrutura octogonal contém as faculdades divinatórias dentro dos sábios limites do equilíbrio e da coordenação lógica, conciliando as necessidades legítimas da Razão-Sol com as sugestões fantásticas da Imaginação-Lua. Mas os pentágonos à direita ☉ e a esquerda ☾ cruzam sua oposição com a dos outros dois pentágonos. O de baixo é um escudo heráldico, cujo brasão é a centáurea. Emblema de graça, nobreza e pureza, este ideograma exige que o adivinho tenha uma alma livre de toda baixeza. Seu desinteresse, aliado ao desejo de ser útil ao consulente, ajuda a deixar claro aquele que, de boa-fé, tenta iluminar a misteriosa escuridão que nos acolhe. Ele terá sucesso se a Virgem zodiacal do pentagrama superior o proteger. Esta mulher alada dá a vitória a quem a merece: paira sobre a terra, mas nunca se perde nas nuvens. Dominando a realidade, para percebê-la em toda sua extensão, essa Rainha das colheitas espirituais é objetiva em suas inspirações. Ela impede que o adivinho vá muito além e o mantém na esfera de um positivismo sábio. Se a adivinhação permanecesse sábia ao limitar seu campo de operação, ela estaria menos exposta a erros e provaria ser mais digna de ser levada a sério.

O adivinho não deve esperar ser capaz de responder a tudo. O que desacredita a adivinhação é o fato de que ela é imprudentemente solicitada por muito mais do que pode dar. Somos razoáveis em nossas perguntas e suas respostas não serão enganosas. A cruz dos pentágonos é o símbolo em que o Tarô é chamado a vencer. Esperemos que possamos ajudar a sutileza que adivinha confundir o peso, forçado a calcular! O cálculo é ensinado: por que não devemos aprender a adivinhar novamente?

ARDANE

Esta edição foi composta pela Ardane, São Paulo, SP.
Os papéis utilizados foram o offset gramatura 90 para o miolo e o cartão triplex para a capa. O texto principal foi composto em fonte Minion Pro, 12 e entrelinhamento 14,4 e os títulos em Accanthis, 25 e entrelinhamento 20.
Impresso no Brasil.